大学院文化科学研究科

障害児・障害者心理学特論
―福祉分野に関する理論と支援の展開―

大六一志

山中克夫

臨床心理学プログラム

(改訂新版)障害児・障害者心理学特論('19)
©2019 大六一志・山中克夫

装丁・ブックデザイン:畑中 猛

まえがき

　障害児・障害者心理学とは，障害により何らかの困難が生じている，あるいは不利益を受けている人に対して，心理学の立場から状況を分析・理解し，打開・改善することを目的とした分野と考えられる。

　第1章では，心理の専門家が障害児や障害者と関わる現場や役割について，発達障害のある児童や成人，認知症のある人に関するものを紹介するとともに，他職種に対して心理の専門家の強みとは何かについて考察した。

　第2章と第3章は，障害児・障害者心理学に関する諸理論を紹介した。このうち，第2章では発達に関する理論と，障害児や障害者の発達過程を支える法制度や教育のあり方について，また第3章では，発達以外で障害児・障害者心理学に関係が深い諸理論について解説した。

　第4章，第5章，第6章では，心理アセスメントの技法について解説した。このうち，第4章は障害児や障害者に実施する心理アセスメントの流れ全般について，どのような情報を収集するべきか，アセスメントの方法や選び方などについて述べた。第5章では心理検査法について，その種類や構成，実施法，結果のとらえ方や解釈，検査同士の組み合わせ方などについて具体的に説明した。第6章は行動観察法によるアセスメントや，行動上の問題を個人と環境の相互作用ととらえ分析を行う機能的アセスメントの技法を解説した。

　第7章から第12章は，障害ごとに心理臨床の進め方について解説を行った。このうち，第7章から第9章は発達期の障害臨床について，それぞれ自閉スペクトラム症，注意欠陥・多動症，限局性学習症や発達性ディスレクシアに関する定義やその臨床技術について述べた。第10章では，学校生活から社会生活に移行していく時期の障害臨床について解説を行った。具体的には，大学などの高等教育機関で行われている障害学生支援や就労支援について述べた。第11章と第12章は成人期の障害臨床について，それぞれ高次脳機能障害，認知症の特徴やその臨床技術につ

いて述べた。

　第13章は第6章とも関係する内容だが，対応が難しく個別性の高い障害者に対し，応用行動分析による心理的介入法について解説した。第14章は障害のある人の家族の支援について，認知症高齢者の家族を例に解説を行った。最後の第15章はそれまでの章を踏まえまとめと今後の展望について述べた。具体的には，第14章までの内容を参考に考えた仮想事例をもとにアセスメントやそれに基づく支援計画について解説し，さらに臨床心理学のトピックで，特に障害児・障害者の支援に応用可能なものを採り上げた。

　なお，限られた章ですべての障害を網羅することは難しい。採りあげた障害種別は担当者の専門性に基づくが，内容については障害児・障害者全体に関わるものを意識し執筆を行った。本書が読者の学習，臨床，研究に役立てば幸いである。

2018年11月

大六一志　山中克夫

目次

まえがき　3

1　障害児・障害者に対する心理の専門家の関わり　｜ 山中克夫　9

1. 身近な存在としての「障害」　9
2. 発達障害の人と関わる領域や現場　12
3. 認知症の人と関わる領域や現場　15
4. 他専門職と比べた心理の専門家の強み（ストレングス）　21

2　障害児・障害者と発達　｜ 大六一志　24

1. 心理発達：最近の考え方　24
2. 障害児・障害者の発達を支える法律　33
3. 障害児・障害者の発達を支える特別支援教育　35

3　障害児・障害者と関わるうえで知っておきたい理論や概念　｜ 山中克夫　40

1. 障害のある人の心理的世界　40
2. 障害の受容　42
3. 障害や障害のある人のとらえ方（障害観）　44
4. 行動の問題のとらえ方に関する理論　47
5. まとめと結び　50

4　障害児・障害者のためのアセスメント技法1：アセスメントの流れ　｜ 大六一志　54

1. なぜアセスメントは必要か？　54
2. 何をアセスメントするか？　58

3．どのようにアセスメントするか？　61
　　4．非専門家（対象者，養育者，支援者）に向けた
　　　　結果の報告　61

5　障害児・障害者のためのアセスメント技法2：検査法　｜ 大六一志　70

　　1．心理検査によるアセスメント　70
　　2．能力検査　73
　　3．特性検査　80
　　4．心理検査実施上の留意点　83

6　障害児・障害者のためのアセスメント技法3：行動観察法　｜ 五味洋一　86

　　1．行動観察の目的　86
　　2．行動を測定するための行動観察　88
　　3．行動を記述するための行動観察　95
　　4．おわりに　99

7　発達期の障害臨床例1：自閉スペクトラム症　｜ 高橋知音　101

　　1．自閉スペクトラム症関連概念の変遷　101
　　2．ICD-10における広汎性発達障害，自閉症，
　　　　アスペルガー症候群　102
　　3．DSM-5における自閉スペクトラム症　103
　　4．社会的コミュニケーションと対人的相互反応　104
　　5．行動，興味，または活動の限定された反復的な様式　107
　　6．感覚の過敏と鈍感　108
　　7．DSM-5における関連概念　111
　　8．併存症と二次障害　111
　　9．支援技法　112
　　10．自閉スペクトラム症のある人とのカウンセリング　115

8 発達期の障害臨床例2：注意欠如・多動症　│ 岡崎慎治　118

1. ADHDの主な特徴と背景　118
2. 発達経過に伴う状態の変化　123
3. ADHDへの支援　126

9 発達期の障害臨床例3：限局性学習症，発達性ディスレクシア　│ 岡崎慎治　133

1. 限局性学習症の主な特徴と背景　133
2. 発見と支援のシステムと体制　137

10 社会移行期の障害臨床例：障害学生支援，就労支援　│ 高橋知音　147

1. ライフステージと利用可能な支援　147
2. 高等教育機関における障害学生支援　149
3. 大学における支援体制　153
4. 障害学生への支援の内容　154
5. 意思表明の重要性　157
6. 障害のある人への就労支援　158

11 成人期の障害臨床例：高次脳機能障害　│ 伊澤幸洋　162

1. 総論　162
2. 各論　166
3. 高次脳機能障害者支援の実際　170
4. 高次脳機能障害の経過と予後　181

12 成人期の障害臨床例：認知症　│ 山中克夫　184

1. 認知症とは　184
2. 認知症のタイプ　186

3．心理の専門家の役割　187
　　　4．心理アセスメント　188
　　　5．介入・相談　192
　　　6．おわりに　197

13　対応が難しく，個別性の高い障害者に対する心理的介入法：応用行動分析
　　　　　　　　　　　　　　　　　　　　｜五味洋一　202

　　　1．応用行動分析学に基づく心理的介入　202
　　　2．事例①：機能的アセスメントに基づく支援　207
　　　3．事例②：自閉症のある子どものコミュニケーション
　　　　スキルの形成　212
　　　4．おわりに　216

14　障害のある人の家族を支える：認知症高齢者の家族を例に
　　　　　　　　　　　　　　　　　　　　｜山中克夫　218

　　　1．介護する家族をめぐる問題　218
　　　2．認知症介護における心理的過程　221
　　　3．家族支援の全般的な進め方　223
　　　4．認知症の症状の進行に応じた基本的な相談支援の
　　　　進め方　224
　　　5．家族へアクセプタンス＆コミットメント・セラピー　229
　　　6．まとめと今後の課題　232

15　まとめと今後の展望　　　　　　　｜大六一志　235

　　　1．授業妨害行為の背景に読み書きの困難があった
　　　　小3男子事例A　235
　　　2．立派な人間になることを断念した結果，就労に結び
　　　　ついた成人男子事例B　242
　　　3．障害児・障害者の心理学：今後の展望　247

索　引　251

1 | 障害児・障害者に対する心理の専門家の関わり

山中克夫

　障害児・障害者心理学とは，障害により何らかの困難が生じている，あるいは不利益を受けている人に対して，心理学の立場から状況を分析・理解し，打開・改善することを目的とした学問といってよい。障害児・障害者と関わる専門職種は数多く存在している。本章では，発達障害のある児童や成人，認知症のある人に対し，心理の専門家が関わる領域を紹介するとともに，他職種に対し，心理の専門家の強み（ストレングス）とは何かについて考えていきたい。

〈キーワード〉　教育，福祉，医療，介護，就労，強み（ストレングス），他職種連携

1. 身近な存在としての「障害」

　我が国にはどれくらいの数の障害者が存在しているのだろうか。**表1-1**は平成28年版障害者白書（内閣府，2016a）に掲載された障害者数の内訳を示している。これによると，身体障害者は393万7千人，知的障害者は74万1千人，精神障害者は392万4千人であることが報告されている。同報告書では，複数の障害を併せ持つ者もいるため，単純に合計できないとしながらも，国民のおよそ6.7％が何らかの障害を有していることになると述べられている。

　近年，我が国では高齢化率の上昇に伴い，高齢期の代表的な疾患である認知症や認知症の人に対する施策が国家戦略的課題となっている。前述の平成28年版の障害者白書の精神障害者の数は，厚生労働省の「患者調査」（平成26年）をもとに厚生労働省社会・援護局障害保健福祉部で作成したものであり，その中には認知症の患者数も含まれている。しかし，これは病院の入院・外来の患者数に基づいた統計であり，より正確

表1-1　障害者の数（推計）　　　　　　（平成28年版障害者白書　内閣府，2016a）

(単位：万人)

			総数	在宅者数	施設入所数
身体障害児・者	18歳未満		7.8	7.3	0.5
		男性	−	4.2	−
		女性	−	3.1	−
	18歳以上		383.4	376.6	6.8
		男性	−	189.8	−
		女性	−	185.9	−
		不詳	−	0.9	−
	年齢不詳		2.5	2.5	−
		男性	−	0.7	−
		女性	−	0.9	−
		不詳	−	0.9	−
	総計		393.7	386.4	7.3
		男性	−	194.7	−
		女性	−	189.9	−
		不詳	−	1.8	−
知的障害児・者	18歳未満		15.9	15.2	0.7
		男性	−	10.2	−
		女性	−	5	−
	18歳以上		57.8	46.6	11.2
		男性	−	25.1	−
		女性	−	21.4	−
		不詳	−	0.1	−
	年齢不詳		0.4	0.4	−
		男性	−	0.2	−
		女性	−	0.2	−
		不詳	−	0.1	−
	総計		74.1	62.2	11.9
		男性	−	35.5	−
		女性	−	26.6	−
		不詳	−	0.1	−

			総数	外来患者	入院患者
精神障害者	20歳未満		26.9	26.6	0.3
		男性	16.6	16.5	0.2
		女性	10.1	9.9	0.2
	20歳以上		365.5	334.6	30.9
		男性	143.1	128.9	14.2
		女性	222.9	206.2	16.7
	年齢不詳		1	1	0.1
		男性	0.4	0.4	0
		女性	0.6	0.6	0
	総計		392.4	361.1	31.3
		男性	159.2	144.8	14.4
		女性	233.6	216.7	16.9

な推計としては，認知症の有病率に関する長期的な縦断調査（福岡県久山町研究）をもとに，内閣府により平成28年版高齢社会白書（内閣府，2016a）に公表されたものがある。それによれば，平成24（2012）年の認知症患者数は462万人と推定されている。これは前述の平成28年版障害者白書（内閣府，2016a）で報告されている精神障害者全体の数より多い数値である。ちなみに，この推計によれば65歳以上の7人に1人（有病率15.0％）に認知症がみられることになり，平成37（2025）年には約700万人まで増加することが予想されている。つまり，65歳以上の5人に1人に認知症がみられるようになるという（内閣府，2016b）。

　一方，内閣府が行った「障害者の社会参加に関する特別世論調査」（2005）では，「身近に障害のある人と出会うことがあるか」という質問に対し，21％の対象者が「自分自身，または家族等，身近な親族にいたことがある」と回答している。この数値に，さらに近隣，学校，職場等を含めいずれかの場面で身近に障害のある人がいたと回答した者を合わせると全体の6割に達する。同様に，内閣府が行った「認知症に関する世論調査」（2015）では，認知症の人と接する機会について，今までに認知症の人と接したことがあると答えた人は全体の56.4％であり，その内訳は多いものから，「家族の中に認知症の人がいる（いた）」（43.5％），「親戚の中に認知症の人がいる（いた）」（37.2％），「近所付き合いの中で，認知症の人と接したことがある」（33.6％）の順になっていた。

　以上のことをまとめると，我が国では，①障害のある人は，全人口のおよそ6～7％存在すると言われ，たとえばそこに認知症の有病率に関する長期的な縦断調査結果を加味すると，さらに割合が高くなることが予想される，②約6割の人が，障害のある人や，あるいは認知症のある人に接していると考えられる。つまり，障害や障害のある人のことを考えることは，社会的に非常にニーズの高い問題といえる。

　また本書の第3章でふれる世界保健機関（World Health Organization: WHO）の国際生活機能分類（International Classification of Functioning, Disability and Health：ICF）では，障害の範囲が「生活機能の

制限」まで広がり，疾病や外傷だけでなく，加齢やストレスなどの健康に関連したすべての状態を含むものになった（WHO, 2001）。たとえば高齢期では，慢性疼痛を伴いながら生活している人が少なくないが，ICFでは疼痛も心身機能の障害に位置づけられている。先ほどの我が国の障害者数や障害者に接する機会のデータに加え，WHOの障害の定義が広がったことを考慮すれば，障害児・障害者心理学は実に多くの人々を対象とする領域であることがわかる。

　それでは，そうした障害や障害のある人と関わる領域で，心理の専門家の役割や業務にはどのようなものがあり，何が期待されているのだろうか。次節からは，これらの点について，発達障害，認知症のある人と関わる領域を例に述べる。

2. 発達障害の人と関わる領域や現場

　発達障害者の支援に関する法律としては，2005年に成立した発達障害者支援法，2016年にそれを改正した法律（改正発達障害者支援法）がある。改正発達障害者支援法では，その基本理念において，発達障害者の支援は，すべての発達障害者に社会参加の機会が確保されること及びどこで誰と生活するかについての選択の機会が確保され，地域社会において他の人々と共生することを妨げられないこと，並びに社会的障壁を取り払うための方向性が規定された。また，発達障害者の支援は，個々の発達障害者の性別，年齢，障害の状態及び生活の実態に応じて，医療，保健，福祉，教育，労働等に関する業務を行う関係機関及び民間団体の相互の緊密な連携の下に，意思決定の支援に配慮しつつ，切れ目なく行われなければならないことが規定された（厚生労働省，2017）。たとえば教育面では，発達障害がある生徒が他の生徒と一緒に教育を受けられるように配慮する，個別の計画を作成することなどが定められた。一方，就労面に関しては，国や都道府県が発達障害者の働く機会の確保に加え，職場への定着を支援することが規定され，事業主に対しても，本人の能力を適切に評価し，特性に応じた雇用管理をすることなどが定められた。さらに同法は，発達障害の早期発見や学校教育，就労などで，国や地方

自治体の基本的な責務も定めた。

　また，2013年に制定された「障害者の雇用の促進等に関する法律の一部を改正する法律（改正障害者雇用促進法）」では，雇用場面において，障害者に対する差別の禁止及び障害者が職場で働くに当たっての支障を改善するための措置（合理的配慮の提供義務）や，精神障害者を法定雇用率の算定基礎に加えること等が条文化された。このうち，障害者に対する差別の禁止に関しては，「障害者に対する差別の禁止に関する規定に定める事項に関し，事業主が適切に対処するための指針（障害者差別禁止指針，平成27年厚生労働省告示第116号）」において，募集・採用，賃金，配置，昇進，降格，教育訓練などの各項目において，障害者であることを理由に障害者を排除することや，障害者に対してのみ不利な条件にすることなどが差別に該当すると述べられている。一方，前述の合理的配慮指針について，「雇用の分野における障害者と障害者でない者との均等な機会若しくは待遇の確保，又は障害者である労働者の有する能力の有効な発揮の支障となっている事情を改善するために事業主が講ずべき措置に関する指針（平成27年厚生労働省告示第117号）」に詳しくその内容が書かれている。それによれば，たとえば発達障害に関して，募集・採用時に事業主が行う配慮として，面接時であれば「就労支援機関の職員等の同席を認めること」や「面接・採用試験について，文字によるやりとりや試験時間の延長等を行うこと」，採用後であれば「業務指導や相談に関し，担当者を定めること」「業務指示やスケジュールを明確にし，指示を1つずつ出す，作業手順について図等を活用したマニュアルを作成する等の対応を行うこと」などが挙げられている。

　近年こうした法整備により，心理の専門家が発達障害の児童，成人と関わる場面が数多く存在するようになった。たとえば，乳幼児期の保健福祉分野では，発達障害の疑いがある子どもを早期に発見し，療育や教育と連携し就学支援につなげることが重要となる。行政の福祉保健センターの子育て支援では，心理の専門家が乳幼児健診でチェックされた発達の気になる子の個別相談，グループ指導を行っている。また，療育センターの診療所では，福祉保健センターから紹介された子どもに対して，

医師のオーダーをもとに心理の専門家が心理評価を行ったり，理学療法士，作業療法士，言語聴覚士などの他職種と協力し個別の療育を行ったりしている。さらに療育センターでは，通園施設に通う児童に対して心理評価を行い，担任に助言などを行っている。最近では，民間のクリニックで，療育センターと同じように心理の専門家を配置し，発達評価や療育を行うところが増えている。また周産期医療では，心理の専門家を雇用し，未熟児の発達検査をしているところもある。加えて2012年の児童福祉法改正により設置された放課後デイサービスでも，サービスの一環として心理評価を行うところが増えてきている。

一方，教育分野では，各自治体の教育センターや教育委員会において，就学時の教育判定のために心理の専門家が心理評価を行うところもある。また学校教育の場面では，カウンセラーが担当区の小学校を巡回し，子どもの評価，親への助言，教師への助言を行っている。加えて教育相談センター，教育相談室では，近年発達障害の相談が増えていることから，所属するカウンセラーがそうした相談に関わることが多くなっている。

また，心理の専門家は，療育手帳交付の判定のための心理評価に携わっており，18歳までの児童の場合には児童相談所において，18歳以上の場合には更生相談所で心理判定業務を行っている。

一方，発達障害を含めた障害者の就労に関して，心理の専門家が関わる代表的なものに障害者職業カウンセラーがある。これは，「障害者の雇用の促進等に関する法律（障害者雇用促進法）」に定められた独立行政法人高齢・障害・求職者雇用支援機構により，各地域に設置された障害者職業センターにおいて，就労支援を必要とする障害者や障害者を雇用する事業主等に支援を行う職種である。このうち，就労支援を必要とする障害者には，職業評価（職業リハビリテーション計画の策定），職業指導（職業カウンセリング），職業準備訓練・職業講習（職業準備支援）が行われる。一方，事業主に対しては，障害者雇用の相談，情報提供，具体的な採用計画の作成，採用に当たっての関係機関等との連絡調整，職場適応援助者（ジョブコーチ）の派遣，採用後のフォローアップが行われる。高齢・障害・求職者雇用支援機構では，心理学を学んだ人

材だけではなく，教育学，社会学，社会福祉学といった他分野の人材も広く採用され，研修を受けた後に障害者職業カウンセラーとして働いている。しかし，職務内容から，障害者職業カウンセラーは，心理学を専門とする人が特に力を発揮しやすい職種といってよい。

障害者職業センター以外に心理の専門家が障害者の就労に関わる職場としては，同じく障害者雇用促進法に定められ，障害者の身近な地域において就業面と生活面の一体的な相談・支援を行う障害者就業・生活支援センター，発達障害者支援法に定められ，発達障害者が充実した生活を送れるように関係機関と連携をとりながら本人やその家族に支援を行う発達障害者支援センター，2012年に公布された「障害者の日常生活及び社会生活を総合的に支援するための法律（障害者総合支援法）」に定められ，就労の訓練等を行う就労移行支援事業所等がある。また，こうした就労支援と深く関わり連携しているのが公共職業安定所（ハローワーク）である。最近では，障害のある人への職業案内のみならず，心理の専門家を雇い，就職に向けての焦りや不安などに対する相談，就職後の職場の人間関係に関する相談等を行うところも増えている。また少しずつ整備されつつある職場復帰支援（リワーク支援）や従業員支援プログラム（EAP）にも，今後たずさわることも多くなっていくことが予想される。

ところで，これまで紹介した発達障害の人に関わる現場では，心理の専門家が常勤として配置されておらず，非常勤職員が対応していることも少なくない。心理検査や面接・指導，グループ指導，報告書の作成やフィードバックといった専門的な職務は，本人や関連職種に大いに利益をもたらすものと考えられる。今後，その重要性について理解してもらえるように，各領域で働きかけていくことが必要である。

3. 認知症の人と関わる領域や現場

認知症は年齢とともに有病率が上昇し，特に後期高齢者（75歳〜）や超高齢者（90歳〜）で多いことから（第12章参照），高齢期の主要な精神疾患とされている。そのことから，我が国の心理学では，もっぱら老

年心理学の対象と思われてきたようである。しかし、実際には認知症は、様々な心理学の実践分野を横断する問題といってよい。図1-1は認知症の人に関わる心理学の分野を図示したものである。ここで中心を認知症ではなく、「認知症の人」とし、「人」の字を大きくしたのは、認知症の問題を考える場合、我々のケアの中心は本来「人」であって、「人」に認知症の問題が加わった存在として「認知症の人」をとらえるパーソン・センタード・ケア（第3章参照）の考えによる。

これまで開発された認知症の治療薬は進行抑制を目的としており、根本治療薬は存在していない。認知症が発症した場合、その人は認知症の症状による制限を継続的に受けることになり、その意味で認知症は「障害」ととらえることができる。そのため、認知症の人は「障害者の心理学」の対象と考えられる。ところで、認知症は高齢者だけの問題ではない。高齢発症に比べれば割合は極端に低いかもしれないが、より若い年代で発症する若年性認知症の人たちも存在している。若年性認知症の人のように、一般的にマイノリティーと思われている障害者のなかにも、さらにマイノリティーの障害種別の人々が存在している。そのため、「障害者」あるいは「認知症」とひとくくりにするのではなく、心理の

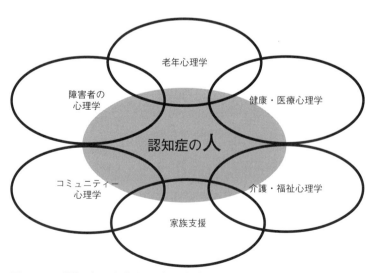

図1-1　認知症の人と心理学の実践分野の関わり

専門家は，こうしたマイノリティーのなかのマイノリティーともいうべき人の存在や気持ちも大切にしていかなければならない。

　また，認知症の原因は疾患等の心身の問題であることから，そうした症状を調べ，他の原因と鑑別するために，病院では認知機能検査を実施することが必要となる。心理の専門家はそのような心理アセスメントを病院で行っている。そのため，認知症の人の問題は，健康・医療心理学の対象ととらえられる。しかし，認知症の人では，医療のみならず，介護やケアのニーズが高く，介護保険の制度下のサービスを利用している人が圧倒的に多い。そうしたことから，「介護・福祉心理学」の分野も重要である。たとえば介護の分野では，なかなか対応の難しい認知症の人の行動の問題に対し，職員はどう対応したらよいか困っている。そうした行動に対して，職員へのインタビューや本人の行動観察をもとに介入計画を考えることは心理の専門性と合致する点といえる。最近では，地域包括支援事業として，要介護認定を受けた人だけではなく，一次予防や二次予防の活動を実施したり，対応の難しいケースに関しては地域ケア会議を開いたりなど，従来の介護サービスの範疇を越える事業が行われている。こうした領域にも，心理アセスメントや介入の技術を持つ心理の専門家の参入が期待される。

　加えて，認知症のある人と共に暮らし，介護を行っている家族が介護破綻することのないように，彼らの「心」を支える，いわゆる「家族支援」も大切な領域である。この点については第14章で詳しくふれる。最近では，独居高齢者が急増しており，地域の支え合い（互助）が重視されるようになってきている。より具体的には，地域包括支援事業で行われている生活支援体制整備において，地域のインフォーマル・サポートの開発や整備・組織化が行われている。その意味では，心理の専門家が認知症の人やその家族に関わるだけではなく，地域の人と関わり認知症の人を支えていく「コミュニティー心理学」の観点も重要である。

　ところで，古いアメリカの調査ではあるが，認知症は様々な疾患の中で昏睡状態に次いで生活の質（QOL）が低い状態であると，高齢者に思われていることが明らかにされている。また，各疾患があっても生き

たいかという質問に対しても，同様に認知症は昏睡状態に次いで低い評定を示した（Ditto et al., 1996）。我が国でも，内閣府（2012）が行った「高齢者の健康に関する意識調査」では，行政に最も力を入れて欲しい健康管理として「認知症」（36.0％）が挙げられている。厚生労働省は国民健康づくり運動として「健康日本21」を推進しており，近年の高齢者の健康志向化は目を見張るものがある。しかし，Dittoら（1996）の結果を踏まえると，先ほどの認知症予防に対する行政への期待は，認知症になることへの不安の裏返しともとらえることができる。実際の当事者の語りに示されていることだが，認知症になったからといって人生が終わるわけではない（認知症の私たち，2017）。むしろ認知症は生活に制限を与えるもの（障害）ととらえるべきである。誰でも制限が加わらないようにしたいだろう。そのことから確かに認知症予防の施策は重要である。その一方で，認知症になった場合であっても，温かく支えられ，皆の力で制限を小さくし暮らしやすい地域を作っていく必要がある。そうした試みとして，認知症フレンドリーコミュニティーの世界的な推進が挙げられる（たとえば認知症フレンドリージャパン・イニシアチブ http://www.dementia-friendly-japan.jp/）。コミュニティー心理学の専門家は，こうした活動により積極的に関わっていくべきであると思われる。

　以上のように，認知症の人の支援には，様々な心理学の実践分野が関係していると思われる。しかし，現在のところ，認知症の人に関わる領域で，実際に心理の専門家が働いている職場としては医療領域が圧倒的に多くなっている。これには，たとえば介護保険のサービスでは，制度上心理の専門家が直接関わることのできる機会が少なかったことが関係していると思われる。一方，医療領域では，厚生労働省が平成27年1月に打ち出した「認知症施策推進総合戦略　～認知症高齢者等にやさしい地域づくりに向けて～」（以下，新オレンジプラン，2015b）に関連し，高齢者，特に認知症医療の職務が増えている。このプランでは，認知症の人が住み慣れた地域で暮らし続けるために必要なことを整備するために，7つの柱に沿って施策を総合的に推進している。このうち，第二の

柱には「認知症の容態に応じた適時・適切な医療・介護等の提供」が挙げられており，9つの具体的な政策が打ち出されている。そしてそれらの政策として，①かかりつけ医の認知症対応力向上研修・認知症サポート医の養成研修，②歯科医師・薬剤師の認知症対応力向上研修，③認知症疾患医療センター，④認知症初期集中支援チーム，⑤病院勤務の医療従事者向け認知症対応力向上研修・看護職員認知症対応力向上研修，⑥BPSD[注]ガイドライン，⑦認知症介護実践者研修等，⑧認知症ケアパス，⑨認知症地域支援推進員に関するものが示されている。図1-2は，それらの関係を図示したものである。このなかで，認知症疾患医療センターは認知症の専門医療の中心となっているが，いくつかのタイプがあり，基幹型と地域型のセンターはそれぞれ都道府県，地域の認知症医療の中核的な役割を果たしている。表1-2は，認知症疾患医療センターの人員配置（厚生労働省，2015a）を示したものである。ここにみられるように，このセンターでは専任の臨床心理技術者（1名）を置くことになっており，認知症の鑑別診断と専門的医療相談をチームで行うこと

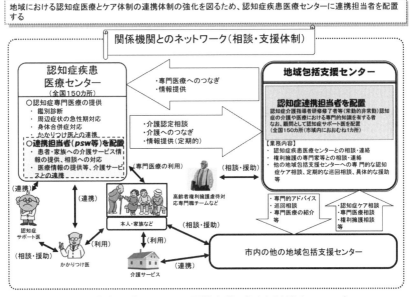

図1-2　認知症疾患医療センター運営事業（厚生労働省，2009）

表1-2 認知症疾患医療センター人員配置（厚生労働省，2015a）

		基幹型	地域型	診療所型
設置医療機関		病院（総合病院）	病院（単科精神科病院等）	診療所
設置数（平成27年12月28日現在）		14か所	303か所	19か所
基本的活動圏域		都道府県圏域	二次医療圏域	
専門的医療機能	鑑別診断等	認知症の鑑別診断及び専門医療相談		
	人員配置	・専門医（1名以上） ・専任の臨床心理技術者（1名） ・専任の精神保健福祉士又は保健師等（2名以上）	・専門医（1名以上） ・専任の臨床心理技術者（1名） ・専任の精神保健福祉士又は保健師等（2名以上）	・専門医（1名以上） ・看護師，保健師，精神保健福祉士，臨床心理技術者等（1名以上：兼務可）
	検査体制（※他の医療機関との連携確保対応で可）	・CT ・MRI ・SPECT（※）	・CT ・MRI（※） ・SPECT（※）	・CT（※） ・MRI（※） ・SPECT（※）
	BPSD・身体合併症対応	空床を確保	急性期入院治療を行える医療機関との連携体制を確保	
	医療相談室の設置	必須		―
地域連携機能		・地域への認知症に関する情報発信，普及啓発，地域住民からの相談対応 ・認知症サポート医，かかりつけ医や地域包括支援センター等に対する研修の実施 ・地域での連携体制強化のための「認知症疾患医療連携協議会」の組織化等		

になっている。認知症疾患医療センターのなかには，地域での認知症ケアの研修，認知症の人や家族のネットワーキング，認知症の啓発等に取り組んでいるところもある。こうした取り組みには，心理の専門家が他職種と共に積極的に関わっている。

その一方で，前述の通り，高齢医療の現場とは対照的に介護現場で心理の専門家が勤務していることはまれである。しかし，世界的にみれば，認知症の人に対する心理アセスメントや心理社会的介入は，心理の専門家によって考案されたものが多い（第12章参照）。そのことから，我が国の介護保険の制度上においても，他の専門職と同様に，心理の専門家が認知症ケアに積極的に関われるようになることを期待する。

4．他専門職と比べた心理の専門家の強み（ストレングス）

　これまでみてきた障害児や障害者の人と関わる実践領域をまとめると，教育，医療，介護，福祉，就労の5領域に分けることができる。このうち，教育，すなわち学校現場は，教員が中心となっている職場といえる。また，医療の現場は医師が中心となり，看護師や，理学療法士，作業療法士，言語聴覚士などのリハビリテーション職の人々のほか，様々な職種の人が働いている。介護の現場では，専門職あるいは専門資格としては，介護福祉士や介護支援専門員（ケアマネジャー，なかでも主任介護支援専門員）が中心となり，ホームヘルパー他の職種の人々が働いている。さらに福祉の現場は，社会福祉士，社会福祉主事といった人々が中心となっている職場である。一方，就労の現場では，心理の専門家の専門性が生きる障害者職業カウンセラーが中心となっている職場もあるが，基本的には福祉の領域あるいは近接する職種が多い。

　このように各実践領域では，心理の専門家以外に，それぞれ中心となる職種が存在している。それに対し，心理の専門家は，そうした各領域において対象となる人の「心」の働きについてアセスメントしたり，働きがよくなるように介入を行ったりする領域横断的な職種といってよい。もちろん各実践領域や対象の種別によって，用いるアセスメントや介入は異なると思われるが，上記の職務は基本的に変わらない。また，悩みを抱えた人の人生の方向性について模索するパートナーとして，客観的に関わる役割も果たしている。

　ところで，人にとって「心」が関係する事柄は非常に多岐にわたる。たとえば，ものごとを考える「思考」，喜怒哀楽の「情動」，こうしたい，こうありたいという「意思」もすべて「心」のなせる業である。「思考」「情動」「意思」が入り混じりながらいろいろと悩み，それを解決しようとする場合であっても「心」が関係している。そうした悩みの相談に加え，「思考」「情動」「意思」の発達を促したり，あるいは事故等により脳にダメージを受け，低下した「思考」「情動」「意思」の機能の回復や障害の適応に導いたりなど，様々な事柄が心理の専門職の対象となる。

このように「心」が関わる領域は実に広く，そのことが，心理の専門家が領域横断的な職種として位置づけられている理由になっている。また，大学の学部では，様々な心理学と近接領域の知識を学ぶが，そうした知識や経験が心理の専門家の強み（ストレングス）となっている。たとえば，教育や小児医療の領域であれば，心理の専門家は，認知や情動を含む「心」の発達を広く領域横断的にアセスメントし，発達上でどういった面がすぐれ，あるいは遅れているのかを明らかにする。加えて，課題中にどういった点でつまずきやすかったのかを報告し，介入の方向性を示すことのできる心理の専門家の存在は貴重である。また，高次脳機能障害のリハビリテーションの領域においても，言葉の機能訓練を行う言語聴覚士や，日常生活活動を訓練する作業療法士などと協働し，心理の専門家が認知機能や心理的状態全体をアセスメントし，今後の人生の相談にも積極的に関わることができれば，障害のある人に対しより質の高いサービスを提供できると思われる。

注）

注）Behavioral and Psychological Symptoms of Dementia（認知症の行動・心理症状）

引用文献

Ditto, P. H., Druley, J. A., Moore, K. A., Danks, J. H. and Smucker, W. D. (1996). Fates worse than death: the role of valued life activities in health-state evaluations., Health psychology 15(5), 332-343.

厚生労働省（2009）．認知症疾患医療センターの整備等について，http://www.wam.go.jp/wamappl/bb15GS60.nsf/0/0404af75b39fd9cf492574d4002443cc/$FILE/ATTSITC0/20080930_8shiryou5.pdf（2018年1月31日閲覧）．

厚生労働省（2015a）．認知症疾患医療センター運営事業，http://www.mhlw.go.jp/file/06-Seisakujouhou-12300000-Roukenkyoku/0000116705.pdf（2018年1月31日閲覧）．

厚生労働省（2015b）．認知症施策推進総合戦略（新オレンジプラン），http://www.mhlw.go.jp/stf/seisakunitsuite/bunya/0000064084.html（2018年1

月31日閲覧）．
厚生労働省（2017）．発達障害者支援法の改正，平成29年度版障害者白書，29-36，
http://www8.cao.go.jp/shougai/whitepaper/h29hakusho/zenbun/pdf/s2_2-1.pdf
（2018年2月20日閲覧）
内閣府（2005）．「障害者の社会参加に関する特別世論調査」の分析
http://www8.cao.go.jp/shougai/kou-kei/sanka.html（2018年1月31日閲覧）．
内閣府（2012）．高齢者の健康に関する意識調査結果（概要），
http://www8.cao.go.jp/kourei/ishiki/h24/sougou/gaiyo/pdf/kekka_1.pdf（2018年1月31日閲覧）．
内閣府（2015）．「認知症に関する世論調査」の概要，
https://survey.gov-online.go.jp/tokubetu/h27/h27-ninchishog.pdf（2018年1月31日閲覧）．
内閣府（2016a）．障害者の状況，平成28年版障害者白書，192-198，
http://www8.cao.go.jp/shougai/whitepaper/h28hakusho/zenbun/pdf/ref2.pdf
（2018年1月31日閲覧）．
内閣府（2016b）．高齢者の健康・福祉，平成28年版高齢社会白書，19-23，
http://www8.cao.go.jp/kourei/whitepaper/w-2016/html/zenbun/pdf/1s2s_3_1.pdf（2018年1月31日閲覧）．
認知症の私たち（2017）．認知症になっても人生は終わらない　認知症の私が，認知症のあなたに贈ることば．harunosora
World Health Organization (2001). world health organization international classification of functioning disability and health.（障害者福祉研究会（訳）（2002）国際生活機能分類（ICF）－　国際障害分類改訂版　－中央法規出版）

研究課題

1）本章では発達障害と認知症の人に心理の専門家が関わる職種，業務・役割を紹介したが，他の障害についても心理の専門家がどのように関わっているか調べてみよう．
2）本章の内容をもとに，心理の専門家の技術の特徴について，グループディスカッションしてみよう．
3）最新の白書の統計をもとに，障害者数などを調べてみよう．

2 | 障害児・障害者と発達

大六一志

　20世紀の終わり頃に心理発達の考え方は大きく変化した。それに伴って，障害のある人の発達についても，標準的な発達過程からの逸脱とみる考え方から，多様な発達過程のうちの1つとみる考え方へと変化している。こうした発達観の変化に伴い，障害児・障害者の特別な発達過程を支える法制度や教育のあり方も変わってきている。本章では，新しい発達観と，障害者をめぐる最近の法律，そして特別支援教育の考え方について学ぶ。
〈キーワード〉　発達の最近接領域，足場，特別支援教育，発達障害者支援法，早期発見

1. 心理発達：最近の考え方

（1）複線型の発達観

　発達段階の検討が隆盛であった20世紀後半には，基本的にすべての人間が同じ発達段階を経ると考える単線型発達観であった。障害があって標準的な発達から大きく逸脱している場合は，トレーニング等によって標準的発達に戻すべきものと考えられていた。

　これに対し，最近は複線型の発達観が主流となっている。すなわち，唯一の標準的な発達過程があるのではなく，発達過程は多様であり，そして障害のある子どもにも特有の発達過程があると考えるようになっている。特に発達障害においては，ある能力は発達しにくい一方，別の能力は飛躍的に発達したり，一般的な子どもとは発達の順序が異なっていたりすることが報告されるようになっている。

　発達過程が多様であるということは，養育や教育にもまた多様性が求められることになる。子どもの特性を無視し，かつてのような唯一絶対の標準的発達過程を信じてそれに近づけるような養育・教育を行った場

合，その子には必要なスキルが身につかなかったり，自信を失ってしまったりする可能性がある（自閉スペクトラム症に関しては本田，2017）。

(2) 相互作用的視点
相互作用もまた，新しい発達観の特徴の1つである。
①遺伝要因と環境要因の相互作用
たとえば，20世紀前半には遺伝と環境のどちらが人間の発達にとって重要であるかという議論があったが，20世紀の終わり頃には遺伝と環境は相互作用するものと考えられるようになった。
②子どもと環境との相互作用
発達自体についても，相互作用によって成立すると考えられるようになっている。すなわち，かつては遺伝を重視する研究者は，一定の時期が来ると子どもの内部から能力が開花してくるような発達観を示し，一方，環境を重視する研究者は，育て方次第で子どもの能力をいかようにも開花させられるという発達観を示していた。しかし，ピアジェ（Piaget, J.）の研究以降，20世紀後半になると，子どもが環境と相互作用することにより能力は開花するものであり，環境からの刺激がなければ子どもの能力は開花せず，また，子どもの内部に一定の準備状況が整わないと環境の刺激だけでは能力は開花しないと考えられるようになっている。

物的環境だけでなく人的環境との相互作用も重視されるようになっている。ヴィゴツキー（Vygotzky, L. S.）は，後述するように，子どもの発達における大人との相互作用の重要性を指摘した。

発達障害の子どもが示す行動問題についても，それは子どもの障害の現れであり，子ども自身の問題であるととらえられてしまうことが多いが，実際には子どもの特性を理解せずに関わる周囲の人との相互作用によって生じるものである（第6章参照）。わがまま，自分勝手，やる気がない，なまけている，ふまじめ等が持続する場合，それは本人の特性のみに由来するのではなく，周囲の人による不適切な関わり方に対する

反応であるということである。

　留意すべき点として，周囲の人による関わり方が不適切であったとしても，それは発達障害の原因が養育であることを意味しない。養育者のしつけが悪いと批判したり，また養育者自身が自分を責めたりするのを見かけることがあるが，それは正しくない。批判を真に受けて一般的なしつけを強化しても問題は改善されず，むしろ事態が一層混乱することもある。実際には，養育が不適切になってしまうのは，子どものもつ特性のせいである。したがって，子どもの特性にふさわしい養育や教育がどのようなものであるかを周囲の人が知ることにより，健全な発達がもたらされるのである。

③人間と文化・言語の相互作用
　人間は必ずある文化圏に生まれ落ち，その文化を身につけ，その文化に染まる。しかし一方で，文化を変えるのもまた人間である。
　言語は変化し難いものに思えるし，学ぶ者にとっては変化されると困るように思える。しかし言語もまた文化の一部であり，時代とともに変化する。新しいことばが次々と世に登場しているし，「代替」を「だいがえ」と読み，「散見する」を「散見される」と表現する誤りが世の中の多数派になると，正しい読みや表現として辞書に採用されるようになる。

④能力どうしの相互作用
　個人内の能力もまた相互作用によって発達する。
　たとえば，文字の読みの習得は，音韻意識の発達によって急激に進むが，文字の読みの習得が進むと，今度は音韻意識の方が再編成される。すなわち，日本人の場合，3歳頃の文字の読みの習得はゆるやかで，1文字ずつ読むというよりは単語全体をロゴのようにして読むことも多いが，音韻意識の発達とともに急激に五十音の読みを習得していく。この4～5歳頃の音韻意識は主に音節を認識する能力であり，「たんす」の「たん」，「かあさん」の「かあ」等は本来1音節なのであるが，ひらがなの習得を通して，文字に対応して2拍と感じるように音韻意識が再編成されるのである。

したがって，障害のある子どものトレーニングを考える際，単一の能力だけに注目していると，その能力を引き出すのは難しいかもしれない。上記ひらがなの読みに関して言えば，音韻意識という能力の発達に注目せずにひらがなをひたすら読ませていても，改善は望めないということである。

(3) 主体性

　周囲の人や環境との相互作用のなかで，子どもは主体的に探索し，仮説検証を行い，また，情緒を調整すると考えられている。

①共同注意（joint attention）と知識習得

　共同注意とは，他者と情報を共有するための行動システムである。情報を共有するためには，他者と同じ対象に注意を向けなければならない。そのため共同注意と呼ばれる。

　単に他者と同じ方向に視線を向けているだけでは共同注意ではなく，同じ対象に注意を向け，主観世界を共有してこそ共同注意といえる。子どもはこの共同注意を通して，語彙や常識的知識（安全・危険，行為の善悪など），他者の好みなど多くのことを学習するとともに，他者とのコミュニケーションを行う。コミュニケーションとは他者との情報共有なのである。

　共同注意は生後3〜12か月頃に行動システムとして成立し，以降生涯にわたりわれわれの知識習得とコミュニケーションを支える（Mundy，2003）。他者と同じ対象に注意を向けるためには，視線，発声，指さし，そして初語出現以降はことばを用いて，共有したい対象に相手の注意を誘導することになる。したがって，子どもはこれらを用いて周囲の人の注意を主体的に誘導し，ときには周囲の人から注意を誘導され，それによって学習やコミュニケーションを行っているのである。

　自閉スペクトラム症はこの共同注意を苦手としており，そのため早期発見の手がかりの1つとなっている（大藪・伊藤，2003）。

②アタッチメントと情緒的安定

　共同注意が知識習得の原動力であるとすれば，アタッチメントは情緒

安定の鍵となる。

アタッチメントとは，子どもが生存の危機に直面した際に大人の対処行動を誘発する行動システムである（遠藤，2018）。生後2～3か月頃から形成が始まり，生後半年過ぎに出現する人見知りや分離不安は古くからアタッチメントの里程標と考えられてきた。この段階で子どもは養育者にしがみつくという行動を示すが，この時期を過ぎるとむしろ探索行動が顕著になり，探索時に不安を覚えると安全基地（secure base）である養育者のところに戻って情緒の調整を行う。

こうして形成されたアタッチメントは子どもの心の中に内在化し，生涯にわたって情緒的安定を支え続けると考えられている。

③ "理論"の生成

語彙や文字などの急速な習得の背景には，子どもが主体的に構築した"理論"があると考えられている。この"理論"は素朴理論と呼ばれることもある。

たとえば語彙の習得において，初語が出現してからの半年ほどは，表出語彙の増加はゆっくりしている。この間に子どもは語彙に関する"理論"を構築していると考える。すなわち，分類仮定（物の名前は目前にある対象の固有名称ではなく，同種の物すべて同じ名前である），対象全体仮定（物の名前は目前にある対象の部分ではなく全体に冠されている），相互排他性仮定（目前の対象の名前は1つであり，別種の対象には別の名前がある）などである。この"理論"の完成とともに語彙の爆発的増加がもたらされ，また，上位概念や対象の部分の名称を習得するために"理論"を改変していくと考えられている（Markman, 1989）。

文字の習得もまた同様である。子どもがひらがなの読みを習得する際，最初の10～15文字の習得はゆっくりしているが，その後急速に習得が進み，一気に60文字近くまで到達する（天野，1986）。これは，ゆっくり習得が進んでいる時期に文字と音韻の性質に関する"理論"を構築していると考えられているのである。

(4) 主たる方略の交代による発達

　発達段階の検討が盛んであった時代には，発達は階段状に，上へ上へと上昇するように進むというイメージでとらえられていた（図2-1）。発達段階の考え方そのものは現在でも有効であるが，現在のイメージは階段状ではなく，主たる方略が交代することで発達が進むというイメージでとらえられるようになっている（Siegler, 1995）。これを，横軸を年齢，縦軸を方略の出現率にしてグラフに描くと，波が重なっているような図になることから（図2-2），"重なる波の理論"と呼ばれることもある。

　日本語話者における文字の読みの習得を例として考えると，3歳以前は1文字ずつの認識が乏しく，文字列全体をロゴのようにとらえて読む方略をとるが，音韻意識が発達してくる4～6歳頃になると，1文字ずつ正確に読む逐字読み方略が優勢になる。その後，小学校で読み書きの学習が進むと，単語や文節単位で流暢に読むまとめ読み方略が優勢となる。ただし，大人になってもロゴ方略や逐字読み方略をすることはある。すなわち，われわれはレストランチェーンやスーパーのロゴを見ると，

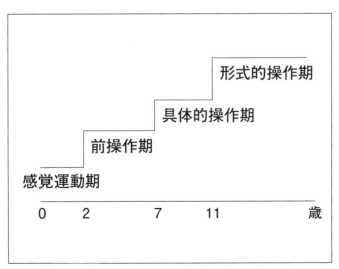

図2-1　ピアジェ（Piaget, J.）の発達段階の模式図
横軸は年齢であり，縦軸は上に行くほど高い発達段階を示す。

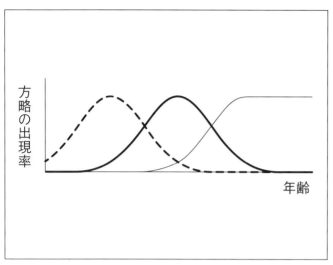

図2-2　主たる方略の交代による発達という考え方（Siegler, 1995）の模式図
"重なる波の理論"と呼ばれることもある。文字の読みの習得にたとえて考えると、一番左の点線の山は、1文字ずつの認識が乏しく、文字列全体をロゴのようにとらえて読む方略。中央の太線の山は、1文字ずつ読む逐字読み方略（4～6歳頃）。右の細線の山は、単語や文節単位で急速に読むまとめ読み方略と考えられる。

個々の文字を読まずともどの店であるかを瞬時に判断する。これはロゴ読み方略である。そのうちの1文字がいたずらされていても、気づかずに読んでしまう可能性もある。また、文中に見慣れない単語が突然に出てくると、大人でも逐字読み方略を用いる。このように、大人の主たる読み方略はまとめ読みであるけれども、条件によってはロゴ方略や逐次読み方略も出現するのである。

(5) 発達の最近接領域

　発達の最近接領域とはヴィゴツキー（Vygotzky, L. S.）の考え方であり、近い将来に到達する発達水準のことである。子どもはその発達水準の課題を独力で解決することはできないが、他者からの援助や他者との共同によって解決ができるものと定義される。子どもは内発的動機により主体的に他者と相互作用し、主体的に課題を解決すると考えられてい

る。

　この考え方によれば，適切な難易度の課題と適切な援助が用意されれば，すべての子どもは主体的にその課題に取り組むということになる。つまり，生来的にやる気のない人間はいない，と考えることができる。

（6）　足場

　発達の最近接領域説が，適切な課題の難易度を示唆しているとすれば，適切な援助のあり方を示すのが，ブルーナー（Bruner, J. S.）による足場（scaffolding）の考え方である。

　すなわち，発達の最近接領域にある課題を子どもに与える際，まず大人は子どもの興味をひいて課題に誘い，お手本を示したり援助したりして解決法を体験させる。これが足場作りである。すると子どもは主体的に課題に取り組み，次第に上達し，徐々にヒントやプロンプトなしでも解決できるようになり，例外的な場合以外には大人が手を貸す必要もなくなり，最終的には大人が関与しなくても解決できるようになり，"発達の最近接領域"は"現在の発達水準"になる。これが足場はずしである。

　足場を考える際には，スモールステップということも念頭に置いた方がよいだろう。たとえば，発達性読み書き障害で英単語の綴りが覚えられない生徒では，英単語を繰り返し書かせるという指導は適切ではない。そこには，綴りの学習と，アルファベットの書字の学習という，二重の困難な課題が含まれている。スモールステップの観点からすると，1つの課題では目標は1つであるべきで，綴りを学ばせたいなら文字が書かれたチップ等を用いるべきであり，書字の学習は別途に設定するべきなのである。

（7）　熟達（proficiency）

　熟達とは，長期にわたり毎日地道に練習した結果，意識しなくても速やかに自動的にその作業や処理ができることをいう。自動的ということは，それをしながら他の作業や処理を並行して実行できるということで

ある。

　具体的には，着替え，食事，入浴といった身辺処理や，言語，読み書き，計算といった学力の基礎は，熟達を要するスキルである。これらは学校生活でも社会生活でも，年齢相応に熟達しているのが当然のことと期待される。

　一方，発達障害児，発達障害者の多くは，何らかの領域の熟達に困難を示す。そして，その困難を克服するためには，一般の人と同じ熟達のためのトレーニングを繰り返しても効果はなく，障害特性に合った課題で，毎日，長期にわたりトレーニングを積む必要がある。

(8) メタ認知

　メタ認知とは，自己の認知活動（記憶，思考など）を対象とする，より高次の認知機能である。障害児，障害者の場合には，障害のために自分が特に苦手とする認知活動を自覚し，それを補う方略を考案したりツールを活用したりといった工夫をすることも，メタ認知に含まれる。メタ認知は，自分の弱点の影響を最小限に留め，自分の能力を最大限発揮するために不可欠の能力である。スタンバーグ（Sternberg, S.）はメタ認知を知能の重要な要素と位置づけたが，実際に知能検査でこのメタ認知を測定しているのはDN-CASのプランニング尺度ぐらいである。

　一般的な発達では，6歳以前は方略を考案することは難しい。教えれば方略を使用する子どももいるが，それによって能力が改善することはほとんどない。6～7歳になると方略を自発的に使用する子どもが出現し，8～9歳までにはほぼ全員が方略を使用できるようになる。たとえば，漢字を繰り返し書いて覚えるといった学習方略を自発的に使用するようになるのがこの頃である。この頃は，方略を用いると，特に能力的に問題ない子どもでは，方略の有効性を実感することができる。しかし，この頃はまだ最適の方略を自ら選択することは難しい。繰り返し書いても漢字を覚えられない子どもでも，言われるがまま繰り返し書いてしまう。9～10歳になると，最適の方略を選択できるようになる。繰り返し書いても漢字を覚えられない子どもでは，繰り返し書く方法に効果がな

いことに気づくことになる。

　メタ認知はまた，学校や職場に自ら特別措置を申請したり，福祉サービスを申請したりする際にも必要な能力である。なぜなら，自分の課題の自覚なしに的確な措置やサービスを申請することはできないからである。

2．障害児・障害者の発達を支える法律

（1）　発達障害者支援法

　発達障害者支援法は，2004（平成16）年に公布，翌2005（平成17）年に施行，そして2016（平成28）年に改正された。

　発達障害に近い診断概念として，米国の診断基準 DSM-5 における神経発達症群があるが，これには知的能力障害群が含まれている。一方，日本の法律でいう発達障害には，知的障害は含まれていない（知的障害が併存する発達障害は法律の適用範囲に含まれる）。

　この法律に基づき，発達障害者の自立と社会参加に向けた支援を行うために，全国各地で発達障害者支援センターが指定されることとなった。また，早期発見・早期支援の重要性が示されており，これを根拠として全国に5歳児健診，5歳児発達相談が広まりつつある。さらに，発達障害児を対象とした特別支援教育において，後述する個別の指導計画，個別の教育支援計画が作成されるようになったのも，この法律に基づくものである。

　5歳児健診，5歳児発達相談は，子どもが満5歳になる年（幼稚園であれば年中）に実施される。医師の診察を含む場合は健診，含まない場合は発達相談，健康相談などと称する。この5歳児健診，5歳児発達相談は，知的発達の遅れを伴わない自閉スペクトラム症（ASD）や注意欠如・多動症（ADHD）の早期発見を主たる目標として想定している。これら ASD や ADHD の特徴は，集団の中でルールを守らなければならない場面で，ルールからの逸脱という形で顕在化しやすいことから，まだ集団生活の始まっていない3歳の健診では発見しにくく，5歳こそが早期発見にふさわしいのである。

(2) 障害を理由とする差別の解消の推進に関する法律

　しばしば障害者差別解消法という通称で呼ばれる。2013（平成25）年に公布され，2016（平成28）年4月に施行された。次項で述べる障害者の権利に関する条約の批准に向けた国内法整備の一環として作られた。

　この法律では，障害者が障害ゆえに不利益を受けることのないよう，役所や公立学校などの公的機関は"合理的な配慮（reasonable accommodation）"を行わなければならないとされている。

　障害者の権利に関する条約によれば，合理的配慮とは，「障害者が他の者と平等にすべての人権及び基本的自由を享有し，又は行使することを確保するための必要かつ適当な変更及び調整であって，特定の場合において必要とされるものであり，かつ，均衡を失した又は過度の負担を課さないものをいう。」

　この合理的配慮をめぐり，公立学校では若干の混乱が見られる。たとえば，手段の公平性を優先するあまり，肝心の目的・目標の公平性が担保できていないことがある。すなわち，漢字ドリル・漢字ノートに取り組むという手段に固執し，通常の教材では漢字が身につかない学習障害の児童にも同じ手段を強要し，その結果児童は漢字を覚えることができず，漢字を覚えるという目的・目標に不公平が生じてしまう事例が見られる。また，板書をノートに写すのは後で授業内容を振り返るための手段であるはずであるが，発達性読み書き障害の児童にも板書をノートに写すことを強要し，字の読み書きに精一杯で授業に全く集中できず，先生の話が聞けなかったという本末転倒な事例も見られる。

　合理的配慮をめぐる別の問題としては，福祉や教育におけるサービスが，社会適応の程度ではなく，しばしばIQの数値で線引きされているということがある。すなわち，ある子どもが，主体的な意思決定が困難であるためにコミュニケーションや集団における役割分担，移動，予定通りの活動が困難で，かなりの介助を要するのに，IQが高いというだけで療育手帳が交付されず，特別支援学級も利用できないという事例が全国的に見られる。先進国ではIQではなく社会適応に重きをおいて知的障害のサービスを提供するようになっており，今後日本でもその方向

(3) 障害者の権利に関する条約

2006年の国連総会で採択された障害者権利条約（Convention on the Rights of Persons with Disabilities）を日本語に訳したものである。日本では2013年末に国会で承認され、翌年1月に批准書を国連に寄託、2月19日に発効した。

条約の基本的な考え方としては、当事者の自尊心・自己決定権の重視や、雇用や医療を受けるなどの機会の均等と差別禁止、障害に由来する社会からの孤立の防止、社会参加の権利、医療におけるインフォームド・コンセントの権利、社会における偏見を払拭し意識を向上させる政策の必要性の強調などがあげられる。

3. 障害児・障害者の発達を支える特別支援教育

特別支援教育という語は2001年より文部科学省で使われ初め、実態調査と準備期間を経て、2006年に学校教育法および学校教育法施行規則が一部改正され、2007年4月より正式にスタートした。

これにより、特殊学級や盲・聾・養護学校を中心に展開されてきた従来の特殊教育から、通常の学級におけるインクルーシヴな教育と通級制度を中心とした特別支援教育へと移行した。2002年の調査では6.3%、2012年の調査では6.5%の発達障害と推定される児童生徒が通常の学級で学んでおり、他にも視覚・聴覚・運動などの障害がある児童生徒が通常の学級で学ぶ場合もあることから、特別支援教育では、通常の学級においても合理的配慮を行い、また、障害があっても学びやすいユニバー

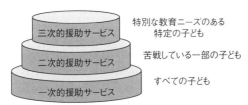

図2-3　三段階の心理教育的援助サービス（水野，2009）

サルデザインの授業を展開することが求められている（図2-3）。

　ユニバーサルデザインの一方で，障害の状況に応じた配慮や支援もなされなければならない。障害の状況は一人ひとり異なるので，配慮や支援の計画も個人ごとになされる必要がある。このような計画を，個別の指導計画，個別の教育支援計画という。また，この計画を立案するために校内委員会を設置することになっており，さらに，校内スタッフ，保護者，学外の専門家の連携をとりもつ特別支援教育コーディネータを指名することが義務づけられている。もちろん，個別の指導計画，個別の教育支援計画は，学校が単独で作成するものではなく，障害者の権利に関する条約の精神に従って，本人やその代弁者たる保護者との協議によって作成されるべきものである。

　2013（平成25）年度の文部科学省の調査によると，公立小中学校における個別の指導計画作成率，校内委員会設置率，特別支援教育コーディネータ設置率は90%を超えており，特に小学校における校内委員会と特別支援教育コーディネータの設置率はほぼ100%になっている。次なる目標はそれらの内容の充実ということになるであろう。

（1）　個別の指導計画

　本章第1節で述べたように，障害のある子どもはしばしば特有の発達過程を示すものであり，そのため特性への配慮や特性に合った教育が求められる。場当たり的な対応では特性を見失いやすいので，計画的に配慮や支援を行う必要がある。そのために立案するのが個別の指導計画である。

　一般的な計画というものがそうであるように，個別の指導計画もPDCAサイクルを経る。すなわち，Plan（目標設定と計画立案），Do（実行），Check（検証・評価），Action（改善・修正）のサイクルである。目標設定の前にはアセスメント（第4～6章参照）が行われる。

　個別の指導計画における目標には，年度単位で決める長期目標と，その下位目標になっていて学期ごとに決める短期目標とがある。"個別の"指導計画の目標であるから，「友だちと仲よくする」「勉強をがんばる」

「給食当番,掃除当番を協力してやる」のような,すべての児童生徒が目標とすべきものではなく,「怒りを自己調整する方法を3つ以上身につける」「タブレットを用いて作文を書き,その際,既習漢字はすべて使用する」など,当該児童生徒が当面達成すべき固有の目標を設定する必要がある。

長期目標,短期目標は児童生徒本人が目指すものであり,これに対して学校が行う支援・配慮は"手立て"と呼ばれる。たとえば,本人の目標が「怒りを自己調整する方法を3つ以上身につける」であれば,その方法を平時に一緒に考えて準備しておくことが考えられるし,教員の目前で怒りを周囲に向けようとしたら,自己調整の方法を想起させる合図をしてあげるとよいであろう。このように,個別の指導計画が目指すところは本人による主体的問題解決であり,教員をはじめとする学校スタッフの役割は主体的問題解決のサポートである。

個別の指導計画の具体的な作成方法は海津(2007)に詳しく書かれている。

(2) 個別の教育支援計画

前項の個別の指導計画がミクロの計画であるとすると,個別の教育支援計画はマクロの計画である。個別の指導計画には日々の具体的な実践の計画を記入するのに対し,個別の教育支援計画には,長期的な目標とともに,連携する他機関とその役割分担が記入され,連携の際の情報共有に役立てられる。個別の指導計画と個別の教育支援計画の関係を図2-4に模式的に示した。

2013(平成25)年度の文部科学省の調査によると,公立小中学校における個別の指導計画の作成率は90%を超えているのに対し,個別の教育支援計画の作成率はまだ80%台であり,個別の指導計画に比べて遅れていることがわかる。

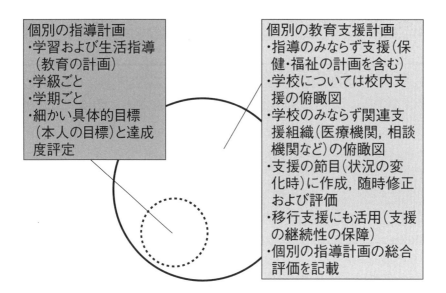

図2-4　個別の指導計画と個別の教育支援計画の関係を示した図
個別の指導計画が学校内における日々の具体的な実践の計画であるのに対し，個別の教育支援計画は他機関との連携と情報共有のための計画である。

引用文献

天野清（1986）．子どものかな文字の習得過程．秋山書店．

安藤寿康（1996）．遺伝する知的能力と教育環境．日経サイエンス96年8月，26(8)，40-50．

遠藤利彦（2018）．アタッチメントが拓く生涯発達．発達（ミネルヴァ書房），153，2-9．
　この号の特集は「最新・アタッチメントからみる発達：養育・保育・臨床の場における"愛着"をめぐって」になっている。

本田秀夫（2017）．自閉スペクトラム症の理解と支援：子どもから大人までの発達障害の臨床経験から．星和書店．

石隈利紀監修，水野治久編（2009）．学校での効果的な援助をめざして：学校心理学の最前線．ナカニシヤ書店．

海津亜希子（2007）．個別の指導計画作成ハンドブック：LD等，学習のつまずきへのハイクオリティーな支援．日本文化科学社．

Markman, E. M. (1989). Categorization and naming in children: Problem of

induction. MIT Press.
Mundy, P. (2003). The neural basis of social impairments in autism: The role of dorsal medial-frontal cortex and anterior cingulate system. Journal of Child Psychology and Psychiatry, 44, 793-809.
大藪泰・田中みどり・伊藤英夫（2003）．共同注意の発達と臨床：人間化の原点の究明．川島書店．
Siegler, R. S. (1995). Children's thinking: How does change occur? In F. E. Weinert & W. Schneider (Eds.), Memory performance and competencies: Issues in growth and development (pp. 405-430). New Jersey: LEA.

研究課題

1) 障害児・障害者に対する最近の発達支援においては，ピアジェの発達理論よりも，ヴィゴツキーやブルーナーの発達理論が注目されることが多い。それはなぜか，考えてみよう。
2) 新しい発達観の登場によって，障害児・障害者に対する支援のあり方がどのように変わったか，考えてみよう。
3) 障害児・障害者の特性に合わない養育・教育を続けるとどんな弊害が起きるか考えてみよう。また，そのような例が身の回りにないか探してみよう。

3 | 障害児・障害者と関わるうえで知っておきたい理論や概念

山中克夫

　ここでは，心理の専門家が，障害児・障害者と関わるうえで知っておいた方がよいと思われる障害のある人の心理的世界に関するモデル，障害の受容に関する理論，障害や障害のある人のとらえ方（障害観），行動の問題のとらえ方について学ぶ。

〈キーワード〉　価値転換論，障害受容，パーソン・センタード・ケア，生物心理社会的アプローチ，ICFモデル，補償を伴う選択的最適化（SOC），チャレンジング行動

1. 障害のある人の心理的世界

　図3-1はリハビリテーション・カウンセリングの専門家である三澤（1985）が，障害者の心理的世界を表した概念図である。障害のある人は，健常者と隔てなく，普通につき合いたい，わかり合いたいという希

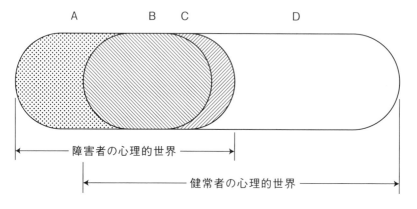

A　障害者固有の世界　　　　　C　障害という壁
B　障害者と健常者とが共有する世界　　D　健常者だけの世界

図3-1　障害者の心理的世界（三澤，1985，p.17）

望を持っている。この図の中で，そうした心情を表す部分は，Bの「障害者と健常者とが共有する世界」である。しかし，健常者は障害について実体験がないため，また，障害のある人は障害による制限から健常者と同じ経験ができないこともあるため，両者にはCの「障害という壁」が存在し，Aの「障害者固有の世界」とDの「健常者だけの世界」を隔てていると考えられている。

　このように両者では相いれない世界があることを示されると，互いにわかりあうことは難しいと感じるかもしれない。しかし，そうではなく，そうした壁や固有の世界の存在を知ったうえで，それぞれの世界を尊重しつつ，自ら過剰に壁を作っていた場合には，それを取り除いていくような姿勢が重要であると思われる。

　図3-1に示された障害者の心理的世界，すなわち心情についてもう少し具体的に言うと，それは「健常の人と体験を共有したい」，その一方で「健常の人とは同じようにできない。障害のある点を配慮してほしい」という，2つの気持ちが共存している状態と言えるだろう。障害のある人は，こうした葛藤を繰り返し体験しているという。そのため，心理の専門家は，まずは彼らの相反する気持ちについて，自らが経験した葛藤場面（たとえば性別，立場，文化的背景の違いによる悩みや葛藤）に置き換え，共感的に理解していくことが大切である。

　障害のある人の心の葛藤を理解するうえでよく使われているもう1つの概念が，図3-2に示した現実自己（自分が認知している自己）と理想自己（現実の自己とは別にこうありたいと思う自分）である。

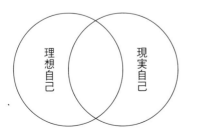

図3-2　自己概念の理想と現実（三澤，1985，p.26）

三澤（1985）によれば，中途障害の場合には，容姿，能力，生活技能などに大きな変化がもたらされ，一般的に自己評価が著しく低下するとされている。さらに「障害者」というラベリングは，自己概念上に大きな影響を及ぼす。障害をもっているという現実は，現実自己と理想自己の不一致を極端に大きくしてしまうことが多いという。

　誰でも理想を持ち，こうなりたいという理想の自己像を持っているだろう。理想に近づいていくことは容易なことではないが，それに向かって少しずつ進んでいく。ところが，受傷後に大きな障害が生じた場合，現実世界は一変してしまう。それまで可能であったことができなくなり，過去の理想は今の自分にとってかけ離れたものとなり，現実自己と理想自己の不一致の程度はとても大きくなってしまう。そのため，時間はかかるかもしれないが，現実を受け入れることや価値の転換を図っていくことが必要になる。

2. 障害の受容

　図3-3は，中途障害者の障害受容過程のモデル（三澤，1985）を示している。受け入れがたい現実と向き合い，受容していくことは決して容易ではない。この図に示されているように，受傷し障害の宣告をされた後は激しいショックを受け，悲しみや怒り，絶望，さらに深い抑うつ反応が生じる。特にこの時期では周囲の支えが必要であるが，受容に至る全過程において，家族，専門家，ピア（当事者同士）など，周囲の支えが必要であることは言うまでもない。

　ところで，「受容」というと，あきらめなどのネガティブな印象を与えるかもしれない。しかし，障害の「受容」とは，変えられない現実を受け止め，今の自分にとって意味がある，希望や期待を持てることを探し行動してみること，そうしたことを通じ，新たな人生の価値を見出していくことといってよいだろう。Demboら（1956）は，こうした障害受容にとって重要と思われる価値転換理論を提唱した。この理論では，障害によって失われたものではなく，自らが有している資産へ価値の視野を拡大し，以前の自分や他者と比較するような価値のあり方（比較価

第3章 障害児・障害者と関わるうえで知っておきたい理論や概念 | 43

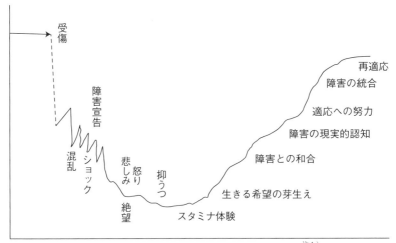

図3-3 中途障害者の典型的な障害受容過程のモデル[注1)]
(三澤, 1985, p.42)

値)から,自らが有する資産に価値を見出すあり方(資産価値)へと転換を図っていく。障害のある人,特に受傷後に生活が一変した中途障害者の場合,過去の自分を理想とするのではなく,時間をかけ新しい理想を形成していくことが重要となる。そのうえで,自らの資産に気づき,それを踏まえたうえで,今後の生活や目標を設定し,行動していくことになる。なお,こうした古典的な理論について,価値の転換(価値観を変える)と聞くと,大変革のようなことを想像するかもしれないが,ここではむしろ,他者から自己,失われたものから有しているものへ「視点」や「関心」の方向を変えること(変わること)ととらえるとよいだろう。

しかし,現実には障害の受容や価値の転換はなかなか難しいとされる。探し当てた目標に向かって進むも,人生で様々な壁に突き当たり,受傷のショックや後悔が再燃することもある。こうした体験に対しては,やはり周囲が寄り添っていくことが大切である。そのうえで,新たな目標に向かって行動していくうえでは,自らの資産に着目するだけではなく,障害された部分について補う方法を講じることも大事なことである。そのようなことに関連する理論として,Baltes (1997) の「補償を伴う選

択的最適化（selective optimization with compensation：SOC）」がある。もともとこの理論は老化への適応のために考案されたものだが，現在，医療からビジネスまで様々な分野で応用されている（Powell, 2011）。SOC理論のうち，「補償（補う）」とは，今の自分にとって能力的に難しいことを人に任せる，機械を利用する，別のものを代用することなどを指す。また，「選択」とは，自分の能力のキャパシティーに合わせて，やるべきことを絞り込むことを指す。さらに「最適化」とは，目的を遂げるためのベストな状況づくりを指している。たとえば，注意の範囲，集中力，処理速度が落ちる高齢期では，「ながら作業をしない」「最も能率があがる時間を選ぶ」「集中できる静寂な場所，邪魔されない場所を選ぶ」「時間をかけてゆっくりやる」といった工夫を行うことがよいとされる。こうした工夫は，高齢者のみならず，認知機能の低下がみられる場合をはじめ，障害者に対しても適用できる点が多い。

3. 障害や障害のある人のとらえ方（障害観）

　前節の価値転換理論では，中途障害などの障害のある本人が，障害され失われた面ではなく，自らが有する資産に視点を転換することの重要性について説明した。これに対し，次に説明するパーソン・センタード・ケアは，言うなれば本人と関わる周囲の者が，本人の見方について価値転換を図るものと言える。このパラダイムは，1990年代後半にKitwood（1997）によって唱えられたものであり，認知症ケアに世界的な影響を与えている。Kitwood（1997）は，認知症の人の「認知症」の部分，すなわち脳の障害から本人を画一的にとらえていた従来のあり方を批判し，認知症の「人」の部分を重視したケアのあり方を主張した。ちなみに従来の脳の障害から認知症の人をとらえるモデルは「器質モデル」あるいは「生物モデル」と呼ばれる。一方，「人」の部分に着目したモデルは「心理社会モデル」と呼ばれる（Clare, 2008）。Kitwood（1997）のパーソン・センタード・ケアで最も大切にされ，根幹となっている言葉は，パーソンフッド（personhood）であると思われる。この言葉のもともとの意味は"the status of being a person"あるいは

"the quality or condition of being an individual person"であり，人や個人としての存在（あり様），あるいはそのクオリティ（質）のことを指す。Kitwood（1997）は，認知症の人のパーソンフッドについて社会的にとらえ，人が他者との関係や社会において得た「立場」や「地位」，それに加えて，周りから認められ，敬まわれ，信頼されることを重視した。パーソン・センタード・ケアでは，こうしたパーソンフッドの考えを基盤とし，"valuing people"（年齢や認知能力にかかわらず，全ての人の存在自体に絶対的な価値があることを認めること），"individual care"（個別性を尊重したケア），"personal perspective"（認知症をもつ人の視点から世界を理解すること），"social environment"（心理的ニーズを満たし，相互に支え合う社会的環境を提供すること）が認知症ケアの不可欠な要素とされている（Brooker, 2007）。

上述した通り，パーソン・センタード・ケアは心理社会的アプローチと言われている。また一方，認知症の人では，疾患の進行に伴い機能が次第に低下していくので，現在では，そうした機能の状態をアセスメントし考慮したうえで心理社会的アプローチを実施していく，生物心理社会的アプローチも重視されるようになっている（Clare, 2008）。

国際保健機関（World Health Organization：WHO）は，1980年に国際障害分類（International Classification of Impairments, Disabilities, and. Handicaps：ICIDH），2001年にはそれを改訂し国際生活機能分類（International Classification of Functioning, Disability and Health：ICF）を打ち出した。このうち，ICIDHモデル（図3-4）では，障害を機能（もしくは身体の構造）障害，能力障害，社会的不利（ハンディキャップ）という3つのレベルに分類・定義し，体系化した。ここでは，機能障害は能力障害に影響を与え，機能障害と能力障害は社会的不利に影響を与えると考えられている。これに対しICFモデルでは，障害中心の分類から生活機能の分類に変更された。その範囲は疾病や外傷のみならず，加齢・妊娠・ストレスなどの健康に関連するすべての状態を含み，障害のある人のみならずすべての人を対象にしている。その構造や構成要素は，図3-5に示す通りであり，「心身機能（心理的機能も含

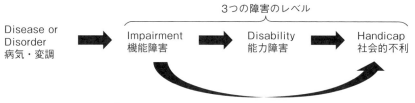

図 3-4　ICIDH モデル
(World Health Organization, 1980, p30 一部改, 和訳加筆)

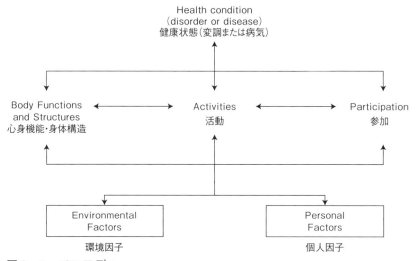

図 3-5　ICF モデル
(World Health Organization, 2001, p.18 和訳加筆)

む)と身体構造」,「活動(課題や行為の個人による遂行)」,「参加」とそれぞれの障害,「背景因子(環境因子と個人的因子からなる)」からなる。背景要因の環境因子には,物的環境や社会的環境,人々の社会的な態度などが含まれている。また,個人因子には,性別,人種,年齢,その他の健康状態,体力,ライフスタイル,習慣,生育歴,困難への対処方法,社会的背景,教育歴,職業,過去および現在の経験(過去や現在の人生の出来事)他,様々な個人の特質が含まれている。このICFモデルの構造の大きな特徴は,生活機能を構成する各次元や要素が双方向の矢印で結ばれ,相互に関連し合っていると考えられている点である。もう1つの特徴は,環境的な要素が重視された点である。これは,障害

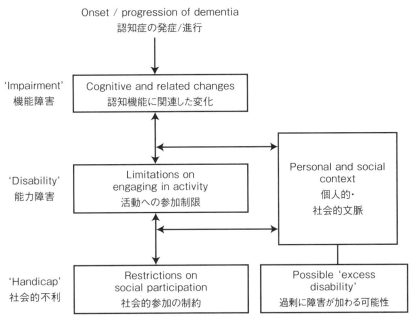

図3-6　ICIDHモデル，ICFモデルからみた認知症の障害
（Clare, 2008, p10 和訳加筆）

は変調や病気といった医学的原因だけではなく，社会によっても生み出されているという考えに基づいている。Clare（2008）は，これらのICDIHモデルやICFモデルと，認知症の人に対する生物心理社会的アプローチの要素との関連性について，図3-6のように表している。そこでは，個人的および社会的文脈次第で過剰に障害（excess disability）が加わってしまう可能性が示されている。認知症ケアでは，こうした点を加えないようにしていくことや取り除いていくことが重要である。

4. 行動の問題のとらえ方に関する理論

　認知症ケアでは，心理や行動面での問題について，認知症の行動・心理症状（behavioral and psychological symptoms of dementia：BPSD）と呼ばれることが多い。しかし近年，海外ではチャレンジング行動（challenging behavior）という言葉が頻繁に使われるようになってきている。この言葉は，もともと発達障害で使われていた言葉である。

「チャレンジング」は訳しづらい言葉であるが，"challenge"の挑戦に誘いかける／挑戦を呼びかける意味をベースに「試練となる」「難易度が高い」というニュアンスを持っており，一般的に「チャレンジング行動」とは，対応が困難で技術や専門性を要する行動を指す。しかし，行動は本人自身が直面している苦痛を反映したものと考えられ，また，行動に対する周囲の対応次第では，さらに本人に苦痛が生じることもある。そのようなことからJamesら（2017）は，チャレンジング行動を「行動の主体である本人と行動に遭遇した人のうち，どちらか一方あるいはどちらにとっても困難の原因となっている行動」と定義している。[注2]

　BPSDは行動の問題について，認知症という「症状」の点からとらえていたが，チャレンジング行動では，状況，周囲の寛容さや対応スキルのレベルなどの社会的な文脈をより重視しており，そうした文脈によって行動の問題の大きさが変わると考えられている。その意味で，チャレンジング行動は社会的な構成概念とされている（James, 2011, 2017）。Stokes（2001）によれば，一旦認知症と診断されてしまうと，本人の問題が安易に「病気」と結びつけられてしまい，本人の心理的側面に注意が向けられなくなるという。たとえば，認知症の人がトイレ誘導の際に攻撃的な態度をとったとする。Stokes（2001）によれば，本人が見知らぬ人（認知障害により誰かわからない）に連れて行かれることをごく普通に拒否した場合であっても，アルツハイマー病の症状としてとらえられてしまう可能性があるという。こうしたことから，Stokesは「認知症」をその人に関する正しい認識や理解を阻害する「障壁」ととらえている（図3-7）。またStokesは，障壁の程度には，その人の認知・身体機能の状態や病気，さらには薬物や感覚機能の低下が関係すると考え，加えて社会的環境（ケアや関係性）や物理的環境（建築やデザイン）の両面を含む広範な文脈から認知症の人のチャレンジング行動をとらえることの重要性を強調した（James, 2011）。Stokesの考えは，Clare（2008）が示した社会的文脈次第で過剰に障害が加わる過程と共通していると思われる。

　このように認知症による「障壁」により，チャレンジング行動に隠さ

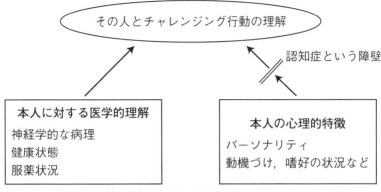

図3-7 病気の障壁に隠れたその人らしさ
(James, 2011；山中訳, 2016, p.96)
注：Stokes（2001）のものをもとに James（2001）が改変

れた本人の心理は通常とらえづらいものだが，Cohen-Mansfield and Billig（1986）は，外からは見えづらい，満たされない欲求（unmet needs）や混乱が，そうした行動の原因となっていると仮定した。そのため，それらの行動のもとになっている欲求や混乱を専門的に明らかにし，自他ともに望ましい形で欲求を満たす，あるいは混乱を解消することを介入の基本と考えた。なお Cohen-Mansfield and Billig（1986）自身は，こうした認知症の人の行動を agitated behavior と呼んだ。現在この言葉は単に agitation[注3]と呼ばれることが多いが，満たされない欲求や混乱によって心のなかでイライラした状態が生じ，それが行動化したものととらえられている。チャレンジング行動の対応では，行動のアセスメントにより，こうした満たされない欲求を明らかにし，社会的に望ましい形で充足していくことが重要となる。

　ところで，これまで紹介した認知症の人の行動をとらえる様々な理論は，前述のパーソン・センタード・ケアの"personal perspective"（認知症をもつ人の視点から世界を理解すること）に沿ったものといえる。ちなみに冒頭の「1　障害のある人の心理的世界」で紹介した三澤（1985）のモデルもまた，同様の視点から理解しようとしたモデルと言ってよい。

5. まとめと結び

　ここでは，障害のある人たちの心理的世界，障害の受容，障害観，障害のある人の行動のとらえ方に関する概念について解説した。このなかで障害観は，障害に対する新たな視点を与えるだけではなく，人間観や人生観にも影響を与えうるものである。たとえば，パーソン・センタード・ケアを学んだ人は，認知症のある人に対して，それまで自分が本人の「認知症」の点にとらわれ過ぎてきたことに気づき，本人の「人」としての立場や周囲との関係の大切さを理解できるだろう。さらに，このことは認知症の人に特化した話ではなく，どんな人でも立場や受け入れられる場が必要なのではないかと思う人も現れるかもしれない。また，障害のない人では，障害児・障害者と直接関わるなかで，自らの障害観や人生観等に影響を受けることも少なくないだろう。梅津（1997）は，視覚障害と聴覚障害を併せ持つ重複障害の事例を通じて，以下のように述べている。

　　ここで"障害"というのは，ある生体の生命過程において，現におこっている"とまどい"，"つまずき"，"とどこおり"をさす。ふつう"障害者"といわれる人々に現におこっている障害状況，そしてその障害状況に対面し相触しているわれわれ自身に，それにどう対処したらよいか，"とまどい"，"つまずき"，"とどこおり"がおこっているとする。これも障害状況である。

　梅津（1997）は，このように障害のある人のみならず，彼らを目の前にしてどう関わっていいかわからない人々の状況もまた障害と呼べるのではないかと考え，互いの障害状況を「相互障害」と呼んだ。そのうえで，相手が障害状況から立ち直るような，新しい対処の仕方を発見し，実行し，実績をあげることになるならば，自らもその障害状況を脱することになると考えた。梅津（1997）はこのように互いの障害状況を脱していく様について，「相互輔生」と呼んだ。

また，近年は様々な障害の領域において，当事者自身が自らの体験や障害観を語る書籍がみられるようになってきている。本講座ではそうしたものをあまり採りあげることはできなかったが，ピアの言葉や行動が他のピアに与える影響力は大きい。こうした言動は，ピアのみならず，障害のない周囲の人にも気づきを与えることがある。当事者と専門家・実践家が互いに関わり合い，新たな気づきを得て，それぞれの人生が豊かになっていく。そうした変化が起こることを筆者は願ってやまない。

注）
注1）図中の「スタミナ体験」とは，中途障害の場合に，この体で果たして何ができるかと模索し，自問自答をする状態を指す。
注2）元来チャレンジング行動（challenging behavior）は，認知症の人の行動やその原因を理解するうえで，介護者に技術向上を促す意図を含む言葉であった（Challenging Behaviour Foundation）。しかしイギリスでは，次第に介護者にとって対応の難しい点が強調されるようになり，診断ラベルのような使われ方もみられるようになった。これに対し英国国立医療技術評価機構（NICE）は，チャレンジング行動の本来的な意味を強調するために"behaviour that challenges:（BtC）"のように表した。James ら（2017）の定義はこの点に沿ったものである。
注3）「焦燥」あるいは「アジテーション」と訳されることが多い。しかしそれは単なる焦燥ではなく，それにより，叫ぶ，叩くなど行動として表れたものを含んでいる。そのことは，もともとCohen-Mansfield and Billig（1986）がagitated behaviorと表していたことを踏まえると理解しやすい。

引用文献

Baltes, P. B.（1997）. On the incomplete architecture of human ontogeny: Selection, optimization, and compensation as foundation of developmental theory. *The American psychologist*, 52（4）, 366-380.

Brooker, D.（2007）. *Person-centerd dementia care: Making services better. London*: Jessica Kingsley Publishers.（ブルッカー，D. 水野裕（監修） 村田康子・鈴木みずえ・中村裕子・内田達二（訳）（2010）. VIPSですすめるパーソン・センタード・ケア クリエイツかもがわ）

The Challenging Behaviour Foundation: Formal Definitions of Challenging Behaviour. http://www.challengingbehaviour.org.uk/learning-disability-files/

Formal-Definitions-of-Challenging-Behaviour-.pdf（2018年4月30日検索）

Clare, L. (2008). *Neuropsychological Rehabilitation and People with Dementia*. East Sussex: Psychology Press.

Cohen-Mansfield, J., & Billig, N. (1986). Agitated behaviors in the elderly: I. A conceptual review. Journal of the American Geriatrics Society, 34(10), 711-721.

Dembo, T., Leviton, G., and Wright, B. A. (1956) Adjustment to misfortune: a problem of social-psychological rehabilitation. Artificial Limbs, (3), 4-62.

Emerson, E. (1995) *Challenging Behaviour: Analysis and intervention in people with learning disabilities*. New York: Cambridge University Press.

James, I. A. (2011). *Understanding behaviour in dementia that challenges: A guide to assessment and treatment*. London, UK: Jessica Kingsley Publishers.（ジェームズ，I. A. 山中克夫（監訳）(2016). チャレンジング行動から認知症の人の世界を理解する―BPSDからのパラダイム転換と認知行動療法に基づく新しいケア― 星和書店）

James, I. A., and Jackman. L. (2017). *Understanding behaviour in dementia that challenges second edition: A guide to assessment and treatment*. London, UK: Jessica Kingsley Publishers.

Kitwood, T. (1997). *Dementia reconsidered: The person comes first*. UK: Open University Press.

三澤義一（1985）．リハビリテーション医学講座 第9巻 障害と心理 医歯薬出版．

Powell, D. H. (2011). The aging intellect. UK: Routledge.（パウエル，D. H. 山中克夫（監訳）(2014). 脳の老化を防ぐ生活習慣―認知症予防と豊かに老いるヒント― 中央法規出版）

Stokes, G. (2001). *Challenging behavior in dementia: A person-centered approach*. Bicester, UK: Speechmark.

梅津八三（1997）．重複障害児との相互輔生―行動体制と信号系活動― 東京大学出版会．

World Health Organization (1980). International classification of impairments, disabilities, and handicaps: a manual of classification relating to the consequences of disease.

World Health Organization (2001) world health organization international classification of functioning disability, and health.

研究課題

1) 性別，立場，文化的背景の違いなど，自らの悩みや葛藤を例に，障害のある人の心理的世界では2つの気持ちが共存することについて理解を深めよう。
2) 自分，これまで出会った障害のある人を思い浮かべ，SOC理論の応用例を考えてみよう。
3) ICFモデルやチャレンジング行動の説明をもとに，Clareのいう過剰に障害が起こらないようにするための例を考えてみよう。

4 障害児・障害者のためのアセスメント技法1：アセスメントの流れ

大六一志

本章ではまず，なぜアセスメントが必要であるのかを理解する。また，アセスメントによって具体的にどのような情報を収集するべきかを学ぶ。さらに，情報を収集する各種の方法やその選び方について学ぶ。最後に，アセスメント結果のフィードバック方法について理解する。
〈キーワード〉　アセスメント，検査，行動観察，面接，倫理

1. なぜアセスメントは必要か？

（1）　問題には原因がある

　授業中一人で立ち歩く小学生がいたとする。注意されるとすぐ着席し，二度と席を立たないのであれば，アセスメントの必要はない。
　注意されても着席せず，それが毎日毎時間起きるようであれば，アセスメントが必要になってくる。本人にも周囲にも不利益が生じているからである。
　立ち歩く原因は1つではない。授業がつまらないのかもしれないし，逆に楽しすぎて舞い上がってしまったのかもしれない。あるいは常に何かに気を取られていて先生の注意が聞こえなかったのかもしれないし，聞こえてもことばが理解できないという可能性もある。先生の声がか細くて聞こえない可能性もあるだろう。ひょっとしたら隣席の子がしょっちゅうお尻を鉛筆でつつくので，立ち上がってしまうのかもしれない。
　仮に授業がつまらないから立ち歩くとして，その原因も1つではない。能力が低すぎて授業が理解できない場合もあれば，能力が高すぎて授業内容がばからしいという場合もあるだろう。授業は理解できるが字を書かされるのが嫌だという場合もしばしばある。もちろん，原因は1つで

はなく，背景因も含まれて複合的という場合もあるだろう。

　このように，授業中に立ち歩くという事象１つをとってみても，その原因や背景因は無数に考えられる。原因が何であるかによって，有効な対策も違ってくるだろう。授業が理解できずに立ち歩くとすれば，補助者がついて易しく解説するとうまくいくだろう。授業が簡単すぎて立ち歩くとすれば，アドバンスの課題を与えれば着席して取り組むかもしれない。先生の声がか細いならば，近づいて正面から注意するとよいかもしれない。しかし，近づかれるのを好まない小学生もいるかもしれない。

　教育や養育，支援に携わる者は，こうした行動問題に直面したとき，やみくもにワンパターンの対応を繰り返すのではなく，実態を直視し，その原因と背景因を検討してみるべきである。たとえ非専門家であっても，原因を検討する姿勢は重要である。

（２）　原因の究明とアセスメント

　では，心理の専門家と非専門家の違いは何か。

　非専門家でも，１つ２つぐらいであれば，原因の仮説を思いつけるであろう。その原因がたまたま当たっていれば，有効な対応策をとれる可能性もある。しかし，そんな幸運が巡ってこない限り，原因を省みない思いつきの対応策はうまくいかない。

　専門家は瞬時に無数の原因や背景因を思いつく。その中から正しい原因仮説をたぐり寄せる作業がアセスメントである。

　原因仮説をたぐり寄せる方法はいくつかある。前述の事例の場合，まずは訴えてきた先生と面接することが多いだろう。対象児がどんなときに離席するのかを聞いたり，また，授業が理解できているか，成績はどうかを確認したりするだろう。先生を観察すれば，声がか細いかどうかも判明する。ノートや作品を見せてもらえば，字を書くのが大変そうかどうかもわかるかもしれない。本人に面接することも重要である。なぜ離席するのかを直接確認できるかもしれないし，ひょっとすると離席してしまう自分に自己嫌悪を抱いて苦しんでいるかもしれない。能力が低すぎたり高すぎたり，あるいは書字が苦手であったりという能力的側面

については，次章で述べる能力検査を実施する必要もあるだろう。

以上のようなアセスメントの作業を効率よくこなし，支援計画を提案するのが，心理専門家の役割である。

(3) アセスメントの位置づけ

アセスメントの位置づけを図 4-1 に示した。

アセスメントは，主訴や相談内容をふまえ，その実態や原因・背景因を明らかにするために行う（難しく言えば，原因仮説を検証するために行う）。したがって，検査をするときも観察をするときも面接でも，常に仮説を念頭に置き，検証を心がけながら進める必要がある。

昨今は，心理検査や，機能的アセスメントのようなフォーマルな観察アセスメントのみをアセスメントと思い込んでいる人もいるが，そうではない。非構造化面接や通常の行動観察などもアセスメントの一部となり得る。

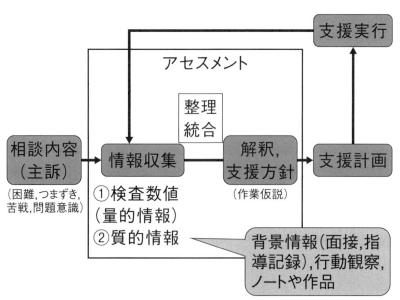

図 4-1　アセスメントの位置づけを示す図　松田・大六（2018, p.104）を一部改変。アセスメントとは，検査や観察などの情報収集で終わりではなく，統合的な解釈までがアセスメントの範囲である。

アセスメントには，結果の解釈までが含まれる。そしてその解釈は，検査，観察，面接などの全情報を踏まえた統合的な結論（原因や背景因の作業仮説）である必要がある。検査の数値だけで解釈を述べるべきではないし，数値の裏づけなく行動観察のみで解釈を述べるのも根拠が危うい場合がある。

そして，支援計画は解釈（原因や背景因の作業仮説）に基づいて立てられるべきである。せっかくアセスメントしても，原因や背景因を無視して一般的な対応策を講じるようでは，結局同じ失敗が繰り返される可能性が高い。先の事例に即していえば，書字が困難であるというアセスメント結果が得られたのに，漢字ノートをしっかり書かせるという月並みな対応策に終始すれば，状況の改善は期待できないかもしれない。

計画を立てたら実行する。そして実行したら再評価し，支援が有効であったかを検証しなければならない。有効でなかったとすれば，解釈（原因や背景因の作業仮説）を修正し，新しい支援計画を立て直すことになる。

(4) 障害児・障害者のためのアセスメントが一般的な心理アセスメントと異なる点

一般的な心理アセスメントは，主として精神障害を対象として発展してきている。精神障害もまた障害児・障害者ではあるが，精神障害については他の講義で詳しく取り上げられていることから，本書では精神障害についてはあまり扱わない。

本書が対象とする知的障害，発達障害，高次脳機能障害，認知症といった障害に対するアセスメントと，精神障害を対象とする一般的な心理アセスメントとは，若干異なっていると思われる。

すなわち，障害児・障害者のためのアセスメントにおいては，投映法や作業検査法，また，質問紙法の性格検査は，あまり用いられない。障害児・障害者を対象としたアセスメントでは，行動観察の重要性が大きく，また，検査においては能力検査，発達障害の特性を調べる検査，および社会適応検査がよく用いられるという特徴がある。

2. 何をアセスメントするか？

（1） 主訴の整理

　主訴とは解決されるべき問題であり，対象者やその周囲の人が感じている困難，つまずき，苦戦，問題意識である。

　主訴というものは，対象者や養育者，支援者が述べた問題そのままではいけないことが多い。なぜなら，それが問題の本質ではないことがしばしばあるからである。主訴に関する詳細情報を聴取し，アセスメントの結果をふまえて主訴を定式化し直す必要がしばしばある。

　主訴に関して確認すべき詳細情報としては以下のようなものがある。
①その問題はいつから，何をきっかけとして起き始めたか
②その問題が起きる頻度はどの程度か，またその頻度の推移はどうか
③その問題はどのような条件・状況で起きるか，また，どのような条件・状況では起きないか
④その問題に対して，これまでどのような対応・配慮を試みたか，またその結果はどうであったか。特に効果があった対応・配慮は何か。

　対象者や養育者，支援者が専門家ではないとすると，有効な対応や配慮はできていないかもしれない。しかしそれでもそうした試行錯誤は重要である。なぜなら，失敗した対応・配慮を専門家が見れば，ある程度問題の原因の仮説がしぼれるからである。

（2） 対象者の周囲の人々や環境

　周囲をアセスメントすることもまた重要である。問題の原因や持続要因を周囲が担っているというのはよくあることだからである。

　たとえば，よく離席する児童が，実は隣席の子からしょっちゅう鉛筆でつつかれていたということがあったりする。別のよく離席する児童は，実は教室の掲示物の貼り方が乱れているのできれいに貼り直していた。担任が掲示物をアバウトに貼る人だったのである。また別のある児童は音楽室に入らず，実は絶対音感の持ち主かつ聴覚過敏で，不協和音に耐えられなかったということがあった。レポートを全く提出せず留年を繰

り返していた国文学科のある大学生が唯一レポートを提出して単位取得した科目では，担当教授がレポートに書くべき内容を細かく指定していて何を書くべきか分かりやすかったということがあったりする。

このように，多くの問題は対象者自身の特性のみによって生じるのではなく，その特性を理解していない周囲の人々による特性に合わない関わりもまた原因や背景因になっているのである。

（3） 本人の自覚，主観，意図・願い，工夫・努力

行動問題にしても学習問題にしても，本人の行動が変わらないと永続的な効果を得ることは難しいので，本人の問題意識は重要である。

行動問題においては，本人の自覚や意図・願いは重要である。何が問題なのかを理解していない対象者では，叱っても同じ行動を繰り返すだろう。まずは何が問題であるかを理解させる必要がある。一方，対象者に問題意識があって罪悪感を抱いているとすれば，叱りつけるよりも今後の問題の生起を未然に防ぐ方法を一緒に考えてあげる方が有効であろう。そもそも善意でした行動が問題になってしまった対象者の場合，その善意も汲み取ってもらえずに叱責されると，その人は傷つくであろう。

学習問題や忘れ物，片づけなどの生活問題においては，解決のためには本人の自覚と工夫が不可欠であることから，それらのアセスメントが必要となる。いくらよい方法のアイディアを与えても，本人が自覚して主体的に工夫しようとしなければ，よい結果は得られないことが多い。

（4） 補償手段となり得る強み

アセスメントにおいては，問題の原因や背景因となる負の側面ばかりでなく，解決の材料となるポジティブな側面もまた見つける必要がある。

望ましい行動を生起させるためにしばしば強化子（報酬）が用いられることから，対象者にとって強化子（報酬）となり得る物や活動を見つける必要がある。強化子となる物は，食べ物やゲームよりはトークン（シール，スタンプ，花丸など）である方が望ましく，また，活動の場合は，少しでもクリエイティブな活動であることが望ましい。

行動問題においては，問題が生じる条件ばかりを追究するのではなく，問題が生じない例外的条件を検討することがしばしば解決につながる。学習においても，取り組みのよい課題と取り組みにくい課題の比較をすることにより，どのような条件の課題であれば取り組みやすいかが明らかになる。

(5) 生育情報

乳幼児期の生育情報は学齢期や青年期，成人期の問題と関係なさそうに思われるかもしれないが，そうでもない。

たとえば，言語発達の遅れは成長後も微妙に残っていて言葉が流暢に出にくく，カッとなると言葉の代わりに手足が出てしまったり，不安になると身体に不定愁訴が出たりする可能性があるのである。知能検査で言語領域が低下しているかどうか確認すればよいと思われるかもしれないが，学齢期以降になると知能検査は言語発達の遅れを必ずしも敏感に反映しない。つまり，知能検査の得点が低くなくても，言語発達の問題が微妙に残っているということはしばしばあるのである。

別の例として，交通事故で高次脳機能障害になり，不注意傾向が顕著に現れている青年がいた。しかし生育歴を調べたところ，実は就学前から顕著な不注意傾向が見られ，事故そのものが不注意によって生じていたと推察されることもあるのである。

(6) 主訴の背景因

主訴には直接の原因だけでなく，本人の心理特性，また，周囲の人々や環境の特性といった背景因が存在する。

本章の冒頭で紹介した離席する小学生事例の場合，授業がつまらないのが離席の原因であるとすると，授業がつまらなくなる背景因として，知的発達の遅れにより授業が理解しにくいという可能性が考えられる。この場合は，能力に見合った課題を提示することにより，離席が解消できる可能性が考えられる。

また，授業中離席する原因が教室内の掲示物を整然と貼り直すためで

あったとすると，担任の先生が掲示物をアバウトにしか貼れないという特性を有している場合も考えられる。

　対象者やその周囲の人々が有している特性を測定する場合は，心理検査を用いる。つまり，心理検査はアセスメント，特に行動問題のアセスメントにおいては，背景因を明らかにする道具として活用されるものである。

3．どのようにアセスメントするか？

(1) アセスメント方法の種類
　アセスメントの方法は，面接法，観察法，検査法の3つに大別できる。それぞれの特徴を表4-1（次ページ）にまとめた。

(2) アセスメント方法の選択
　アセスメントにおいては，正しい方法を選択するスキルが求められる。
　昨今はどんな対象者にもとりあえず知能検査を実施しようとする専門家が散見するが，よいことではない。特に発達障害児者が行動問題で相談に来た場合，まず実施するべきは面接法による機能的アセスメント（O'Neill et al., 1997, pp.15-50）であり，次いで観察法による機能的アセスメントであり，知能検査を実施するべきかどうかはこれらのアセスメントの結果をふまえて判断するべきである。なぜなら，前節の最後でも述べたように，知能検査は背景因を明らかにするアセスメントだからである。
　なお，高次脳機能障害の場合は，いきなり高次脳機能検査を実施するが，それはあらかじめ脳画像の分析により起こりうる障害の可能性が予測されているからである。

4．非専門家（対象者，養育者，支援者）に向けた結果の報告

(1) アセスメント結果報告の重要性
　対象者はアセスメントの結果に基づいて支援を受けるわけであるから，

表 4-1　情報収集の方法

方法	特徴	下位区分
面接法	対象者やその養育者，支援者などとの対話を通して情報を収集する方法。	構造化の程度により，構造化面接，半構造化面接，非構造化面接に分けられる。 　構造化面接では，質問の内容や順序，評価の方法などはあらかじめ決められている。DSM による診断のための面接法である SCID は，構造化面接の代表的なものである。 　半構造化面接では，主たる質問の内容や順序は決められているものの，面接者の裁量による対話もある程度可能である。 　非構造化面接では，対話の進め方は面接者の裁量に任されており，その場の状況に応じて臨機応変に内容を決めることになる。心理アセスメントにおける一般的な面接はこの非構造化面接である。
観察法	対象者やその養育者，支援者などの行動を観察することにより情報を収集する方法。 　単に対象者の行動特性を理解するだけでなく，対象者と養育者，支援者，その他周囲の人々との相互作用を最もよく理解できる方法である。 　観察法の詳細については第 6 章参照。	観察対象に意図的なコントロールを加えず日常ありのままの行動を観察する方法を自然観察法という。これに対し，仮説検証のために意図的に状況を設定して観察対象の行動を観察する方法を実験観察法という。 　また，仮説や法則を見つけるために行う観察を法則設定的観察，あるいは帰納的観察という。これに対し，仮説や法則の妥当性を検証するために行う観察を仮説検証的観察，あるいは演繹的観察という。 　一般的には自然観察法，また法則設定的観察からスタートし，仮説が見つかったところで仮説検証的観察に移行し，必要に応じて実験観察法を行うことになる。
検査法	対象者，あるいは対象者の評定者が所定の設問に回答するという実施形式で情報を収集する。特に個別実施式で対象者と検査者が対話形式で検査を進める場合，一種の構造化面接と考えることができる。 　検査法の詳細については第 5 章参照。	検査法は，能力検査と行動特性検査に大別することができる。能力検査には知能検査，発達検査，言語検査，視覚認知検査などが含まれる。一方，行動特性検査には，質問紙性格検査，精神症状の検査，各種発達障害の特性を調べる検査，社会適応検査，投映法検査，作業検査法などが含まれる。
その他	特に学校現場でアセスメントを行う場合，対象児のノートや連絡帳，作品，持ち物，成績評価，指導記録，個別の指導計画などを参照することがしばしば有効である。これらを通して文字や書写能力，絵や工作の構成能力，持ち物の管理状況，成績，学校による支援計画などを知ることができる。	

当然アセスメント結果の報告を受ける権利がある。

専門機関のなかには，個人情報だからと称して報告書も結果フィードバックも行わない機関が存在するようであるが，これは全くの誤解であるし，倫理的にも問題がある。

日本テスト学会が提唱しているテスト・スタンダードでは，アセスメントの結果は対象者や養育者，支援者に理解できるように報告しなければならないし，検査者はその技術を身につけるべきであると謳っている（日本テスト学会，2007，第3章第4節）。この観点からすると，全く結果を報告しないのはもちろんのこと，口頭で数字だけを伝えるフィードバックも条件を満たしていないし（対象者や養育者，支援者は専門家ではないので，数字の意味は分からない），集計シートをコピーして数値のみを対象者や支援者に渡すフィードバックもまた同様である。後述するように，最低限解釈（主訴の原因の仮説）を報告するべきであろう。

（2） 報告書（所見）に書くべき内容
①主訴

報告書にはまず主訴を書く。この主訴とは，対象者や養育者，支援者が述べた問題そのままではなく，アセスメントの結果をふまえて定式化し直した主訴である。

たとえば，主訴が授業妨害である児童において，アセスメントの結果その行動の背景に書字の困難があり，それゆえ先生が板書をノートに写すことを要求すると授業妨害が始まるということであったとすると，主訴は「授業妨害」ではなく，「板書をノートに写すことを要求されると授業妨害」となる。なぜなら，主訴を「授業妨害」とすると，なぜ読み書きの検査を実施したのか，なぜ読み書きトレーニングの支援が提案されるのか，筋が通らなくなるからである。

主訴は必ず書かなければならない。なぜなら，別の専門家がその報告書を見たときに，書かれている解釈や支援方針が正しいかどうかを判断するために必要だからである。主訴なくして結果の解釈はできないということである。

なお,「主治医の指示により実施」「対象者の特性を理解するため」「得意不得意を知るため」「全回実施から時間がたったため再評価」は,いずれも主訴ではない。「対象者の特性を理解するため」「得意不得意を知るため」は検査の目的であり,なぜ特性や得意不得意を理解したいと考えたのか,その動機となった問題こそが主訴である。また,「前回実施から時間がたったので再評価」も検査の目的であり,前回実施時の主訴とその現状について述べるべきである。「主治医の指示により実施」に至っては,主訴はもちろん検査目的にすらなっていないので論外である。

②アセスメント結果の解釈,すなわち主訴の原因や背景因の仮説

報告書の中心となるのが,この原因仮説である。

実施した検査の解説が延々と書かれた報告書を見かけることがあるが,どんなに検査を丁寧に説明しても,原因仮説が書かれていなかったら,本末転倒である。極端にいえば,検査の数値の報告は省略しても構わないから,原因仮説の説明は必ず書くべきである。

原因仮説の説明を書く際には,日常生活における諸問題と関係づけながら述べることが望ましい。たとえば,本章冒頭の児童について,検査の結果書字が困難であるという背景因が明らかになったとすれば,それが離席や授業妨害,また,宿題をやって来ないことの背景因となっていることを説明することが望ましい。

③考えられる対応策,支援方針

前項で述べた原因や背景因が書かれていれば,それだけで自分から対応策を見つける対象者や養育者,支援者もいるであろう。しかしながら,学齢期に生じる学習問題の多くは,非専門家が思いつく一般的な方法では効果がないことが多い。

たとえば,上記の書字困難に対する対応策について,それを克服させるために他児の2倍書字を練習させるという方針を立てる人を多く見かけるが,諸研究によると書字困難の人ではむしろ書く回数を減らす方が有効とされている。また,代わりに語呂合わせ等の得意な方略で漢字を覚えることが有効である。

したがって，専門家から見て適切と考えられる対応策を提案する必要があるのである。

④対象者自身への報告書

前項までの内容をまとめると，非専門家向けの報告書に必須の内容は，主訴，問題の原因の仮説，対応策の3つである。しかし，現在の日本における一般的な報告書では，これら3つで完結しているラジカルな報告書はほとんどなく，たいていは検査結果の数値やグラフが掲載されている。これらに加え，検査結果の数値の説明やその他アセスメントの説明が添えられているのが一般的な報告書であろう。

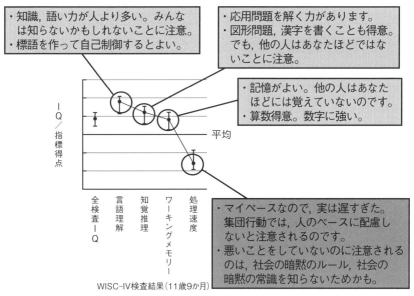

図4-2　対象児自身に対する検査結果報告書の例
熊上ら（2016）の学習アドバイスシートを参考に作成。縦軸の目盛りを表示しないことにより得点が一人歩きすることを防止しているが，平均より上か下かだけは伝わるようになっている。本データは架空のものであり，小学校5年生の自閉スペクトラム症女児に関する報告書である。WISC-IVの結果報告という形をとっているが，吹き出しの中の解説文には観察や面接によるアセスメントの結果も盛り込まれている。本児童は「なぜテストで100点をとれないのか」と他児に質問したり，言行不一致だといって担任を責めたり，作業ペースが遅くて教師や他児がイライラしたりすることが課題となっていた。

しかし，仮に対象者や養育者，支援者が落ち着きのない人で，集中時間が短かったりすると，長大な報告書では途中で集中が途切れてしまい，大事な情報を見逃してしまうかもしれない。

図4-2は，筆者が落ち着きのない女児にアセスメント結果を報告する際に用いたフィードバックシートである。縦軸の目盛を表示しないことにより，得点へのこだわりを回避する一方で，平均の位置のみは表示して，本児の能力が高いことを知らせようとしている。アセスメントの結果は対象者や養育者，支援者に理解できるように報告しなければならない（日本テスト学会，2007，第3章第4節；山中，2005）とすると，相手によっては図4-2のような工夫もまた必要であろう。

(3) フィードバック面接

報告書を渡すだけというフィードバックはあり得ないわけではないが，文書のみによる伝達では誤解を生む可能性が大きいので，可能な限り面接をしてフィードバックすることが望ましい。

①一方的な説明よりも対話

フィードバックというと，アセスメント結果を説明することを思い浮かべがちであるが，上手な専門家はむしろ対話を重視しているようである。すなわち，まず対象者や養育者，支援者の問題意識を聞き，それに対する答えを報告書の中から見つけて伝えることが有効である。

また，アセスメントの結果に対する感想を聞く。特に，納得がいかない部分，腑に落ちない部分を指摘してもらうことは重要である。それは誤った原因仮説を修正するチャンスであるかもしれないし，あるいは対象者，養育者，支援者による誤解を解くチャンスである可能性もある。

対応策や支援方針についての感想も聞く。せっかく対応策を提案しても，実行しなければ現状は変わらないし，アセスメントをした意味がない。できそうにないという感想であれば，対応策を実現できるための作戦を一緒に考える必要がある。すでに行っている対応策があるならば，それも聞いておくべきである。特にその対応策が適切である場合は，続けるよう伝えなければならない。そうしないと，検査者が提案した新し

い対応策を実行するために，従来の対応策を止めてしまうことがあるからである。

②見通しを伝える

対応策を伝える際は，見通しも伝えるとよい。

対象者がトレーニングを受ける場合，どれぐらい時間をかければ効果が得られるかを知っている方が，苦痛に耐えやすくなるだろう。たとえば，視機能障害に対する一般的なヴィジョントレーニングは，毎日練習して最低2年だと言われる。また，発達性読み書き障害に対する五十音習熟のトレーニングは，毎日練習して平均3か月程度ということである（宇野ら，2017，pp.32-36）。

一方，養育者に対する猶予の時間を伝えた方がよい場合もある。たとえば，ことばの発達の遅れがあって構音が不明瞭な児童の養育者にことばの教室の利用を勧める場合，すぐには決心がつかずに躊躇してしまうかもしれない。しかし，決心がつかぬまま放置していると，中学に進学するとことばの教室はない。決断の期限はいつまでであるかを伝えておかないと，この養育者は後悔することになるかもしれないのである。また，発達障害の多くは，問題を放置すると二次三次の障害に発展する可能性がある。特別支援教育の利用は養育者にとってしばしば重い決断であるから躊躇するのはやむを得ないが，決断が遅れることのリスクを知ったうえで躊躇していただくことが重要であろう。

③障害の告知と受容

障害や診断名を告知する役割は，主治医が担うことになっている。心理職の役割は，障害のとらえ方，障害とのつきあい方，障害を克服するために必要な対応策，社会との折り合いのつけ方を伝えることである。

ICFモデルの考え方によれば，生物学的な障害（disorder）は変化しにくいかもしれないが，心理・教育的な障害（disability）は特化したトレーニングにより，また，社会的な障害（handicap）は環境調整により克服できる。したがって，たとえば，発達障害の特性を完全に消し去ることを目指すのではなく，発達障害の特性を残しながら社会と折り合いをつけて生活できるようになることが重要なのである。

発達障害の場合，日本の現状では，この点がうまくいかない場合が多い。診断名を知っていても，結局対象者も養育者も教育者も障害特性は無視し，他児と同じ養育や教育を望み，そのせいで大人になってもできないことが多数残ってしまい，就労がうまくいかなくなっている。対象者が自立できるためには対象者，養育者，教育者いずれも障害特性と向き合う必要があり，それが障害の受容である。つまり，障害の受容とは，何かをあきらめることではなく，特性に合った生き方を模索することである。アセスメント結果のフィードバックは，こうした気づきを得るための学習機会の1つと考えることができる。

引用文献

熊上崇・熊上藤子・熊谷恵子（2016）．子どもへの心理検査の結果のフィードバック：実務者への質問紙調査の分析と「学習アドバイスシート」の作成．K-ABCアセスメント研究, 18, 79-88.

松田修・大六一志（2018）．心理検査法Ⅰ：WISC-IV．上野一彦・室橋春光・花熊曉編．特別支援教育の理論と実践　第3版　Ⅰ　概論・アセスメント（pp.99-120）．金剛出版．

日本テスト学会編（2007）．テスト・スタンダード：日本のテストの将来に向けて．金子書房．

O'Neill, R. E., Horner, R. H., Albin, R. W., Sprague, J. R., Storey, K., & Newton, J. S. (1997). Functional assessment and program development for problem behavior: a practical handbook, Second edition. Brooks/Cole Publishing. 茨木俊夫監修，三田地昭典・三田地真実監訳（2003）．問題行動解決支援ハンドブック：子どもの視点で考える．学苑社．

宇野彰・春原則子・金子真人・Wydell, T. N.（2017）．改訂版標準読み書きスクリーニング検査（STRAW-R）：正確性と流暢性の評価．インテルナ出版．

山中克夫（2005）．当事者である本人やその家族に対する知能検査の結果報告のあり方：実際に報告を行った事例をもとに．筑波大学学校教育論集, 27, 35-44.

参考文献

本郷一夫（2016）．アセスメント結果の共有を通した発達支援．発達（ミネルヴァ書房），147，14-19．
　アセスメントの結果を心理職，養育者，支援者が共有することの意義や，認識のズレが生じる原因の可能性について解説している。この発達147号の特集は「子ども理解とアセスメント：保護者との共有，支援を考える」であり，本稿以外にもアセスメント結果を共有することの重要性について様々な視点から論じられている。

下山晴彦・黒田美保編（2016）．発達支援のアセスメント．臨床心理学（金剛出版），92．
　日本における発達障害の最近のアセスメント法について，検査法のみならず面接法や観察法も含め，年代別にまとめている。

研究課題

1）学校現場に行ってみると，授業中何もせずボーッとしている子，授業中おしゃべりをやめない子，頻繁に教室から出て行ってしまう子など，様々な課題を抱えている子がいる。これらの課題それぞれについて，その原因や背景因の仮説をたくさんあげてみよう。その際，対象児の特性だけでなく，周囲の人々や環境の要因もあげてみよう。

2）行動問題のアセスメントにおいては，心理検査は背景因を明らかにする道具であると本章に書かれているが，心理検査によって測定された心理特性が行動問題の直接的な原因になることはないのか，考えてみよう。

5 | 障害児・障害者のためのアセスメント技法2：検査法

大六一志

　本章ではまず，通俗的な心理テストと心理アセスメントに用いられる心理検査の違いを理解する。また，心理検査にはどのようなものがあり，その構成，実施法，結果の意味はどうなっているかを学ぶ。さらに，検査同士の組み合わせ方や，そのために必要な理論について学ぶ。
〈キーワード〉　心理検査，能力検査，性格検査，検査バッテリー

1. 心理検査によるアセスメント

（1）　心理検査とは

　心理検査とは，能力，性格，障害・症状，適応といった個人の心理特性を測定するツールである。検査対象者，あるいは対象者の評定者が所定の設問に回答するという実施形式をとっていることから，構造化面接の一種と考えることができる。

　心理検査は，対象者の心理アセスメントの一環として面接や行動観察などとともに実施され，対象者が抱える困難の原因や課題を理解したり，その困難・課題の解決策を提案したりするために役立てられる。

　心理検査の利用にあたっては，正確な実施および集計技術と，的確な結果解釈技術，また検査器具や検査結果の取り扱いに関する職業倫理の理解が必要であり，そのため公認心理師や言語聴覚士など，十分な研鑽を積んだ専門資格保持者が実施にあたることになっている。

（2）　心理検査の条件

　心理検査は，根拠のない思いつきで作成してよいものではなく，一定の品質が求められる。心理検査に求められる品質とは，理論的な根拠，

および，データによる裏づけである。

①心理検査は理論に基づいて作られている必要がある。その理論は，多少なりとも科学的な実証に基づくものでなければならない。

②心理検査は標準化と呼ばれる統計的な手続きを経て作成される。すなわち，理論に基づいて作成した検査を，所定の計画に基づき多くの人に実施し，データを収集する。（ⅰ）このデータが正規分布（**図5-1**）する場合，平均や標準偏差などの基準値を算出する。検査によっては，平均と標準偏差に基づき，偏差値やIQ（知能指数），DQ（発達指数），評価点などの換算得点を設定する。（ⅱ）一方，発達障害のスクリーニングに用いられる検査では，データの分布は正規分布よりだいぶ重心が偏っており（**図5-2**），分布の裾（図の右の方）にカットオフ値と呼ばれる障害の有無の閾値を設定する。

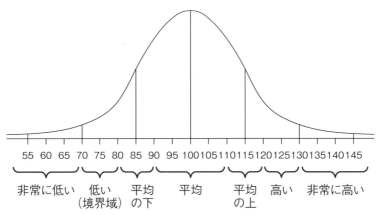

図5-1　ウェクスラー式知能検査における合成得点の理論的分布
　横軸は合成得点（IQ，指標得点，群指数），縦軸は人数。合成得点の分布は正規分布であり，平均は100，標準偏差は15に設定されている。そこで100，および100に15の倍数を加減した55，70，85，115，130，145に縦の線を記入した。正規分布は，平均±1標準偏差（ウェクスラー式知能検査では85～114）の範囲に全人数の約68％，平均±2標準偏差（ウェクスラー式知能検査では70～129）の範囲に約95％が含まれるという性質がある。また，正規分布では平均付近において人数が最も多くなる。ウェクスラー式知能検査では，合成得点90～109の範囲に全人数の50％が含まれており，ちょうど100だけでなくこの90～109の範囲を「平均」と記述する慣例になっている。このようなウェクスラー式知能検査の記述区分を横軸の下に示した。

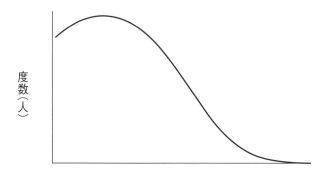
図5-2　スクリーニングテストによく見られる重心が偏った分布

　標準化では上記に加え，信頼性と妥当性の検証を行う。（ⅰ）信頼性とは，検査のなかに測定したい心理特性とは無関係な設問が含まれていないこと（等質性，あるいは内部一貫性）や，複数回実施したときに同様の結果が得られること（安定性）等である。この信頼性を示す係数に基づき，測定誤差を算出する。（ⅱ）妥当性とは，同じ心理特性を測定する既存の検査と同様の結果が得られること（基準関連妥当性）や，理論との整合性のある結果が得られること（構成概念妥当性）等である。③時間の経過とともに，理論も人も変わる。そのため，心理検査は一度作成したら永遠に使用できるわけではなく，多くは定期的に改訂し，標準化し直す必要がある。

（3）　**心理検査の種類**
　大まかに分けるとすれば，心理検査は能力を測定するものと行動特性を測定するものに大別できる。
①能力を測定する検査では，主として対象者が問題を解決したり，作業に従事したりすることにより，その能力が測定される。ただし発達検査では，検査実施者が対象者の行動を観察するという手法が主に用いられる。検査の種類としては，知能検査，発達検査，言語検査，視覚認知検査，記憶検査などがある。具体的な検査については次節で述べる。
②性格，症状，適応などの行動特性を測定する検査では，主要な測定方

法は4種類ある。すなわち，（ⅰ）対象者ないしその関係者が質問項目に回答する検査，（ⅱ）検査実施者が対象者や関係者と面談したり，対象者の行動を観察したりして，所定の項目をチェックないし評定する検査，（ⅲ）対象者が多義的な視覚ないし言語刺激に対し自由に反応し，その回答を一定の基準に基づいて検査実施者が評価する投映法（ロールシャッハテスト，TAT，バウムテスト，文章完成法テストなど），（ⅳ）対象者が作業に従事し，その作業の状態を評価する作業検査法（内田クレペリン検査など）である。

これらのうち（ⅲ）（ⅳ）については，主に精神障害に対して用いられるもので，「臨床心理学特論」などの他の講義で重点的に取り上げられている一方，本書で取り上げる障害ではあまり用いられないことから，次々節では（ⅰ）（ⅱ）の具体的な検査について述べる。

（4） 心理検査の実施

1人の対象者に実施する心理検査は，1つとは限らない。対象者の主訴や相談内容に応じ，複数の心理検査を選んで実施するのが一般的である。

検査を選択する際には，まず主訴や相談内容の原因に関する仮説を立て，その仮説を検証するためにはどのような検査が必要であるかを考える。能力検査については，後述するCHC理論やPASS理論を参考にすると，選ぶべき検査を容易に知ることができる。

2．能力検査

（1） 知能検査

知能とは，推理，学習，記憶といった高次の心的機能の総体を意味する語であり，それを測定するのが知能検査である。学力検査と比べると，学校での学習を前提としない設問が多いことから，学力検査よりは要素的な能力を測定していると考えられる。就学時健診などでスクリーニングに用いられる集団実施タイプのものと，個人の特徴を詳細に検討できる個別実施タイプのものに大別できる。

集団実施タイプの検査は，実施時間20分以内の簡便なものになっている。スクリーニングに用いられるため，精密な得点は算出されないものが多い。

　集団実施タイプの検査がスクリーニング用であるとすると，個別実施タイプの検査は精密検査と位置づけられる。表5-1に日本における代表的な検査をまとめた。

　WPPSI-Ⅲ，WISC-Ⅳ，WAIS-Ⅳはいずれも米国のウェクスラー（Wechsler, D.）によって開発された知能検査のシリーズである。これら3つとKABC-Ⅱは，後述するCHC理論に準拠するように作られている。一方，DN-CASは後述するPASS理論に準拠するように作られている。

　ウェクスラー知能検査や田中ビネー検査のように50年以上の伝統をもつ検査は現在でも知能検査と称している。これに対し，1980年代以降に開発されたKABC-ⅡやDN-CASは，CHC理論やPASS理論といった知能理論に準拠して作られているにもかかわらず，検査の名称に「知能検査」を冠することや，IQという名称の指標を設けることを避けている。

　知能検査の実施で留意すべき点として，頻繁に実施すると前回の記憶が残っており，履歴効果によって得点が高くなる傾向がある。そのため，繰り返し実施する場合は，2年以上の間隔をあけることが望ましい。

　また，知能検査の活用で留意すべき点として，知能検査の結果パターンだけで障害の種別を鑑別することは難しい。特に発達障害はどれも似たような結果パターンになる可能性があることから，知能検査の結果パターンを診断の根拠とするのは危険である。知能検査は個々人の能力特性を知る道具とわきまえるべきである。つまり，一口に発達障害といっても一人ひとり特性は異なるのであり，それをとらえるのが知能検査であると理解するべきである。

（2）　知能検査の基盤理論（CHC理論，PASS理論）

　今日の知能検査の多くは，CHC理論，PASS理論といった知能理論

表5-1　日本における代表的な個別実施タイプの知能検査（2018年5月）

検査名	刊行年	適用年齢	所要時間	特徴
WPPSI-Ⅲ 知能検査 (ウィプシスリー)	米国版2002 日本版2017	2歳6か月〜 7歳3か月	2〜3歳40分 4〜7歳50〜70分	2〜3歳には4〜5種類の課題（下位検査という）を実施し，IQの他に言語理解，知覚推理という能力領域の得点（指標得点という）が算出される。 4〜7歳には7〜14の下位検査を実施し，IQの他に言語理解，知覚推理，処理速度という指標得点が算出される。
WISC-Ⅳ 知能検査 (ウィスクフォー)	米国版2003 日本版2010	5歳0か月〜 16歳11か月	60〜80分	10〜15の下位検査を実施し，IQの他に言語理解，知覚推理，ワーキングメモリー，処理速度という指標得点が算出される。
WAIS-Ⅳ 知能検査 (ウェイスフォー)	米国版2008 日本版2018	16歳0か月〜 90歳11か月	70〜90分	10〜15の下位検査を実施し，IQの他に言語理解，知覚推理，ワーキングメモリー，処理速度という指標得点が算出される。
田中ビネー 知能検査 Ⅴ (ファイブ)	2003	2歳〜成人	40〜90分	2〜13歳ではオムニバス形式で多様な課題を実施し，能力の発達水準を示す精神年齢と，精神年齢／生活年齢×100で求めるIQとが算出される。14歳以上では17種類の下位検査を実施し，総合DIQの他に，結晶性（知識のこと），流動性（直観推理のこと），記憶，論理推理という領域別DIQが算出される。
KABC-Ⅱ (ケーエービーシーツー)	米国版2004 日本版2013	2歳6か月〜 18歳11か月	2歳半〜4歳30分 5〜6歳60〜70分 7〜18歳80〜120分	2〜6歳は年齢に応じて7〜16の下位検査，7〜18歳は19の下位検査を実施する。カウフマンモデル，およびCHCモデルという2種類の集計兼解釈システムが用意されている。前者では基礎的な認知能力の水準を示す認知総合尺度，学校における学習の基礎力の水準を示す習得総合尺度の他に，8種類の能力領域の得点（標準得点という）が算出される。後者ではCHC総合尺度の他に，CHC理論の第Ⅱ層に対応した7領域の標準得点が算出される。
DN-CAS 認知評価システム (ディーエヌキャス)	米国版1997 日本版2007	5歳0か月〜 17歳11か月	60〜100分	12の下位検査を実施し，全検査標準得点の他に，PASS理論に対応した4領域（継次処理，同時処理，注意，プランニング）の標準得点が算出される。

に準拠して作られている。

① CHC 理論

知能や能力の種類を徹底的に整理した，知能因子理論の集大成である。理論の根幹部分を提案したキャッテル（Cattell, R. B.），ホーン（Horn, J. L.），キャロル（Carroll, J. B.）の頭文字を取り，CHC 理論と呼ばれている。

初期の CHC 理論（McGrew, 1997）を図 5-3 に示した。第Ⅰ層は72領域の細分化された能力（narrow ability）であるが，図では諸研究において再現性が高かった33のみを示している。それらをある程度とりまとめた10の広域能力（broad ability）が第Ⅱ層である。そして，総合的な知的水準を示すいわゆる一般知能因子 g が第Ⅲ層とされている。

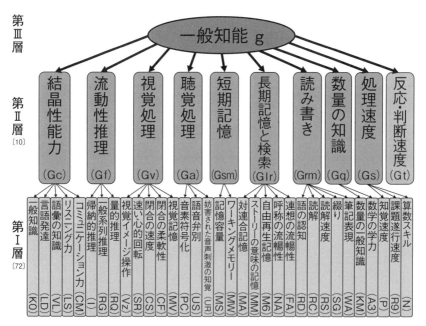

図 5-3　初期の CHC 理論の構造　大六（2016）を一部改変。
第Ⅰ層，第Ⅱ層に添えられている〔　〕内の数字は能力の数を示す。第Ⅰ層の能力は72種類あるが，図では諸研究における再現性が高かった33個のみを示した。第Ⅰ層の能力に添えられている（　）内の1〜2文字のコードは，主として Carroll（1993）による。第Ⅱ層の能力のうち一番右の「反応・判断速度」は，再現性が低いため，薄く表示した。

表 5-2　初期の CHC 理論の構造と，WISC-Ⅳ，KABC-Ⅱとの対応関係

CHC 理論 第Ⅲ層	第Ⅱ層（広域能力）	WISC-Ⅳ，WAIS-Ⅳ指標	KABC-Ⅱの CHC 尺度
一般知能因子 g	結晶性能力（Gc）	言語理解（VCI）	結晶性能力（Gc）
	流動性推理（Gf）	知覚推理（PRI）	流動性推理（Gf）
	視覚処理（Gv）		視覚処理（Gv）
	聴覚処理（Ga）	−	−
	短期記憶（Gsm）	ワーキングメモリー（WMI）	短期記憶（Gsm）
	長期記憶と検索（Glr）	−	長期記憶と検索（Glr）
	読み書き（Grw）	−	読み書き（Grw）
	数量の知識（Gq）	−	量的知識（Gq）
	処理速度（Gs）	処理速度（PSI）	−
	反応・判断速度（Gt）	−	−

表 5-2 に WISC-Ⅳ，WAIS-Ⅳ，KABC-Ⅱと CHC 理論の対応関係を示した。CHC 理論を参照すると，各検査が測定している能力，測定していない能力を明確に認識することができる。また，対象者の主訴から考えて調べる必要のある能力を測定している検査が何であるかを知ることができる。

② PASS 理論

前項のような知能の種類が重要である一方で，集中力を維持したり（注意），よりよい結果のために工夫したりする力（プランニング）もまた知能の一部と考えられている。このような観点から能力発揮の過程に注目したのが，ルリア（Luria, A. R.）の PASS（Planning, Attention, Simultaneous, Successive）理論である。この理論では，情報の符号化（記憶様式）に関する同時処理（Simultaneous Processing），継次処理（Successive Processing）と，注意（Attention），プランニング（Planning）という4つの要素で知能を整理した。これら4つは DN-CAS において4つの尺度として採用されているものである。

(3)　発達検査

発達検査は乳幼児期を中心に用いられる検査であり，そのため養育者・保育者による回答（KIDS など）や，養育者からの聞き取り（津守・稲毛式乳幼児精神発達診断など），簡単な課題を提示しての観察

（遠城寺式乳幼児分析的発達検査）といった手法をとるものが多い。ただし，最も精密な発達検査である新版K式発達検査では，知能検査に準じた実施法の課題が用意されている。代表的な発達検査を表5-3に示した。

表5-3　日本における代表的な発達検査（2018年5月）

検査名	刊行年	適用年齢	所要時間	特徴
遠城寺式乳幼児分析的発達検査	1988	0歳0か月〜4歳7か月	15分	面接および観察（簡単な課題を含む）により専門家が評定する。精密検査を要する子どもを抽出（スクリーニングという）するのに用いる。おおまかには3領域，細かくは6領域で，領域ごとに発達年齢を調べることができる。すなわち，運動（移動運動，手の運動），社会性（基本的習慣，対人関係），言語（発語，言語理解）という領域である。
新版K式発達検査2001	2002	0歳0か月〜成人	30〜40分	課題に対する子どもの反応や回答に基づき専門家が採点する。特に1歳以降の課題の大半は，ビネー式知能検査を参考に作成されている。発達に関する詳細な情報が得られる他，全体の発達年齢（DA），発達指数（DQ），また，姿勢・運動，認知・適応，言語・社会という領域ごとにもDA，DQが算出される。

（4）　言語検査

　言語は他者とのコミュニケーションや自分の行動の調整にとって不可欠の能力であり，また，学齢期には学習にも影響を与える。そのため，多くの言語検査が開発されている。

　成人期に脳損傷によって生じる後天性の言語障害については，SLTA標準失語症検査，老研版失語症鑑別診断検査，WAB失語症検査など，多くの検査が開発されてきた。

　一方，発達期の言語の問題をアセスメントする検査は，知能検査における言語性検査を除けば，比較的最近になって登場してきている。学齢

第5章　障害児・障害者のためのアセスメント技法2：検査法　79

期に用いられる代表的な言語検査を表5-4に示した。

表5-4　日本における代表的な学齢期用言語検査（2018年5月）

検査名	刊行年	適用年齢	所要時間	特徴
PVT-R絵画語い発達検査	2008	3歳0か月～12歳3か月	15分	検査者が言ったことばに対応する絵を選ばせることにより，理解語彙の発達水準を調べる。語彙年齢および評価点（1(2)で述べた換算得点の一種）が算出される。
標準抽象語理解力検査（SCTAW）	2002	小学生～高齢者	20分	検査者が言ったことばに対応する絵を選ばせることにより，特に抽象語の理解力の水準を調べる。小学生，中学生の基準値は，標準読み書きスクリーニング検査に収録されており，学習障害の早期発見に活用される。
LCSA学齢版言語・コミュニケーション発達スケール	2012	小学校1～4年生	50分	10の下位検査を実施し，全体の換算得点であるLCSA指数，読み領域の換算得点であるリテラシー指数の他，口頭指示の理解，語い知識，音読，文章の読解といった下位検査ごとの評価点が算出される。
改訂版標準読み書きスクリーニング検査（STRAW-R）	2017	幼稚園年長児～高校生	小学生45分	ひらがな，カタカナ，漢字単語の音読と聴写，音読の流暢性，および読み書きの基礎過程の1つであるRAN（Rapid Automatized Naming）の水準を調べることができる。発達性ディスレクシアを初めとする読み書きの困難の早期発見に活用される。

(5)　視覚認知検査

　視力に問題がなくても，注視が難しかったり，形をとらえにくかったり，物の位置を記憶できなかったり等，視覚に関する問題は多数存在する。

　成人期に脳損傷によって生じる後天性の視覚認知障害については，VPTA標準高次視知覚検査，SPTA標準高次動作性検査など，多くの検査が開発されてきた。

　一方，発達期における視覚認知の問題をアセスメントする検査としては，フロスティッグ視知覚発達検査が存在するが，古いうえに日常生活

の問題との関係がわかりにくい（現在改訂中）。最近では，成人で用いられてきた模写および視覚記憶の検査である Rey 複雑図形検査が発達期にも実施され，漢字学習の困難などの原因をつきとめるのに用いられるようになってきた。これ以外で最近学齢期に用いられている検査を**表5-5**に示した。

表5-5　日本における代表的な学齢期用視覚認知検査（2018年5月）

検査名	刊行年	適用年齢	所要時間	特徴
WAVES (ウェーヴス)	2014	小学校1～6年生	60～70分	9～10の下位検査を実施し，総合指数である VPECI の他，目と手の協応全般，目と手の協応正確性，視知覚という領域別の指数が算出される。

（6）認知症検査

認知症は能力の低下を示すわけであるが，知能検査では必ずしもとらえることができない。なぜなら，知能検査では能力の低下は以前の検査結果と比較しないと分からないので，1回の検査結果では判断できないのである。

認知症の検査は，認知症の人が特異的に苦手とする検査項目で構成されていることから，認知症の検出に有効である。代表的な認知症検査は，MMSE，および HDS-R である。

3. 特性検査

能力以外の心理特性を測定する検査には，性格検査，精神症状の検査，各種発達障害（自閉スペクトラム症，注意欠如・多動症，学習障害／限局性学習症）の特性を調べる検査，社会適応の検査などがある。このうち，性格検査（NEO PI-R など），精神症状の検査（MMPI，GHQ 精神健康調査票，BDI-II ベック抑うつ質問票など）については，本書が対象とする障害ではあまり用いられず，また，「臨床心理学特論」などの他の講義で重点的に取り上げられていることから，ここでは発達障害の特性を調べる検査，および社会適応の検査を中心に述べる。

（1） 自閉スペクトラム症（Autism Spectrum Disorder, ASD）の検査

スクリーニング用の検査は，対象年齢や対象症状，また回答者の異なる検査が多数存在し，代表的なものは M-CHAT，SCQ，AQ，PARS-TR などである。

診断・評価用の検査としては，ADI-R，ADOS-2 などが存在する。

この他，自閉スペクトラム症によく見られる感覚の特異性を評価する検査として SP 感覚プロファイル，くり返し行動を評価する検査として RBS-R がある。

自閉スペクトラム症の詳細については第 7 章参照。

（2） 注意欠如・多動症（Attention Deficit Hyperactivity Disorder, ADHD）の検査

ADHD は発達期と成人期で特徴が異なるため，検査についても異なるものが用意されている。

発達期のスクリーニング検査としては ADHD-RS-Ⅳ，診断・評価用検査としては Conners 3 がある。成人期のスクリーニング検査としては A-ADHD があり，診断・評価用検査としては CAADID（診断用），CAARS（重症度評価用）がある。

ADHD の詳細については第 8 章参照。

（3） 学習障害（Learning Disabilities, LD）／限局性学習症（Specific Learning Disorder）の検査

学習障害とは基本的には能力の問題であるから，前節の能力検査で紹介した WISC-Ⅳ，KABC-Ⅱ，DN-CAS や，SCTAW，STRAW-R，WAVES といった検査で能力のアセスメントを行うことが中心である。ただし，一次スクリーニング用の質問紙検査として LDI-R が用意されている。

学習障害の詳細については第 9 章参照。

（4） 社会適応検査

　能力がいかに高かったとしても，それが日常生活における適切な場面で発揮されなければ，社会生活は難しくなる。一方で，能力が低めであったとしても，その能力を日常生活で十分発揮すれば，社会生活上の支障は生じないかもしれない。したがって，能力と並んで社会適応を測定することは重要である。実際，知的障害（DSM-5では知的発達症）の診断基準には，知的機能の水準と並んで，社会適応の評価が求められている。

　日本の現状では，療育手帳を初めとする福祉サービスにおいても，特別支援学級の利用のような教育的サービスにおいても，知能検査の数値が重視され，社会適応に関するフォーマルな評価は乏しく，著しくバランスを欠く判定が行われてきた。そのため，ここ10年ほどの間に表5-

表5-6　日本における代表的な社会適応検査（2018年5月）

検査名	刊行年	適用年齢	所要時間	特徴
S-M社会生活能力検査第3版	2016	乳幼児～中学生	20分	養育者や担任教師が回答する質問紙式の検査。全体の社会生活年齢（SA），社会生活指数（SQ）の他に，身辺自立，移動，作業，コミュニケーション，集団参加，自己統制という領域ごとにもSA，SQが算出される。
ASA旭出式社会適応スキル検査	2012	幼児～高校生	20～30分	養育者や担任教師が回答する質問紙式の検査。結果は7段階評定で示され，全体の評定の他に，言語，日常生活，社会生活，対人関係という領域ごとの評定も得られる。これら4領域はさらに全32の下位領域に細分化されており，その評定を得ることも可能である。
Vineland-Ⅱ適応行動尺度	2014	0歳0か月～92歳11か月	20～60分	養育者，介護者から聞き取りをする半構造化面接法の検査。全体の適応行動総合点という換算得点の他，コミュニケーション，日常生活スキル，社会性，運動スキルという領域別の標準得点が算出される。また，オプションで不適応行動の得点も算出できる。

6のような社会適応検査が整備されるとともに，その普及に向けた施策が実施されようとしている。

4. 心理検査実施上の留意点

（1） 設問は非公開

　本章で紹介した検査の多くについて，その用具や設問に触れることができるのは，公認心理師や言語聴覚士などの専門資格保有者，その資格を取得するために研修を受けている学生，および検査対象者や回答者に限られる。それは，用具や設問が広く知られると，検査の性質（能力検査における問題の難易度，質問紙検査における回答傾向など）が変化し，検査実施者の判断を不正確にし，対象者の不利益となるからである（日本テスト学会，2007，第1章第13節）。

　こうした観点から，能力検査において，対象者の養育者や介護者に設問を紹介することも避けるべきである。

（2） 検査結果の報告

　検査結果の報告は，対象者の利益になることが重要である。

　検査結果は可能な限り，何らかの文書にまとめて解説とともに報告することが望ましい。検査結果の数値だけを対象者に伝えても，対象者がそれを自分のために活用することは難しいだろう。

　また，最も報告しなければならないことは，主訴や相談内容の原因と，それに対する対応策である。対象者は自分の問題に対する解説と対策を求めているのであって，検査の解説を求めているのではない。

　さらに，なるべく前向きな報告であることが望ましい。できないことを列挙して終わるような報告をするべきではない。対象者はこれから自分がどうするべきかを知りたいはずである。

　もちろん，対象者の利益といっても，結果を改竄することは，職業倫理上厳しく非難される。

引用文献

大六一志（2016）．CHC（Cattell-Horn-Carroll）理論と知能検査・認知検査—結果解釈のために必要な知能理論の知識．LD研究，25(2)，209-215

McGrew, K. S. (1997). Analysis of the major intelligence batteries according to a proposed comprehensive CHC framework. In D. P. Flanagan, J. L. Genshaft, & P. L. Harrison (Eds.): *Contemporary intellectual assessment: Theories, tests and issues.* Guilford Press, New York. pp.151-180.

日本テスト学会編（2007）．テスト・スタンダード：日本のテストの将来に向けて．金子書房．

参考文献

黒田美保編著（2015）．これからの発達障害のアセスメント：支援の一歩となるために．金子書房．
　発達障害児者を対象とした最新のアセスメント法，特に心理検査を用いたアセスメント法について，幅広くかつ簡潔にまとめられている。

Hogan, T. P. (2007). Psychological testing: a practical introduction, Second edition. John Wiley & Sons. 繁桝算男・椎名久美子・石垣琢磨訳（2010）．心理テスト：理論と実践の架け橋．培風館．
　心理検査作成時に行われる標準化の手続きや，代表的な検査の紹介，そして倫理および法的問題までを扱っている。標準化の手続きについては，本章ではあまり触れることができなかった正規分布の性質や，信頼性，妥当性の具体的な検討方法について詳しく説明されている。

下山晴彦・黒田美保編（2016）発達障害のアセスメント．臨床心理学91　金剛出版．
　発達障害のアセスメントに用いられる最近日本にも登場した諸検査について，本章では取り上げなかったものも含めて解説されている。

研究課題

1）WPPSI-Ⅲ，WISC-Ⅳ，WAIS-Ⅳ，KABC-Ⅱ以外の能力検査がCHC理論のどの能力領域に対応するか考えてみよう。

2）福祉や教育のサービスを申請する際，社会適応検査が実施されず知能検査のデータのみが判定資料とされると，申請者（検査対象者）にどのような不利益が生じるか考えてみよう。

6 障害児・障害者のためのアセスメント技法3：行動観察法

五味洋一

行動観察や記録のための手法に加え，行動上の問題を個人と環境との相互作用の視点から分析する機能的アセスメントの手法について述べる。また，学校巡回等を行うときに求められる観察の視点について述べる。

〈キーワード〉 行動観察法，記録法，グラフ化，三項随伴性，機能的アセスメント

1. 行動観察の目的

行動観察とは，障害のある子どもや大人が生活あるいは学習をしている現実の場面を見ながら，どのような行動が，どのような形で生じているのかを記録するプロセスを言う。障害児・者の日常生活や学習上の課題を解決しようとするとき，この行動観察が極めて重要と見なされるが，それはなぜであろうか。次の例から考えていただきたい。

ある小学校の通常学級で，注意欠如・多動症（Attention Deficit Hyperactivity Disorder）の診断のあるタカシ君の授業中の離席が問題視されていた。担任の教員は，何度注意をしてもタカシ君の離席が減らず，それが原因で学級全体の規律が乱れていると訴えている。この問題に関して助言を依頼された外部専門家が学校を訪問して教室で行動観察を行ったところ，次のことが判明した。第一に，タカシ君は頻繁に離席をしているが，その他にも同程度かそれ以上の頻度で離席している児童が複数名いる。第二に，タカシ君を含めて児童が離席して立ち歩くのは，担任が他の児童に対して個別に注意や指示をしていて，授業が止まっているときである。行動観察を終えた外部専門家は，①この学級全体の落ち着きのなさややることの不明瞭さがADHDのあるタカシ君の参加を困難にしている，②離席をしている児童は互いに"悪い手本"となり離

席を誘発し合っている，と判断した。そして，タカシ君個人の障害特性に原因を求めるよりも，学級全体への指示の出し方や授業の進行を工夫するほうが，問題解決には有効であるとの見解を学校に伝えた。

　この例では，行動観察は2つの点で重要な役割を果たしている。それは，第一に「行動を測定する機能」であり，第二に「行動を記述する機能」である。

　まず，行動を測定する機能に注目してみよう。上記の例では，当初，学級担任から得た情報はタカシ君の離席が頻繁であることのみであったが，行動観察により離席の頻度を測定した結果，実際に離席が高頻度であることが確認でき，加えて同程度の頻度で離席している児童が他にも複数いることがわかった。こうした行動の測定は，日々，障害のある子どもや大人の支援に携わる教員や支援者自身が行う場合もあれば，外部支援者などの第三者が行う場合もある。いずれの場合も，どのような行動を，どのような視点と方法で測定するのかを事前に計画しておき，所定の手続きに則り観察することが重要である。私たちの記憶は曖昧なものであるため，主観や記憶に基づいて「増えている」「頻繁である」といった判断をするのではなく，行動観察に基づき行動を定量的に測定することが，介入の計画を立てたり，介入の効果を測定する際の重要なステップとなる。

　では，行動を記述する機能とはどのようなものだろうか。上記の例では，外部支援者は離席が生じた環境条件（この場合は他の児童の動きや授業の進行など）とタカシ君の行動の関係を記述することにより，落ち着きのない教室環境のなかで，タカシ君のADHDの特性が離席という形で発現しているという推定を行った。私たちが障害児・者の抱える生活あるいは学習上の課題に対面し，その解決を試みるときに，多くの場合は様々なアセスメントツールを用いて，問題の背景にある個々の人格，行動特性，認知特性，発達段階，学習履歴などを把握しようとする。これらの「個人因子」の把握は支援の立案を行ううえで極めて重要である一方，それらの個人因子が現実の「環境」のなかでどのように発現し，どのように生活や学習に影響を与えているのかという視点抜きでは，十

分な意味を持たない。だからこそ，ある行動がどのような環境や文脈の下で生じているのかを，行動観察に基づいて記述することは，介入の方法を検討する際の重要な情報源になるのである。

2. 行動を測定するための行動観察

　前節では，行動観察の重要な役割として「行動の測定」と「行動の記述」を取り上げた。本節では，前者の行動を測定するための行動観察の手続きについて，手順や手法を解説する。

（1）　目標行動を定義する

　測定を目的とした行動観察を行う際の最初のステップは，記録をする目標行動（Target behavior）を定義することである。一般的に，行動に対して付けられた名称は曖昧なものであり，人によってその名称から思い浮かべる具体的な行動は様々である。たとえば，ある児童の教室における「逸脱（off-task）」の生起頻度を2名の観察者が交互に測定したとしよう。「先生が教室の前で説明をしているときに教科書をぼんやりと見ている」状態を見て，一方の観察者は本来やるべきことから逸脱していると判断し，もう一方は学業に取り組んでいると判断するかもしれない。このような行動の定義に関わるズレは，複数の支援者が入れ替わりで観察をするときに最も起きやすい。また，一人の観察者が繰り返し観察する場合であっても，時間とともに観察の観点が変わってしまうことも少なくない。

　行動の定義を適切に行うためには，内面的な状態ではなく観察可能な表現で行動を定義することが重要である（Miltenberger, 2001）。たとえば，ある人の「イライラする行動」を観察しようとしても，観察者が実際にその人の内面を覗いて記録することはできない。この場合は，「舌打ちをする」「手で机をトントンと叩く」「ため息をつく」など，実際に誰が見ても観察できる行動に焦点を当てることが望ましい。目標行動を適切に定義できれば，その行動を複数の人が観察したときに，確かにその行動が生起していると一致して認めることが可能となる。2名以

上の観察者の記録がどの程度一致しているのかを調べたものを観察者間一致率（interobserver agreement）と言い，特に記録の信頼性が求められる学術研究では，これを測定することが必須の要件となっている。

(2) 行動観察を行う条件を決める

　目標行動の定義を終えたら，次に誰が行動観察をするのかを決める必要がある。教員，家族，支援員などの観察対象者に直接関わる者が行うケースが多いが，心理士等の外部専門家が観察者となる場合もあるだろう。一般的に，行動観察を継続することには技術と集中力，時間を必要とするため，観察者にこれらの要件がどの程度備わっているかどうかによって，記録の信頼性は左右される。多くの場合，観察者が日常の業務や生活のなかで実行可能な観察の方法を調整することになる。

　観察対象となる者自身が観察者になり，自己観察（self-monitoring）を行う場合もある。たとえば，毎日，5km以上のジョギングをすることを目標行動とし，自分自身で走った距離を毎日ノートに記録するような場合がこれに該当する。自己観察には，第三者が観察することの難しい行動（夜間に生じる行動，ときどきしか生じない行動など）も観察対象にできるという方法論的なメリットがあるほか，観察すること自体に目標行動の変容効果があることも指摘されている（Briesch & Chafouleas, 2009；Reid, 1996）。一方，自己観察を行う者が低年齢であったり，判断能力に制約があったりする場合には，第三者による観察と併用するなど，記録の信頼性を担保する手段を講じることが望ましい。

　観察者の決定と同時に検討すべきなのが，どのような場面を観察するのかということである。学校などで生じている問題を解決しようとする場合，原則として，その問題が生じている場面で観察を行うことが望ましい。問題となっている行動が生じやすい条件について，あらかじめ何らかの情報がある場合には，意図的に問題が生じやすい条件を作り，実際に問題が生じるかどうかを観察する方法もある。前者は自然場面（natural settings）と呼ばれ，後者は設定場面（contrived settings）と呼ばれる。いずれの場面で観察を行う場合であっても，観察を行うこ

とについて本人もしくは保護者等に事前に同意を得ておくことが大切であり，特に設定場面において観察を行う場合は，その設定が対象者本人に著しい不利益をもたらさないよう，倫理的な配慮を十分にする必要がある。

(3) 記録の方法を決める

目標行動の定義と観察の条件が定まったら，次は記録方法の検討に移る。行動のどのような側面を観察・記録するかによって，私たちが用いるべき記録方法は異なるため，以下では行動を測定する際に用いられる代表的な記録法とその特徴について解説する。

1）行動を逐一記録する方法：連続記録法（continuous recording）は，決められた時間・場所において観察を継続し，目標行動が生起するたびにそれを記録する手法である。収集したい情報の性質に応じて，表6-1に示すように目標行動の様々な次元を記録することができる。目標行動がどれくらい継続したのかが重要なときには持続時間を測定する等，観察の目的に合わせて最適なものを選択することになる。一般的に観察に必要な労力は大きいが，行動の測定方法としての精度は高い。

表6-1　測定する代表的な行動の次元

行動の次元	測定する内容	具体例
頻度 Frequency	目標行動が生起した回数	授業中に挙手をして発言した回数，腕立て伏せをできた回数
持続時間 Duration	目標行動が始まってから終わるまでの時間	離席をしてから席に戻るまでの時間，ジョギングをした時間
潜時 Latency	特定の刺激が提示されてから目標行動が生じるまでにかかる時間	教員が指示をしてから課題を解き始めるまでに要した時間
強度 Magnitude	目標行動の強さや出現の程度	自傷（例：自分の頭を叩く）の強さ，発表の声の大きさ

2）観察時間を区切って記録する方法：インターバル記録法（interval recording）は，観察時間を小さな時間間隔（インターバル）に区切り，

それぞれのインターバルで目標行動が生じたかどうかを記録する方法である。記録の方法によって全体インターバル記録法と部分インターバル記録法（partial interval recording）という2つに分けることができ，前者は1つのインターバルの間ずっと行動が生起している場合に，後者は1つのインターバルの間のどこかで行動が生起した場合に，「行動が生じた」と判断してチェックをつける。たとえば，授業中の離席に対して1分インターバルの部分インターバル記録法を用いる場合，観察者はそれぞれのインターバルで離席が一度でも生じたら記録用紙にチェックをつけることになる。一度，チェックをつければ，そのインターバルでは記録を続ける必要がないため，連続記録法に比べて記録にかかる労力を節約することができる。

　インターバル記録法と類似した記録法として，タイムサンプル記録法（time sample recording）がある。観察時間を小さなインターバルに区切る点はインターバル記録法と同様であるが，観察するタイミングが限定されている点が異なる。たとえば，授業中にどれくらい良い姿勢で着席しているのかを評価したい場合，10分毎にタイマーが鳴るように設定し，タイマーが鳴った時点で良い姿勢をしていればチェックを付ける。観察していない時間の行動は測定できないため，記録の精度は他の記録方法に劣るものの，観察に必要な労力が低く，後述のように複数名の対象を観察する場合にも応用することができる。

　なお，インターバル記録法やタイムサンプル記録法を用いる場合，測定の結果は，目標行動が生じたインターバル数÷全インターバル数×100の式を用いて，目標行動が生じたインターバルの割合として表すことになる。

　3）直接観察をせずに情報を収集する方法：産物記録法（product recording）とは，目標行動そのものを観察するのではなく，目標行動の結果として産出されたものを測定する記録法である。たとえば，学校で児童の学習への取り組みを観察しようとしたとき，提出物の質を評価したり，宿題の正答数などをチェックすることで，子どもの参加の度合いや学力を間接的に測定することができる。目標行動が生じる現場に観

察者がいない場合でも，目標行動を測定することができるのは産物記録法のメリットである。一方，どれくらいの時間をかけて正答に至ったのか等，その産物が生み出された細かなプロセスを把握することが難しいというデメリットもある。

（4）集団場面における行動観察の工夫

巡回相談等で学校等を訪問するとき，観察者には特定の対象者の複数の行動を同時に観察したり，教室の中の複数の対象者を同時に観察することが求められる場合がある。ここでは，そうした集団を観察する際の技術的な工夫を紹介する。

1）複数の行動を観察する場合の工夫：特定の対象者の複数の行動を観察することが求められるのは，対象者の行動上の問題が様々な形で生じているような場合である。図6-1は，ある児童の授業中の「離席をする」「他の児童にちょっかいを出す」「落書きをする」という3つの行動について，外部の専門家が45分間の授業時間を1分間隔の部分インターバル記録法で観察記録をつけた際の記録用紙である。この例のように，観察対象とする目標行動をそれぞれ事前に定義し，各行動に特定の記号を割り当てることで，複数の行動の同時観察が可能となる。

2）集団を観察対象とする場合の工夫：一度に複数の対象者の行動を観察しようとする場合，インターバル記録法やタイムサンプル記録法を応用すると良い。たとえば，Gomi & Noro（2011）は，同じ教室にいる3人の児童の「課題従事（on-task）」を測定する際，インターバルを10秒に設定し，1つのインターバルに1人の児童を割り当て，部分インターバル記録法を用いて順番に観察している。この方法は1人を観察している間は他の2人は観察することができなくなるというデメリットはあるものの，1コマの授業内で複数の対象を観察するための現実的な方法と言えよう。この手法を拡大すると，10秒インターバルのタイムサンプル記録法を用いて，クラスの全児童の課題従事を順に観察することも可能となる。

3）比較対象となるデータを取る：本章の冒頭に示したタカシ君の例

```
課題従事の記録用紙

観察日：2018年4月15日（2時間目）
教科：算数
対象：YG　　　観察者：五味

X：離席（許可を得ず席から立ち上がる）
T：他の児童にちょっかいを出す（例：授業と関係ない
　　ことを話しかける，叩く，持ち物を許可なく取る
P：ノートにお絵描きをする
```

	行動	備考		行動	備考
0分			26分	X	
1分			27分		
2分	P		28分	P	
3分	P		29分	P, T	
4分	P		30分	P, T	
21分			46分		
22分	X		47分		
23分	X, T		48分		
24分	X, T		49分		
25分	X, T		50分		

図6-1　部分インターバル記録法で3つの行動の観察記録を行った記録用紙

のように，集団のなかで生じている問題の解決に当たるとき，集団のなかの特定の対象者の行動を観察するだけでは十分でなく，比較対象として集団の他のメンバーの行動を測定することが必要な場合がある。鶴見・五味・野呂（2012）は，通常学級で特定の児童が給食準備を開始するまでの潜時を測定すると同時に，同じ学級の他の児童を比較対象としてランダムで選出し，その児童の潜時も測定している。そして，比較対象の児童の潜時（秒）から対象児童の潜時（秒）を引くことで，対象児童の準備がどれくらい遅れているのかを評価した。この研究のように，他の児童との比較を行ってはじめて意味を持つような指標を用いる場合，比較対象の設定が重要となる。

（5） 記録の集計と視覚化

　観察・記録により収集したデータは，時間の経過のなかで行動がどのように変化したのかがわかるようにグラフ化することで，問題解決のための強力なツールとなる。たとえば，図6-2は，横軸に時間の変化（記録を取り始めてからの日数），縦軸に目標行動である課題従事率（％）をとった折れ線グラフであり，行動の変容をグラフ化したものの典型例である。介入前の目標行動の記録期間であるベースライン（Baseline）では40〜60％で推移していた課題従事率が，改善のための介入（intervention）を行った期間には80〜100％で推移しており，介入により課題への取り組みが大きく改善したことがひと目で理解できる。

　もし，図6-3のように，介入の時期になってもベースラインと比較して課題従事が改善しなければ，その介入は適当ではないと判断することができる。その場合は介入の方法を変更し，継続して記録を取ることで，介入が目標行動にどのような影響を与えたのかを明確にすることができる。なお，図6-2，図6-3のように，ベースラインから介入条件になるとき，あるいは介入の条件が変わる場合には，グラフを区切る縦線を挿入して条件名を記載することが望ましい。

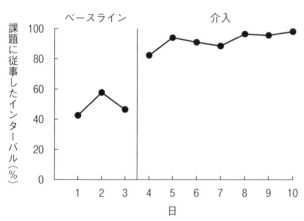

図6-2　折れ線グラフによる目標行動の変化の視覚化

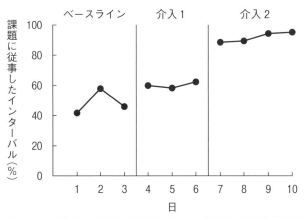
図6-3　介入の効果が見られなかった場合の折れ線グラフ

3. 行動を記述するための行動観察

　前節では，行動を測定することを目的とした行動観察の手続きと，収集したデータのグラフ化までを解説した。本節では，行動観察の第二の役割である「行動を記述」する機能について解説をする。

（1）　行動の制御変数を探る

　第1節で述べたように，本章で述べる行動を記述するための行動観察とは，すなわち「ある行動がどのような環境や文脈の下で生じているのかを，行動観察に基づいて記述すること」である。タカシ君の事例のような，いわゆる問題行動に限らず，私たちの日常の行動はいずれも環境や文脈によって大きく左右される。次の例を通して具体的に考えてみよう。

　　あなたは，休日にカフェに入り，コーヒーを飲みながら読書をすることにした。初めて訪れたカフェは落ち着いた雰囲気で接客の態度も良く，椅子は硬すぎず柔らかすぎず身体に合っていた。BGMも好みの音楽であり音量も適度で，いつになく良い気分で多くの読書ができた。このような経験をしたあなたは，その後もその店に何度も足を運び読書をするように

なった。

　この例で繰り返し生起する「カフェで読書をする」という行動は，どのような環境条件の下で生じていたのか，について考えてみたい。接客の態度，身体に合った椅子，好みのBGMなどがすぐに思いつくはずである。そして，そうした条件が揃ったカフェでの読書体験は，多くのページの読了や心身のリラックスをもたらし，その結果がその後のカフェで読書をする行動を起きやすくしていると考えられる。もし，こうした条件の1つが欠けていたり（例：椅子がとても硬い），行動の結果がネガティブであったりすれば（例：コーヒーがまずく気分が悪くなった），このカフェに来て読書をするという行動が繰り返し生じる可能性は低くなるはずである。

　このカフェの例からもわかるように，私たちの行動は何もないところから生じるのではなく，その行動が生じる前にあった環境側の条件，そして行動が生じた後の結果によって大きく影響を受けている。そのため，その行動が生じたときの環境条件を観察して丁寧に書き出すことができれば，行動を制御（control）している条件を，観察者の主観ではなく，観察された事実に基づいて推定することが可能になるのである。

　「人はなぜそのように行動するのか」という疑問に対しては，様々な学問領域や理論によって多様な角度から説明がされ得るが，ここで述べたような行動を制御する条件をその行動が生じた環境のなかに探るアプローチは，応用行動分析学（Applied Behavior Analysis）という心理学の一流派を理論的背景としている。そして，この行動を制御する条件を推定する手続きは「機能的アセスメント（functional assessment）」と呼ばれ，問題行動が生起する背景を分析する手法として有効であることが多数の研究により示されている（たとえば，O Neill, Horner, Albin, Sprague, Storey, & Newton, 1997）。この機能的アセスメントを用いた様々な目標行動への介入については第13章で詳述する。

（2） 環境条件を記述するための構成要素

それでは，環境にあふれる多様な刺激や条件のうち，どのような条件に着目して観察・記録を行い，その結果をどのように記述すればよいのだろうか。ここでは，観察に必要な理論的枠組みを提供するために，まず観察結果の記述の方法について説明する。

目標行動と環境との関係を記述する際，応用行動分析学では「先行事象（antecedent）」「行動（behavior）」「後続事象（consequence）」という3つの概念を用い，図6-4に示したような三項随伴性（または強化随伴性；three-term contingency）の形で表現することが多い。この三項随伴性は，「どのような条件の下で，どのような行動が生起し，その行動の結果として何が生じたのか」を端的に記述したものであり，行動を制御する条件を視覚的にとらえるうえで有用である。以下で，核となる3つの概念について説明を加える。

第一に重要となるのは「行動」である。これは言うまでもなく観察の対象となる目標行動そのものであり，適切な観察を行うためには事前に定義をしておくことが重要となる。目標行動の定義の重要性や観点は「行動の測定」を行う場合と同様であるため，必要に応じて前節を確認いただきたい。

第二に，行動が生起する前の環境に存在した刺激や条件である「先行事象」に注目する。カフェの例であれば，接客態度のよい店員，座り心地の良い椅子，BGM，新刊の小説などが先行事象にあたるだろう。先行事象には，行動の直接的なきっかけとなったと考えられる刺激の他に，間接的に行動に影響していそうな刺激や条件も含まれる。たとえば，カフェに行こうと考えていた日の朝に推理小説の結末を家族から聞いてし

図6-4　三項随伴性による行動と環境との相互作用の記述

まっていたとしたら，カフェに行きその小説を読むという行動は生じにくくなるだろう。これは間接的な条件の例である。

　最後に，行動の後に生じた刺激や条件である「後続事象」について述べる。カフェの例であれば，多くのページの読了や心身のリラックスが後続事象にあたる。行動の後に生じた後続事象が行動をした者にとって好ましいものであれば，その行動（あるいはそれに類似する行動）は再び起きやすくなり，好ましくないものであればその行動が再び起きる可能性は低くなる。行動が増える原理は「強化（reinforcement）の原理」，行動が減る原理は「弱化（punishment）の原理」と呼ばれ，これらは人や動物の行動を説明する最も重要な基本原理であると考えられている（Miltenberger，2001）。

（3） ABC 記録

　行動とそれを制御する環境条件を三項随伴性の形に図示するためには，目標行動が生じた場面を実際に観察し，行動の先行事象と後続事象を記録することが必要となる。この観察・記録は，先行事象・行動・後続事象の3つの概念の英語の頭文字からABC記録と呼ばれ，図6-5に示したような記録用紙を用いて実施される。

　この記録用紙における「間接的な状況」と「直前の状況」は先行事象に該当し，「直後の状況」は後続事象に該当する。記録を行ううえで重要なのは，5W1Hを明確に記述するとともに，主観を交えずに事実のみを記録するようにすることである。そうして収集されたABC記録は，場面別や行動別に分類し，最もよく見られるパターンを抽出して三項随伴性の図に描き出すことになる。蓄積されたABC記録から最も当てはまりの良いと考えられる仮説を抽出するプロセスは，頻度などのデータのように機械的に集計できるという性質のものではなく，行う者の応用行動分析学や関連する心理学的支援に関する知識や支援の経験等によって左右される。

```
┌─────────────────────────────────────────────┐
│              ABC記録用紙                     │
│                                             │
│  観察期間：  月  日～  月  日                │
│                                             │
│  ┌─────────────────────────────────────┐   │
│  │ 観察する行動：                       │   │
│  │ ● 叩く：机をバンバンと音をさせて叩く  │   │
│  │ ● 大声：大声で「きゃー」と叫ぶ        │   │
│  │ ● 他害：先生に掴みかかり爪を立てる    │   │
│  └─────────────────────────────────────┘   │
└─────────────────────────────────────────────┘
```

日時	間接的な状況	直前の状況	行動	直後の状況
4/9 ①	前日が寝不足，登校時から級友を叩く等の不安定な行動あり	先生がプリントを配布し，名前を書くよう指示	叩く	「後で書いてね」と言い，先生が指示するのをやめた
/				
/				

図6-5　ABC記録の例

4. おわりに

　本章では，様々な問題の解決において行動観察の重要性に触れ，行動の測定と記述という2つの側面から，その具体的な観察・記録の手法を解説した。近年，様々な対人援助の領域においてエビデンスに基づく介入の重要性が指摘されており，観察に基づく客観的な情報の収集はますます重要になってくるだろう。人の行動は多彩かつ多様であるため，あらゆる行動の側面を測定したり記述したりすることは現実的ではないものの，行動のどのような側面に焦点を当てるのかを慎重に計画し，適切な方法で観察を行うことは，心理学的支援を必要とする障害児・者が抱える問題を解決するのに大いに役立つはずである。

引用文献

Briesch, A. M. & Chafouleas, S. M. (2009) Review and analysis of literature on self-management interventions to promote appropriate classroom behaviors (1988-2008). School Psychology Quarterly, 24(2), 106-118.

Gomi, Y. & Noro, F. (2011) Effect of function-based classwide interventions for on-task behavior in general education classroom. 36th Annual Convention of Association for Behavior Analysis International.

O Neill, R. E., Horner, R. H., Albin, R. W., Sprague, J. R., Storey, K., & Newton, J. S. (1997) Functional assessment and program development for problem behavior: A practical handbook 2nd edition. Brooks/Cole Publishing Company

Reid, R (1996) Research in self-monitoring with students with learning disabilities: The present, the prospects, the pitfalls. Journal of Learning Disabilities, 29(3), 317-331.

鶴見尚子・五味洋一・野呂文行（2012）通常学級の給食準備場面への相互依存型集団随伴性の適用―相互作用を促進する条件の検討―．特殊教育学研究，50(2)，129-139.

参考文献

Miltenberger, R. G. (2001) Behavior modification: Principles and procedures 2nd edition, Wadsworth. 園山繁樹・野呂文行・渡部匡隆・大石幸二訳（2005）行動変容法入門，二瓶社．

中沢潤・南博文・大野木裕明（1997）心理学マニュアル 観察法．北大路書房．

研究課題

1) 自分自身の身近な行動を1つ目標行動として選び，観察可能な形で定義してみましょう。
2) 自分自身が観察者となり目標行動を1～2週間観察してみましょう。その際，いつ，どこで，どのような方法で記録を行うのかを考えましょう。
3) 記録を整理し，どのような環境条件が自身の目標行動に影響を与えているのかを考えてみましょう。

7 | 発達期の障害臨床例1：自閉スペクトラム症

高橋知音

　自閉スペクトラム症は20世紀前半から報告されるようになった障害であるが，その名称や概念は変化し続けている。ここでは，近年の概念の変遷を概観するとともに，現在の医学的診断カテゴリーの1つとしての自閉スペクトラム症について，背景要因も含めて理解を深め，それをふまえた支援のあり方について考えていく。
〈キーワード〉　対人相互反応，コミュニケーション，こだわり，感覚過敏

1. 自閉スペクトラム症関連概念の変遷

　初期の自閉症の報告としては，カナー（Kanner, L.）の早期乳幼児自閉症やアスペルガー（Asperger, H.）の自閉的精神病質があげられる。アスペルガーの報告は，ウイング（Wing, L）が英語で紹介したことによって広く英語圏で知られるようになった。ウイングは，これらの症例もふまえ，「自閉症スペクトラム」の概念を提唱した。対人相互反応，コミュニケーション，想像力（限定的，反復的な行動パターンにつながる）の三領域の障害（ウイングの3つ組の障害；Wing & Gould, 1979）を特徴としつつ，重度の知的障害を伴う場合や，言語能力を含む知的能力が高い場合など，様々なタイプがあるとした。

　医学的診断基準としては，こうした主張もふまえつつ，診断カテゴリーのまとめ方も変化してきた。代表的な疾病分類基準として，国際的な統計のために，世界保健機関（WHO）が作成した「疾病及び関連保健問題の国際統計分類：International Statistical Classification of Diseases and Related Health Problems（ICD）」がある。1990年に採択された第10版では，自閉症関連概念は「心理的発達障害」の下位カテゴリーの1つである「広汎性発達障害」の中に含まれている（表7-1）。

また，医学的な研究や診断において国際的に用いられる，米国精神医学会（American Psychiatric Association, 2013）の「精神疾患の診断・統計マニュアル（Diagnostic and Statistical Manual of Mental Disorders：DSM）」において，2013年に発行された第5版では「自閉スペクトラム症」となっており，いくつかの下位カテゴリーが統合され，ウイングの自閉症スペクトラムの概念に近いものとなっている。

2. ICD-10における広汎性発達障害，自閉症，アスペルガー症候群

ICD-10における広汎性発達障害（Pervasive Developmental Disorders：PDD）に含まれる診断カテゴリーを表7-1に示した。PDDは「対人的相互作用とコミュニケーションにおける質的な機能障害及び，制限された，常同的で反復性の興味と行動のレパートリーによって特徴づけられる障害の一群である」と定義づけられている。PDDというカテゴリー自体に，自閉症におけるウイングの3つ組の障害が含まれている。その下位カテゴリーである「自閉症」は「広汎性発達障害の1つの型であり，a）病的なあるいは損なわれた発達の存在が3歳未満に認められること，b）精神病理の3つの領域，すなわち，対人的相互作用，コミュニケーション及び制限された常同的で反復性の行動のすべてにおいて認められる異常な機能の特徴的な型」と定義されている。つまり，3つ組の障害がそろっていて，3歳未満に症状が見られ

表7-1　ICD-10（2013年版）における広汎性発達障害のカテゴリー

F84　広汎性発達障害
F84.0　自閉症
F84.1　非定型自閉症
F84.2　レット症候群
F84.3　その他の小児＜児童＞期崩壊性障害
F84.4　知的障害〈精神遅滞〉と常同運動に関連した過動性障害
F84.5　アスペルガー症候群
F84.8　その他の広汎性発達障害
F84.9　広汎性発達障害，詳細不明

ることが,ICD-10における自閉症の診断基準となっている。これに対し,アスペルガー症候群と自閉症との違いは,前者が「言語あるいは認知の発達に全般性の遅延ないし遅滞が全く見られないことである」となっていることである。

3. DSM-5における自閉スペクトラム症

　DSM-5における自閉スペクトラム症(ASD:Autism Spectrum Disorder)の診断基準を表7-2に示した。ウイングの3つ組の障害のうち,対人相互反応とコミュニケーションの障害は1つにまとめられた(A)。診断の条件として,まずAの3項目とBに含まれる4項目のうち2項目以上を満たすこと,そしてC,D,Eの基準を満たすことが求められている。以下,DSM-5の基準に沿って,自閉スペクトラム症の特徴を見ていく。

表7-2　DSM-5における自閉スペクトラム症における診断基準

A. 社会的コミュニケーションおよび対人的相互反応における持続的な欠陥
　(1) 相互の対人的・情緒的関係の欠落
　(2) 対人的相互反応で非言語コミュニケーション行動を用いることの欠陥
　(3) 人間関係を発展させ,維持し,それを理解することの欠陥
B. 行動,興味,または活動の限定された反復的な様式
　(1) 常同的または反復的な身体の運動,物の使用,または会話
　(2) 同一性への固執,習慣へのかたくななこだわり,または言語的・非言語的な儀式的行動様式
　(3) 強度または対象において異常なほど,きわめて限定され執着する興味
　(4) 感覚刺激に対する過敏さまたは鈍感さ,または環境の感覚的側面に対する並外れた興味
C. 症状は発達早期に存在していなければならない。
D. その症状は,社会的,職業的,または他の重要な領域における現在の機能に臨床的に意味のある障害を引き起こしている。
E. これらの障害は,知的能力障害(知的発達症)または全般的発達遅延ではうまく説明できない。

4. 社会的コミュニケーションと対人的相互反応

　基準Aに示された機能障害の具体的な例として，言語面では言葉の遅れ，会話の欠如，反響言語（エコラリア，オウム返し）などが乳幼児期から見られる。言語の知識が豊富でも，社会的コミュニケーションの道具としての使用が不適切であったり，冗談や皮肉など字義通りではない表現の理解が苦手だったりといった特徴が見られる。非言語コミュニケーションとしては，視線の合わなさ，言葉の抑揚の不自然さ，表情の読み取りの悪さなどが見られる。

　対人的相互反応とコミュニケーションの領域におけるもっとも早期の特徴は乳児期に見られる共同注意の問題である（図7-1）。通常，人の赤ちゃんでは，自身と他者，自身と対象物という二項関係による関わりから，自身と他者と対象物という三項関係へと移行する。そこで，他者と同じ対象物に注意を向けていて，かつそれを共有している（相手も同じ対象物に注意を向けているということがわかっている）状態が共同注意である。行動面では指さし行動が見られるか，相手の視線を追えるかが，共同注意が成立しているかどうかの指標となる。これは，他者の信念，意図の理解につながっていくし，コミュニケーションの手段としての言語獲得にもつながる。自閉スペクトラム症のある子どもでは，言語発達に遅れがある場合も多いが，最初にいくつか出始めた単語が消失する場合もある（熊谷，2017）。生後1年ほどは，子どもは自分で動くこ

図7-1　共同注意

とも十分にできず，自分の欲求を満たすためにも親の力を借りる必要がある。1歳を過ぎて一人で移動ができるようになってくると，親の力を借りずに自分の興味のあることに没頭できる場面も出てくる。そうすると，親の存在の必要性が減り，自分と対象物との二項関係中心になってしまう。これでは，言語が必要なくなってしまう。親は，子どもの興味のある活動を材料にしながらこの二項関係に入り，三項関係を維持しつつ，コミュニケーションを積極的に取っていく必要がある。この段階での具体的な支援方法の例は山本・楠（2007）などに紹介されている。

　言語発達において，他者の意図理解は重要な意味を持つ。言葉や文字の知識があるだけでは，コミュニケーションがうまくいかない。自閉スペクトラム症のある子どもで「それ」「あれ」といった指示語がうまく使えない場合があるのも，他者が「あれ」と言うことで何を意図しているのかが読み取れない事による。また，知的に高く言語能力が高い人でも，他者の意図の理解ができないと，問いかけに的外れな答え方をしたり，一方的に自分の話したいことを話してしまったりということにつながる。ある程度，言語知識，能力のある子どもであれば，会話のなかで積極的に相手の意図や感情に注意を向けさせるような働きかけも必要となる。

　A領域に関連する機能障害として，情緒的関係の欠落もあげられている。これは，感情の共有の難しさ，すなわち共感性の弱さである。自閉スペクトラム症のある人では，他者の感情を正確に読み取ることが難しい。そもそも，顔の認識自体が弱いとの報告も多く，当然表情から感情を読み取ることは難しくなる。自閉スペクトラム症がある人における，このような共感性を含む社会的反応の弱さに関わる脳の領域として，側頭葉の紡錘状回と扁桃体が示されている（Schultz, 2005）。

　自閉スペクトラム症がある人で，言語能力が高くても社会的コミュニケーションがうまくいかない場合があるのは，他者の意図や感情の読み取りがうまくいかないことによる。コミュニケーションが成立するためには，言語の字義通りの意味だけではなく，社会的文脈や発話者の表情等から真の意図を読み取る必要がある。たとえば，訪問客が冷房の強く

効いた部屋で「少し寒くないですか」と発言したら，「冷房を弱めてほしい」という意図がある可能性が高い。それを読み取ったら「冷房を少し弱めましょうか」と返すことになる。日本文化では会話において直接的な表現を避ける場合が多く，公的な場面では感情を表に出さない場合もある。これは，自閉スペクトラム症がある人にとって，対応が難しい環境である。このことをふまえ，自閉スペクトラム症のある人への一般的な関わり方の考え方として，できるだけ直接的な言語表現を用いる，その場面におけるルールをできるだけ明文化する，直接伝えるといった工夫が求められる。

　診断基準には含まれていないが，自閉スペクトラム症がある人では，自身の感情をうまく認識できない，言語化できないこともある。自身の感情をうまく認識し言語化できない状態についてはアレキシサイミアと呼ばれるが，自閉症のある児童，青年ではその傾向が強いことが報告されている（Griffin, et al., 2016；Milosavljevic, et al., 2016）。自身の感情をうまく言語化できない場合，他者の感情を理解することも難しいと考えられるが，それに加えて，感情コントロールができにくくなるという問題もある。よくわからないまま，ネガティブな感情が蓄積されていくと，ある時点でそれが爆発する。外から見ていると，些細なことに過剰に反応しているように見えることもあるが，それはきっかけであって，

図7-2　表情の絵カードの例

不快感情の蓄積がその前段階として想定される。そして，それを言語化できないために，爆発するまでためこんでしまうのである。感情コントロールができるようになるために，まずは自身の状態をモニターし，言語化できるようにする。最初は，感情を表す絵カード（図7-2）を使って自分の感情にあてはまる表情を選ばせたり，それをふまえて支援者が感情のラベル付けをしたりして，感情の言語化を促すと良い。

5. 行動，興味，または活動の限定された反復的な様式

　基準B（表7-2）に示された機能障害のうち（1）から（3）は，いわゆる「こだわり」に関係していて，別な言い方をすれば「柔軟性のなさ」ということになる。（4）は感覚の異常に関するものである。これらは一見，異なる機能障害のように見えるが，感覚の異常とこだわりは密接に結びついたものである。

　こだわり関連の機能障害は，ウイングの3つ組の障害における想像力の障害（限定的，反復的な行動パターンにつながる）にあたる。想像力はimaginationの訳語であるが，元の論文では「想像的，象徴的興味の代わりに生じる反復的活動」となっている。つまり想像力が十分に働かないために，結果として同じ事を繰り返したり，変化を避けたりすると考えられる。たとえば，（1）の具体例として，おもちゃを一列にならべるという遊びがあげられる。多くの場合，ミニカーなら本物の車が走っている様子を想像しながら動かして遊ぶところを，本物の車の「象徴」としてのミニカーではなく，ミニカーはミニカーとして，それを並べることで一定のパターンを創り出すことを楽しむといった遊び方である。反復的なパターンを好むということについては，身体的な反復運動（常同運動）としても見られ，手をひらひらさせる，指をはじくなどといった行動を繰り返すことがある。

　（2）の「固執，こだわり，儀式的な行動様式」と想像力との関連はどうだろうか。想像力に弱さがあると，未来のことや経験の無いことについて考えることが難しい。結果として同じやり方を繰り返すと安心できる。これを外から見ると「こだわり」となる。環境面では物や家具の

配置が一定であることにこだわったり，生活面ではある場所に行くために同じ道順にこだわったり，日常生活のパターンを決めたりといったことがあげられる。

　（3）の限定された興味については，「一般的ではない対象への強い愛着や没頭」として現れることもある（たとえば，掃除機，トイレ，カレンダーなど）。ただし，こういった興味は生活に支障が無ければそれ自体は問題にならないし，他者から受け入れられやすいテーマへのこだわり（たとえば歴史，漢字，恐竜，虫，鉄道など）は，肯定的に評価される場合も多い。

6. 感覚の過敏と鈍感

　基準Bのうち，（4）の「感覚刺激に対する過敏さまたは鈍感さ」は，過去にも関連の症状として報告されてきてはいたが，診断基準の1つとして組み入れられたのはDSM-5が初めてである（ただし，必須ではない）。感覚過敏については，自閉スペクトラム症当事者が手記を出版するようになり（表7-3），刺激の感じ方について表現されるようになったことから，次第に注目されるようになった（熊谷，2017）。しかし，自閉スペクトラム症のある人の行動を見ると，言葉で表現できない人でも，感覚過敏が背景にあると考えられる行動が見られる。たとえば，耳をふさぐ行動は，聴覚刺激が強すぎて苦痛を感じる際，それを低減するための自衛手段をとっていると解釈することができる。

　感覚の異常の対象は聴覚だけではない。触覚過敏がある場合，子どもが抱っこされることをいやがることがある。また，衣服のタグがついて

表7-3　自閉スペクトラム症当事者の手記の例

ドナ・ウィリアムズ「自閉症だったわたしへ」新潮社
テンプル・グランディン「我，自閉症に生まれて」学研
ウェンディ・ローソン「私の障害，私の個性」花風社
東田直樹「自閉症の僕が跳びはねる理由」角川学芸出版
ニキ・リンコ，藤家寛子「自閉っ子，こういう風にできてます！」花風社
森口奈緒美「変光星―自閉の少女に見えていた世界」花風社

いると肌にあたるところが気持ち悪くて着られなかったり，特定の繊維の衣服が着られなかったりする。他の感覚では，気圧の変化に敏感で，体調が天気に左右される場合もある。感覚の鈍感さの例としては，熱さ，暑さ，寒さを感じにくかったり，痛みを感じにくかったりする場合があげられる。

　また，感覚には深部感覚も含まれる。触覚を含む体性感覚の一種である深部感覚は，関節の状態，筋肉の収縮の状態といった体の内部の状態についての感覚である。意識しにくい感覚ではあるが，これがあるから人は自分の体の位置や状態を知ることができる。自閉スペクトラム症のある人で協調運動（複数の体の動きを統合した運動）が苦手な人もいるが，背景に自身の身体の状態がわかりにくいという感覚の問題がある可能性もある。

　こだわり行動については想像力の視点ですでに説明したが，感覚過敏からも説明が可能である。たとえば，自閉スペクトラム症のある子どもで，食べられるものが限られる場合，特定の食べ物へのこだわりともとらえられるが，特定の味や食感を不快に感じるために，安心して食べられるものだけを食べようとしているともとらえられる。聴覚過敏や視覚過敏など，特定の刺激に対する過敏な状態について例を挙げたが，多くの環境では光，音，匂いなど多様な感覚刺激に満ちあふれている。いわば感覚刺激の洪水のなかで少しでも気持ちを安定させるために，安心できる行動を繰り返す，一定の順番で行動する，自分にとって慣れ親しんだ刺激のみに注目するといった行動をとることは効果的な方略であると考えられる。これらの行動を外から見ると，常同行動，こだわり，柔軟性のなさと受け止められることになる。

　こだわり行動への対処は，想像力の障害と感覚異常の2つの側面から考える必要がある。対処が必要なこだわり行動は，自分や他者を傷つけるもの，人の迷惑になるもの，法律に違反することなどである。逆に言うと，そうでなければ，無理にやめさせる必要はないとも言える。ただ，子ども時代に身につけた行動パターンが，年齢が上がることで不適切となる場合もあるだろう。また，こだわりの強さから，やらなければなら

ないこと，やりたいことの遂行に支障をきたすということであれば，やはりコントロールが必要になる。

　想像力の弱さがこだわりを強くしているということであれば，具体的イメージを示すことでそれを補うという支援方法が考えられる。たとえば，慣れていない環境で見通しがつかないことによって不安になればこだわりは強くなる。それならば，新しく行く場所を写真で示したり，その場面で生じると思われることを具体的に伝えたりする。

　感覚過敏がこだわりを強くしているということであれば，環境調整によって刺激をコントロールすることが必要となる。たとえば，学校で掃除の時などに机やイスを動かす音がつら

図7-3　イスを動かすときの音を軽減する工夫

い場合，机やイスの脚に古いテニスボールをはかせることで，音を軽減することができる（図7-3）。環境調整を十分にできない場合，サングラスの着用，イヤーマフ（大きな音がする環境で作業するために耳を覆うヘッドフォンのような物。図7-4），ノイズキャンセリング・ヘッドフォンや電子耳栓（ノイズキャンセリング機能のみの音楽が聴けないイヤフォン）の利用なども効果的である。

　こだわり行動は不安やストレスが高まると強くなる。それらが限界を超えるとパニックにもなる。呼吸法やリラクセーション法など，ある程度自身のストレスをコントロールする技法を

図7-4　イヤーマフ

練習するのも良いだろう。しかし，こだわり行動が強くなりやすい場面を観察し，ストレスや不安を低減したり，感覚刺激をコントロールしたりするような環境調整も同時に必要となる。

7. DSM-5における関連概念

　DSM-5では，自閉スペクトラム症と関連が強い概念がいくつかある。まず，言語，会話，コミュニケーションの機能障害に関連する「コミュニケーション症」の下位カテゴリーである「社会的（語用論的）コミュニケーション症」である。語用論とは言語学の用語で，社会的文脈のなかでの言語の使用に関する研究領域を言う。この診断カテゴリーは「言語的および非言語的なコミュニケーションの社会的使用における持続的な困難さ」と定義づけられ，自閉スペクトラム症のAの基準と重なると考えられる。こだわり行動のない自閉スペクトラム症ととらえることもできるかもしれない。

　また，「運動症群」に含まれる「常同運動症」は「反復し，駆り立てられるように見え，かつ外見上無目的な運動行動」と定義される。具体的な行動として，体を揺する，両手をばたばたさせるなど，自閉スペクトラム症のある人と共通する部分もある。ただし，常同運動症には，対人的相互反応，社会的コミュニケーションの問題を含まない。

8. 併存症と二次障害

　自閉スペクトラム症は他の疾患が併存する場合も多いし，環境との相互作用のなかで二次的な障害が生じてくる場合もある。齊藤（2017）は，発達障害に併存する精神疾患を三水準に分けて整理している。自閉スペクトラム症を主たる障害とすると図7-5のように表すことができる。まず，自閉スペクトラム症では，他の神経発達症群の注意欠如・多動症や限局性学習症が併存することが少なくない。次に，双極性障害や不安障害などは，発達障害とは異なる精神疾患であるが，発達障害同様，遺伝子をはじめとする体質的要因と環境との相互作用で発症する。そして，発達障害の特性がその人と環境との摩擦を増大させる危険因子となる。

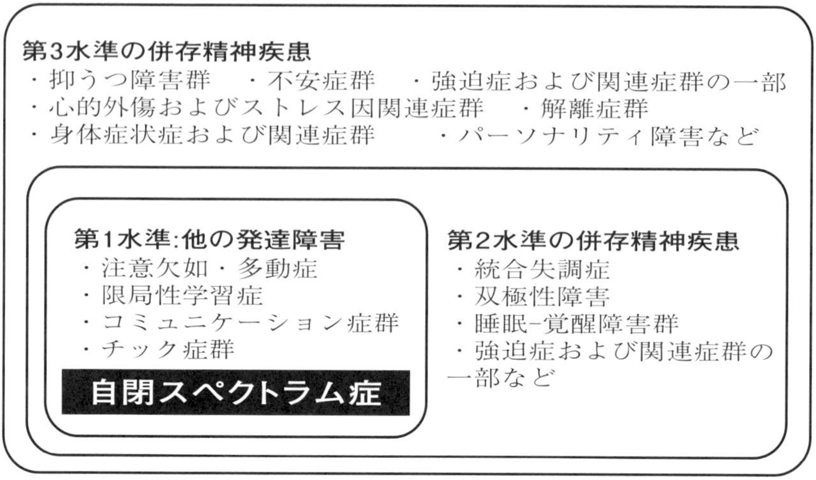

```
┌─────────────────────────────────────────────────┐
│ 第3水準の併存精神疾患                            │
│ ・抑うつ障害群  ・不安症群  ・強迫症および関連症群の一部 │
│ ・心的外傷およびストレス因関連症群  ・解離症群      │
│ ・身体症状症および関連症群  ・パーソナリティ障害など │
│  ┌──────────────────┬──────────────────────┐   │
│  │ 第1水準:他の発達障害 │ 第2水準の併存精神疾患  │   │
│  │ ・注意欠如・多動症   │ ・統合失調症          │   │
│  │ ・限局性学習症       │ ・双極性障害          │   │
│  │ ・コミュニケーション症群 │ ・睡眠-覚醒障害群    │   │
│  │ ・チック症群         │ ・強迫症および関連症群の│   │
│  │ ■自閉スペクトラム症■│   一部など            │   │
│  └──────────────────┴──────────────────────┘   │
└─────────────────────────────────────────────────┘
```

図7-5　発達障害の併存症と二次障害（齊藤，2017をもとに作成）

　第3水準の精神疾患は，発達障害特性と環境との相互作用との結果として発症する。

　なお，この図には精神疾患のみまとめられているが，他の関連問題として，不登校，ひきこもり，いじめ被害，ゲーム依存，非行なども生じうる。また，自閉スペクトラム症がある人では，記憶が時間軸に沿って整理されていないことから，不快な記憶があたかも今ここで起こっているかのように想起される，フラッシュバックのような現象が生じることもある（本田，2017）。二次障害を防ぐためには，早期に障害に気づき，周囲の理解ある対応が不可欠である。

9. 支援技法

　自閉スペクトラム症がある人への支援技法として用いられるものをいくつかとりあげ，以下に紹介する。TEACCH（Treatment and Education of Autistic and related Communication handicapped Children）プログラムは，米国ノースカロライナ大学で開発された，自閉スペクトラム症がある人のための支援技法である。親を共同治療者とする，診断と評価に基づいて指導を行うなどいくつかの原則があるが，特徴を表すキーワードが「構造化」である。環境や指導を構造化するこ

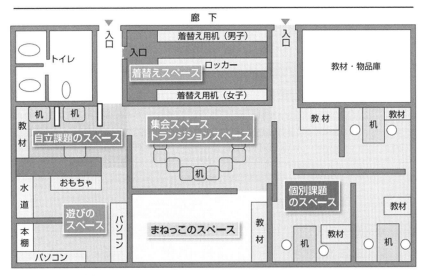

図7-6 構造化の例

とで，自閉スペクトラム症がある子どもに理解しやすい状況を作る（図7-6）。

　応用行動分析による早期集中介入は，効果がエビデンスとして示されている。有効性が示された実践例では，3歳の自閉症児を対象に週40時間で3年間（Lovaas, 1987）や，自閉性障害もしくは特定不能の広汎性発達障害のある3歳の子どもに週25時間で1年間（Smith, et al., 2000）など，長時間にわたる介入でコストもかかる。そのため，焦点となる行動をしぼり，よりコストのかからない形で介入する方法も示されている。

　支援技術（Assistive Technology：AT）は，障害のある人が機能の制限を補うことで社会参加を可能にするのに役立つ道具のことである。近年のスマホやタブレット端末の普及で，自閉スペクトラム症のある人に役立つアプリも多数開発されるようになった。たとえば，補助代替コミュニケーション（Augmentative and Alternative Communication：AAC；コミュニケーションに障害のある人が，テクノロジー等の活用によって，自分の意思を相手に伝えること）用のアプリとして，伝えた

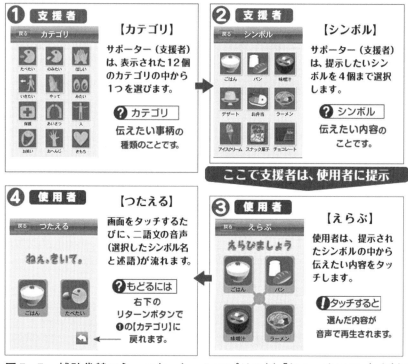

図7-7　補助代替コミュニケーションアプリの例「ねぇ，きいて。」（愛知工業大学・鳥居研究室）

いことを示すアイコンを選択すると，音声が流れるといったものがある（図7-7）。

　ソーシャル・スキル・トレーニングは生活場面で必要な社会的スキルを直接トレーニングする方法であるが，訓練場面でできるようになっても，他の場面で使えるようにはなかなかならないと考えられている。最近のメタ分析（関連の研究報告をまとめて効果を評価したもの）でも，スキルの自己評価や課題成績では大きな効果が見られた一方，親による評価は中程度の効果であり，教師評価では効果が見られなかった。これは，スキルの習得自体は可能でもそれを異なる文脈で適切に使用することは容易ではないということによる。ジョブコーチが職場で直接適切な行動を指導するように，実際にスキルが求められる場面での介入を行うことは有効であると考えられる（Gates, et al., 2017）。

10. 自閉スペクトラム症のある人とのカウンセリング

　自閉スペクトラム症のある人への支援において，カウンセリングも重要である。その際，その人の特性をふまえた進め方を工夫する必要がある。一般的な留意点として，カウンセラーはできるだけ直接的表現を用いることが求められる。あいまいな表現だと，何を求められているのか伝わらないこともある。

　面接中にやることは，明確で，かつ事前にわかっていた方が良い。たとえば，毎週相談に来ていても，何を話したら良いのかわからず，相談に来ることにストレスを感じている場合もある。そのようなときは，生活の記録をメモする用紙を渡しておいて，それを題材に話すという方法もある。また，面接の最初に，その日に話す話題を具体的に設定しておくと，面接時間にやることの見通しがついて安心することもある。

　面接では，クライエントが，自分のことをうまく語れない可能性があることも想定するべきである。継続的に学生相談に通っていた大学生で，「特に困ったことはない」と言っていたのに，単位がほとんど取れていなかったという例もある。オープン・クエスチョンばかりでなく，クローズド・クエスチョンで，より具体的にたずねていくことが必要となる場合もあるだろう。本人の許可を得てその人の家族，教師，上司など，関係者から話を聴かなければ，正確な情報が得られない場合もある。

　また，一般的なカウンセリングとは異なり，具体的に指示をすることもある。学生相談における自閉スペクトラム症のある学生のカウンセリングついて岩田（2016）は，「現実的で実際的な，・・・すぐに試せるような工夫ややり方を提案する。それもかなり自信を持って，ぶれずに明確に指示する。おそらく，それはカウンセリング自体に構造をもたらし，学生を安定の方向に導く。もちろん一方通行の指示ではなく，十分な共感的理解とサポートに立脚した指示であれば，学生は納得もするし，指示の意味が生まれる」とまとめている。

　自閉スペクトラム症のある人の支援において，なんらかの技法を使えばすべてうまくいくということはない。まずは，周囲がその人を理解し，

生活しやすいように関わり方，生活環境，課題を調整することが不可欠である。そのうえで，本人もどんな工夫をしたらうまくいくか考え，可能な範囲でやってみる。言ってみれば，本人と環境が歩み寄るようなイメージで考えていきたい。

参考文献

American Psychiatric Association (2013). Diagnostic and Statistical Manual of Mental Disorders, Fifth Edition.（日本精神神経学会監修 2014 DSM-5精神疾患の診断・統計マニュアル．医学書院．）

Gates, J. A., Kang, E., & Lerner, M. D. (2017). Efficacy of group social skills interventions for youth with autism spectrum disorder: A systematic review and meta-analysis. Clinical Psychology Review, 52, 164-181.

Griffin, C., Lombardo M. V., & Auyeung, B. (2016). Alexithymia in children with and without autism spectrum disorders. Autism Research, 9, 773-780.

本田秀夫（2017）．自閉スペクトラム症の理解と支援　星和書店．

岩田淳子（2016）．発達障害のある学生へのカウンセリング　高橋知音編　発達障害のある大学生への支援　金子書房．pp.20-29.

熊谷高幸（2017）．自閉症と感覚過敏：特有な世界はなぜ生まれ，どう支援すべきか？　新曜社．

Lovaas, O. I. (1987). Behavioral treatment and normal educational and intellectual functioning in young autistic children. Journal of Consulting and Clinical Psychology, 55, 3-9.

Milosavljevic, B., Carter Leno, V., Simonoff, E., Baird, G., Pickles, A., Jones, C. R., Erskine, C., Charman, T., & Happé, F. (2016). Alexithymia in adolescents with autism spectrum disorder: Its relationship to internalising difficulties, sensory modulation and social cognition. Journal of Autism and Developmental Disorder, 46, 1354-1367.

齊藤万比古（2017）．二次障害・関連問題とは何か　齊藤万比古・小枝達也・本田秀夫編　知ってほしい　乳幼児から大人までのADHD・ASD・LD　ライフサイクルに沿った発達障害支援ガイドブック　診断と治療社．pp.98-100.

Schultz, R. T. (2005). Developmental deficits in social perception in autism: The role of the amygdala and fusiform face area. International Journal of Developmental Neuroscience, 23, 125-141.

Smith, T., Groen, A. D., & Wynn, J. W. (2000). Randomized trial of intensive early intervention for children with pervasive developmental disorder. American Journal on Mental Retardation, 105, 269-285.

Wing, L., & Gould, J. (1979). Severe impairments of social interaction and associated abnormalities in children: Epidemiology and classification. Journal of Autism and Developmental Disorder, 9, 11-29.

山本淳一・楠本千枝子（2007）．自閉症スペクトラム障害の発達と支援　認知科学，14，621-639．

研究課題

1）日常会話のなかでよくある直接的でない言語表現の例をあげ，自閉スペクトラム症のある人にわかりやすい直接的な表現に言い換えてみよう。

2）自閉スペクトラム症のある人が利用可能な支援技術にどのようなものがあるか，調べてみよう。

3）単位が取れていないのに「特に困ったことはない」と話す自閉スペクトラム症がある大学生に，あなたならどのような質問をするか考えてみよう。

8 | 発達期の障害臨床例2：
　　　注意欠如・多動症

岡崎慎治

　注意欠如・多動症の主な特徴とその背景にある実行機能等の心理機能，脳科学的背景，および発達経過に伴う状態の変化について述べる。併せて通常の学級を中心とした教育的支援やペアレント・トレーニングに代表される親支援を含む支援技法についても述べる。
〈キーワード〉　報酬系，実行機能，内言，ペアレント・トレーニング

1. ADHDの主な特徴と背景

（1）　定義と特徴

　注意欠如・多動症（Attention-Deficit/Hyperactivity Disorder；ADHD）は，不注意，多動，衝動性を主な症状とする発達障害である。これらの主症状の背景として，脳機能の特異性による注意や情動をコントロールすることの難しさが想定され，生物学的，心理学的等種々の背景要因が想定されている。併せて年齢発達やおかれた状況によって，行動上に現れる特徴の程度や頻度が変化する場合がある。自閉スペクトラム症（Autism Spectrum Disorder；ASD）や限局性学習症（Specific Learning Disabilities；SLD），二次障害としての精神疾患等といった，複数の特徴や症状を併せ持つ場合も少なくなく（原，2014），ADHDの特徴に対する支援のみならず，併せ持つそれぞれの特徴に対する支援も必要になることが多いといえる。

　ADHDの定義として広く用いられているのは，アメリカ精神医学会発行のDSM-5精神疾患の診断・統計マニュアルに基づくもので，DSM-5におけるADHDの定義（表8-1）は，学校や家庭など複数の状況において，年齢にそぐわない不注意さならびに多動性／衝動性がおおよそ小学校卒業までに，半年以上継続しており，それによって日常生

表8-1　DSM-5における注意欠如・多動症（ADHD：Attention Deficit Hyperactivity Disorder）の診断基準

A：(1)および／または(2)によって特徴づけられる，不注意および／または多動性―衝動性の持続的な様式で，機能又は発達の妨げになっているもの：

(1) 不注意：以下の症状のうち6つ（またはそれ以上）が少なくとも6ヶ月以上持続したことがあり，その程度は発達の水準に不相応で，社会的，および学業的／職業的活動に直接，悪影響を及ぼすほどである：
注：それらの症状は，単なる反抗的行動，挑戦，敵意の現れではなく，課題や指示を理解できないことでもない．青年期後期および成人（17歳以上）では，少なくとも5つ以上の症状が必要である．

a. 学業，仕事，または他の活動中に，しばしば綿密に注意することができない，または不注意な間違いをする．
b. 課題または遊びの活動中に，しばしば注意を持続することが困難である．
c. 直接話しかけられた時に，しばしば聞いていないように見える．
d. しばしば指示に従えず，学業，用事，職場での義務をやり遂げることができない．
e. 課題や活動を順序立てることがしばしば困難である．
f. 精神的努力の持続を要する課題に従事することをしばしば避ける，嫌う，またはいやいや行う．
g. 課題や活動に必要なものをしばしばなくしてしまう．
h. しばしば外的な刺激によってすぐに気が散ってしまう．
i. しばしば日々の活動で忘れっぽい．

(2) 多動性―衝動性：以下の症状が6つ（またはそれ以上）が少なくとも6ヶ月持続したことがあり，その程度は発達の水準に不相応で，社会的，および学業的／職業的活動に直接，悪影響を及ぼすほどである：
注：それらの症状は，単なる反抗的行動，挑戦，敵意の現れではなく，課題や指示を理解できないことでもない．青年期後期および成人（17歳以上）では，少なくとも5つ以上の症状が必要である．

a. しばしば手足をそわそわ動かしたりトントン叩いたりする，またはいすの上でもじもじする．
b. 席についていることが求められる場面でしばしば席を離れる．
c. 不適切な状況でしばしば走り回ったり高いところに登ったりする（注：青年または成人では，落ち着かない感じの自覚のみに限られるかもしれない）．
d. 静かに遊んだり余暇活動につくことがしばしばできない．
e. しばしば"じっとしていない"またはまるで"エンジンに動かされるように"行動する．
f. しばしばしゃべりすぎる．
g. しばしば質問が終わる前に出し抜けに答え始めてしまう．
h. しばしば自分の順番を待つことが困難である．
i. しばしば他人を妨害し，邪魔する．

B：不注意または多動性―衝動性の症状のいくつかが12歳になる前から存在していた．

C：不注意または多動性／衝動性の症状のうちいくつかが2つ以上の状況において存在する．

D：これらの症状が社会的，学業的，職業的機能を損なわせているまたはその質を低下させているという明確な証拠がある．

E：その症状は統合失調症，または他の精神病性障害の経過中にのみ起こるものではなく，他の精神疾患（例：気分障害，不安症，解離症，パーソナリティ障害，物質中毒または離脱）ではうまく説明されない．

活に困難をきたしている状態を指す。つまり，環境のみに依存してその状態が生じているのではなく，本人の生まれながらにもっている特徴によってその状態が生じていること，そして，その特徴が日常生活上で著しい困難さになっていることがADHDの判断基準となっている。また，この診断基準では，17歳以上に診断を行う場合の基準も設けられていることから，幼児期から小児期のみならず，成人期も含めた診断が可能となっている。併せて，3つの基本症状のうち，現在の状態について，どの症状が優位に見られるかを「混合して存在」，「不注意優勢に存在」，「多動・衝動優勢に存在」のなかから特定するとともに，その特徴が，どの程度日常生活に影響を及ぼしているかを「軽度」，「中等度」，「重度」の3つの重症度レベルから判定される。なお，先述したように，ADHDの状態像は，発達に伴って変化する場合があることから，主に見られる基本症状やその重症度については，判定する時点での状態像に対して特定されるものである。また，現在の症状が，日常生活に影響を及ぼしていることは継続しているものの，症状が低減したものに対しては，「部分寛解」として表現される。

　ADHDは，ほとんどの文化圏で子どもの約5％，成人の約2.5％に存在するとされている（American Psychiatric Association, 2016）。日本では，ADHDに限定した疫学的調査はなされていないが，小・中学校の通常の学級において学習面や行動面に著しい困難を有する子どもについて担任教師を対象とした文部科学省の調査（文部科学省，2012）で，不注意や多動，衝動性の特徴を示す子どもは3.1％含まれるとされており，この数値は国内においてADHDが疑われる子どもの割合と考えることができる。

　ADHDは，発達障害のなかでもSLDやASDといった，他の特徴を併せもつことも多く，その区別も難しいといわれる。そのため適切な支援につながりにくく，症状のために日常生活において不適応状態が継続することにより，抑うつや不安，自尊心の低下といった二次障害が生じやすく，精神疾患としての対応が必要となる場合もある。また，小児期にADHDの診断を受けた約70％が，成人期においてもその症状が継続

していることが指摘されている（Barkley, Fischer, Smallish, & Fletcher, 2002）。したがって，小児期から成人期にわたって継続したアセスメントと支援の枠組みが求められているといえる。

（2） 背景にある脳機能・心理機能等

　ADHDの生物学的要因の1つとして，遺伝学的要因が挙げられる。双生児研究から，ADHDでは，遺伝的な要因が約70〜80％を占めることが報告され，特定の遺伝子とADHDとの関連が指摘されている（Biederman & Faraone, 2005）。また，脳内で情報を伝達するためのドーパミンやノルエピネフリンといった神経伝達物質の分泌が少ない，あるいは過剰に取り込まれるといった生化学的要因も報告されている。後述するADHDの支援の1つである薬物療法は，これらの神経伝達物質の調整を目的として行われる。さらに，神経学的要因として，前頭葉―線条体の経路など，複数の神経回路における機能不全や脳の器質的な特徴も認められている（Chandler, 2010）。一方で，ADHDを特定するためのバイオマーカー（客観的に測定され評価される特性）は明らかとなっておらず，ADHDの発生機序についても完全には解明されていない。

　心理学，認知科学等の研究分野の進展により，不注意や衝動性，多動性といった特性ならびにこれらの特性から生じる種々の困難さが生じる背景には，主に前頭葉が関与する認知処理過程の不全が存在することが明らかになってきている。その主な端緒はBarkley（1997）による，ADHDの中核障害を行動抑制の障害ととらえた実行機能のハイブリッドモデル（図8-1）であった。このモデルにおいて，ADHDの本質的な困難さは，優勢反応の抑制，進行中の反応の中断，干渉のコントロールから構成される行動抑制の困難とされ，それによって，実行機能の低下が引き起こされるために生じるものと考えられている。

　近年では，ADHD児・者は実行機能に代表される高次脳機能とともに「非」実行機能としてのよりプライマリーな脳機能に制約がある可能性が指摘されているとともに，本来困難が生じる課題状況において，補

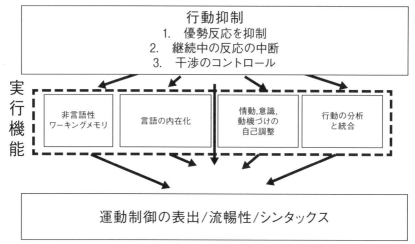

図8-1 Barkley (1997) による実行機能のハイブリッドモデル

償的な方略を用いて対処している可能性を指摘する研究も報告されるようになってきている。背景として，実行制御を中心とした実行機能の評価課題を用いた研究のなかで，対象とされた ADHD 児・者におけるパフォーマンスの個人差の大きさ，不均一性 (heterogeneity) が存在することが指摘されてきた。このことへの説明として，実行機能以外の要素も含め，ADHD に関わる複数の病因「経路」の報告がなされている。代表的なものに，ADHD に関連する神経解剖学的回路には，いわゆる認知レベルの処理を担う要素と，情動レベルの処理を担う要素が含まれていると仮定し，とりわけ情動レベルにおける報酬と動機づけの調整困難を重視した二重経路 (Dual Pathway) モデルが挙げられる。二重経路モデルと同様に神経心理学的機能の二重性を想定し，実行機能を実行制御に関わる Cool な側面と認知制御の情動的側面に関わる Hot な側面に区別することも提唱されている (Zelazo et al., 2003)。

一方，注意と実行機能との関連や ADHD に併存しがちな状態像の説明にも応用できる神経心理学的モデルとして，Sergeant (2005) の Cognitive-Energetic モデル (CEM) が挙げられる (図8-2)。CEM では刺激入力から出力に至るプロセスを符号化，中枢処理，反応の組織化に細部化し，その全体に実行機能に相当するマネジメント／実行シス

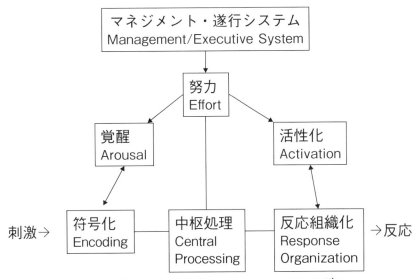

図 8-2　Sergeant (2005) による Cognitive-Energetic モデル

テムの管理下にある覚醒が報酬系機能としてコントロールし，覚醒や活性化といったプロセスの背景にある機能がさらに下位に存在するとした。このモデルにも関連する別の理論的背景として，ADHD の状態像は実行機能の障害だけでは説明がつかないという立場から，眼窩前頭皮質と腹側線条体回路を報酬系の機能障害と関連づけ，視床と小脳回路が時間調節機能の障害と関連していることから，それらの回路の機能不全が想定されている（齋藤，2016）。さらに近年では，脳の安静状態における賦活を Default Mode とし，その脳内ネットワークである Default Mode Network（DMN）の機能不全が安静状態と覚醒状態の切替の障害を生じさせているとするデフォルトモード障害仮説も注目されている（加藤，2010）。

2．発達経過に伴う状態の変化

　ADHD は，発達段階や状況によって，注意のコントロールの困難さといった本質的な特徴が大きく変化することはないものの，表面的な特徴やその程度が変化する場合がある。ここでは，各年齢段階において，

どのような特徴が見られるかを概観する。

（1） 乳幼児期

　この時期は不注意に関する症状が注目されることは少ないとともに，多動性についても定型発達における活動性の高さとの区別がつきにくい。一方で衝動性に起因する突然の行動は，順番の待てなさや危険な行動，周囲への他害やケガの多さとして目立つことが多く，問題として見なされる場合も少なくない。これらの特徴も影響して周囲，特に大人からは人懐こい，物おじしない子どもとして可愛がられることも多いものの，上記の行動特性から養育者からは虐待的な対応を受けやすいリスクがある（齋藤，2016）。したがってこの時期には保護者や養育者への支援が重要であり，後述するペアレント・トレーニング等の手法が用いられる。

（2） 学齢期

　この時期には，「先生や友達の話を最後まで聞くことができない」，「他に注意を惹かれるものがあると，その場から離れていってしまう」，「遊具や給食の順番を待てずに割り込んでしまう」など，多動や衝動性の特徴が表面的に現れることが多い。そのような行動は，集団のなかでは目立ちやすく，他の子どもたちとのトラブルにもなりやすい。そのため，他の子どもたちに比べて，保護者や教師の叱責を受ける回数が増えがちである。また，学年が上がっていくにつれて，周囲の子どもは言語による行動調整の発達として，内言，すなわち頭のなかで思考できるようになっていくものの，ADHDの子どもはそれが難しく，ことばを表出することで自分を制御しようとするため，授業中やテスト時にぶつぶつ言いながら考えるなどの行動が見られることがあり，そのことがトラブルにつながる場合も少なくない。ADHDのある子どもたちは，自分がとるべき行動は理解していてもそのように振る舞うことが困難であるという前提のもと，叱責するよりもできているところを評価し，どのようにしたらできるようになるかを一緒に考えながらスモールステップで取り組む機会を設ける方が効果的である。

小学校高学年以降は，表面的な多動は目立たなくなることが多く，離席など活動場面から逸脱するような行動は少なくなる傾向にあるが，ADHD児本人は，なんとなくそわそわしたり，落ち着かない感覚をもったりすることもある。また，子ども本人に求められることが多様化，複雑化することもあり，それまでは目立たなかった不注意症状が表面化してくることが多く，「ケアレスミスが多い」，「必要な情報を聞き逃す」，「忘れ物や落し物を頻繁にする」といった行動が目立つようになる。同様に，ASDやSLDなどの併存がある場合にも，多動の症状が落ち着いてくるとADHDよりもむしろ併存障害の特徴が明らかとなりやすい。

(3)　思春期
　上記に加え，自主的に学習を進めることが求められるようになってくると，主に不注意の症状に起因する，時間管理や優先順位をつけながら計画的に勉強や課題をこなすことの難しさが表面化する。多動性が目立つことは少ないものの，落ち着きがない，じっとしていられない，すぐに席を立つ，思ったことが口に出るといった言動が反抗的な態度として周囲から誤解を受けることも多い。同様に，衝動性に関連する感情のコントロールの難しさは，この時期特有の反抗性とあいまって周囲とのトラブルにつながりやすい。これらの状態への不適切な対応の結果を中心とした二次的な問題として，齋藤（2016）では反抗的な言動と非行集団への接近や単独の反社会的行動といった外在化障害と，自尊心の低さと不安や気分の落込みや受動攻撃性の高まりとその結果としての不登校・引きこもりが生じやすいといった内在化障害が目立つ時期とされる。また，この時期に目立つ二次障害としてネット依存やゲーム依存のリスクも指摘されている。

(4)　青年期・成人期以降
　大学生では，高校までの学習スタイルや，求められることが大きく変化するとともに，大学進学をきっかけに一人暮らしを始めることも多いため，片付けや家事等，生活面での困難さも併せて生じる場合がある。

また，この時期に周囲との違いに気づき，青年期にはじめて ADHD と診断されるケースもある。社会的な失敗が増えていくと，自己肯定感が低下し，二次障害が重篤化，複雑化することも少なくないため，必要に応じて高校や大学の支援サービス等の社会的な資源を活用することも有用である。

不注意，衝動性，多動性の主症状は，この時期には表面的に見えにくい場合が多いものの，自分にある特性への気づき，そのために社会的失敗が蓄積することに自覚的になる結果，自信を失ったり自尊心が更に低下したりしがちである。そのため DSM-5 の定義にもあるような，不安症群や抑うつ障害群，アルコールや薬物濫用を含む物質関連障害を併発するリスクが高いといえる。思春期に引き続き，引きこもりやネット依存，加えてギャンブル依存のリスクが高まるのも特徴とされる（齋藤，2016）。

3. ADHD への支援

（1） アセスメント

ADHD の症状は行動面からの規定である点からも，生育歴の聴取とともに直接的な行動観察による行動アセスメントがもっとも重要といえる。ADHD の診断は医師によって行われるが，診断にあたっては構造化面接を通した客観性の担保が必要であり，医師による ADHD の診断には「子どもの ADHD 臨床面接フォーム」を用いた構造化あるいは半構造化面接が推奨されている（齋藤，2016）。

ADHD 児・者に対する心理教育的な支援にあたっては，ADHD に関連した日常生活上の困難さやニーズを把握するとともに，中枢神経系の情報処理プロセスを背景とした認知特性を適切に評価することで，支援に有用な情報を得ることができる。行動観察や面接に加え，ADHD に関連する日常生活上の困難さやニーズの把握には，標準化されたものを含め，養育者や教師，支援者あるいは本人に記入を求める評定尺度が主に用いられる。併せて，認知特性の把握には，標準化された個別実施検査が用いられる。

これらはそれぞれ，ADHDの特徴がどの程度見られるか，あるいは個人の認知特性がどのようなものかを評価するためのものであり，ADHDであるかどうかを判別する情報の１つにすぎず，診断に直結するわけではないことに注意が必要である。
　現在，日本で多く用いられている評定尺度として，子どもを対象としたものにADHD-Rating Scale-Ⅳ（ADHD-RS）やConners 3，18歳以上を対象としたConners' Adults ADHD Rating Scales（CAARS）やConners' Adult ADHD Diagnostic Interview For DSM-Ⅳ（CAADID）が挙げられる。これらの評定尺度は，子どもを対象としたものでは養育者や教師による評定，18歳以上を対象としたものでは本人自身による評定となっている。評定尺度に含まれる項目は，その多くがDSM-5やその前版であるDSM-IV，あるいはテキスト改訂版のDSM-Ⅳ-TRにあるADHDの診断基準に基づいている。それぞれの評定尺度においては，全体的な得点だけでなく，どのような項目にどのような評価がなされているか確認することも，本人の状態を知るための手がかりとなる。また，ADHDの症状を評価するもの以外にも様々な側面からの特性評価に用いられる評定尺度が利用できるが，なかでも適応行動の評価は，本人が学業的，社会的，職業的に困難が生じている程度がどのくらいなのかを客観的に評価できることから重要視されてきている。世界的に用いられている適応行動尺度にヴァインランド適応行動尺度第二版（Vineland-Ⅱ）が挙げられる。
　学齢期の子どもの知的発達や認知特性の評価によく用いられる個別検査には，WISC-Ⅳ知能検査やDN-CAS認知評価システム，KABC-Ⅱ心理・教育アセスメントバッテリーが代表的なものとして挙げられる。これらの検査は先述のとおり，ADHDの特徴を直接調べるものではないが，検査に含まれる尺度間の得点パターン（プロフィールパターン）から個々の認知特性の把握が可能であることから有用である。総じて，ADHD児・者にみられる認知特性は，知識や推論する力そのものは定型発達児と同水準にあるものの，学習を支える基盤となるワーキングメモリや処理速度が相対的に低下した特性を示すことが多い。DN-CAS

認知評価システムでは,「同時処理」や「継次処理」に比べて,「プランニング」と「注意」の標準得点が相対的に低下することが示されている（van Luit, Kroesbergen, & Naglieri, 2005)。これは,「プランニング」や「注意」が,先に述べた ADHD の神経学的基盤である前頭葉と線条体のネットワークにおける機能不全と関連するためである。一方で,近年では, ADHD において「注意」の得点が低下しないという報告もある（Goldstein & Naglieri, 2012) が,これは ADHD の注意のコントロールにおける変動性の大きさを示している可能性も考えられる。

このような個別検査の結果は,個別の特性というよりも, ADHD のある子どもを群としてみた場合のおおよその認知特性を示すものであり,必ずしも ADHD のある子どもが上記のようなプロフィールパターンをもつとは限らない。むしろ,個々の子どもの認知特性に応じた教育的支援を行うための手がかりとなりうるものとして利用されるものと考えるべきである。

(2) 教育的支援

ADHD への支援は,大きく環境調整と行動修正に大別することができる。加えて,医学的な治療としての薬物療法が挙げられる。

ADHD のある子どもの心理特性として,待つべき状況を理解できていても待つことが難しい,環境内の複数の情報のなかから必要な情報を選び出して用いることが難しいといったことにまとめることができる。そのため,これらの困難さを本人の努力不足に帰着するのではなく,周囲がその人に本質的な困難さがあることを理解したうえで,状況を理解しやすくすること,行ったことに即時的に結果を返すといった,環境調整の側面からの支援が重視される。そのうえで,本人の自尊心の低下や自己否定といった状態像を軽減することが大きな目的となる。また,実際には ADHD のある子どもの個人差の大きさを考慮することも重要である。

環境調整の側面からは,口頭指示だけでなく見えるものを用いた指示を行うなど,手がかりになるものを工夫したり,少人数での指導で本人

に直接指示をしたりすることが考えられる。また，指示には場面や人との間でできるだけ一貫性を持たせることも重要である。そのうえで，子ども自身が自分なりに行動をコントロールできたことを自覚できる機会があることが望ましい。そのような場面では，予定表やがんばり表のようなものを用いて適切な行動が見られた場合にその都度シールや丸つけを与え，一定の数に達するとなんらかのごほうびが与えられるようにする方法（トークンエコノミー法）が用いられる。実験心理学的研究において，大きな報酬を付与すると，認知面のパフォーマンスが向上することが報告されている（Slusarek, Velling, Bunk, & Eggers, 2001）。一方で，トークンのような報酬がなくても，学習や活動そのものが本人にとって楽しい，あるいは意味のあると思える状況であれば，外的な報酬を付与したときと同様に，パフォーマンスが向上することも明らかとされている（Dovis, van der Oord, Wiers, & Prins, 2012）。これらのエビデンスは，子どもの学習や活動が促進されるためには，子どもにとって情動的に意味づけされやすい，興味関心に基づく学習状況を作ることが重要であることを示しているといえる。子ども自身に自分の行動をよりよいものにするやり方やコツを考えてもらい，実際に練習してみるといった方法は，認知行動的アプローチとよばれる支援の1つである。似た方法に，子ども自身が自分の言葉で自分の行動をコントロールできるようになることを目指した自己教示訓練とよばれる方法も用いられる。

　ADHDへの医学的な治療として，薬物療法が有効な場合がある。現在のところADHDの治療薬として承認されているのは，塩酸メチルフェニデート徐放薬（商品名コンサータ），塩酸アトモキセチン（商品名ストラテラ），塩酸グアンファシン（商品名インチュニブ）である。コンサータ，ストラテラは成人期にはじめて診断がなされた場合を含め，成人のADHD者にも適用が認められており，インチュニブは2017年3月より，18歳未満の小児に限り使用が認められている。これらの薬物はそれぞれの作用機序が異なるが，共通するのは脳内の神経伝達物質による情報伝達をスムーズにする作用である。一方，重篤な場合はほとんどないものの，それぞれの薬物への副反応もあることから，いずれも医師

の処方箋に基づく薬である。それぞれの薬物の副作用としてメチルフェニデート徐放薬では食欲減退，体重減少，腹痛，頭痛，不眠などが挙げられ，アトモキセチンでは口渇，不眠，吐気，食欲低下，便秘，めまい，発汗などが挙げられる（宮島・石田，2010）。このほか，ADHDの治療に用いられる薬物には，抗てんかん薬，抗精神病薬，抗うつ薬などが挙げられ，高学年以降の衝動性の高まりに対しては予防的に感情安定薬が用いられ，激しい興奮に対して抗精神病薬が用いられる場合もある。

なお，これらの薬物療法は周囲が問題行動の減少を期待することよりもむしろ，子ども自身が成功経験を得られる機会が確保でき，それに伴い自己評価や自尊心の向上につながることが目的であることを理解しておくことが重要である。

(3) ペアレント・トレーニング等

加えて，保護者に対する訓練も周囲の環境調整という点で重視されてきている。上でも述べたように，国内でも保護者への支援の方法としてペアレント・トレーニングが各地で用いられるようになってきている。ペアレント・トレーニングは少人数の親を対象に10回程度のプログラムで構成される。保護者に子どもの行動変容のための方法を学んでもらうことで，効果的な子どもの問題解決に親が関わってもらうことをねらうとともに，親の養育ストレスの低下やうつ状態の軽減，親子の相互作用の改善にも効果があることが報告されている。

ADHD成人への支援技法として，心理社会的アプローチの1つであるコーチングが挙げられる。コーチングとは，不注意や衝動性により，物や人的資源を機能的に活用することが難しいADHD成人にコーチが併走しながら，質問や提案，励まし，フィードバックを通して目標達成をサポートしていく行程を取る（安藤・熊谷，2015）。変化を求め，より良いパフォーマンスを実現したいが，ADHD特有の症状により，脇道にそれてしまう，計画倒れになる，目標を見失うといった状況に陥りやすいADHD成人にとって，コーチングは有用な支援方法であると考えられる。

参考文献

American Psychiatric Association (2016) DSM-5 selections Neurodevelopmental Disorders. American Psychiatric Publishing. 高橋三郎（監訳）(2016) DSM-5 セレクションズ　神経発達症群. 医学書院.

安藤瑞穂・熊谷恵子 (2015) ADHDのある成人に対するコーチングの適用事例─介入経過の報告と日常生活上の困難さの変化─. 障害科学研究, 39, 151-165.

Barkley, R.A. (1997) Behavioral inhibition, sustained attention, and executive functions: Constructing a unifying theory of ADHD. Psychological Bulletin, 121, 65-94.

Barkley, R. A., Fischer, M., Smallish, L., and Fletcher, K. (2002) Persistence of attention deficit hyperactivity disorder into adulthood as a function of reporting source and definition of disorder. Journal of Abnormal Psychology, 111, 279-289.

Biederman, J. and Faraone, S. V. (2005) Attention-deficit hyperactivity disorder. Lancet, 366 (9481), 237-248.

Chandler, C. (2010) The science of ADHD for parents and professional. Wiley-Blackwell.

Dovis, S., Van der Oord, S., Wiers, R. W., and Prins, P.J. (2012) Can motivation normalize working memory and task persistence in children with attention-deficit/hyperactivity disorder? The effects of money and computer-gaming. Journal of Abnormal child psychology, 40(5), 669-681.

Goldstein, S. and Naglieri, J.A. (2011) Neurocognitive and Behavioral Characteristics of Children with ADHD and Autism: New Data and New Strategies. The ADHD Report, 19(4), 10-12.

原仁（責任編集）(2014) 最新 子どもの発達障害事典. 合同出版.

加藤元一郎 (2010) 神経心理学からみたADHDの不注意症状について. 児童青年精神医学とその近接領域, 51(2), 94-104.

van Luit, J. E. H., Kroesbergen, E. H., and Naglieri, J.A. (2005) Utility of the PASS theory and Cognitive Assessment System for Dutch children with and without ADHD. Journal of Learning Disabilities, 38, 434-439.

宮島祐・石田悠 (2010) ADHDの薬物療法. Pharma Medica, 28 (11), 29-32.

文部科学省 (2012) 通常の学級に在籍する発達障害の可能性のある特別な教育的支援を必要とする児童生徒に関する調査結果について.

http://www.mext.go.jp/a_menu/shotou/tokubetu/material/_icsFiles/afieldfile/2012/12/10/1328729_01.pdf（平成29年2月8日閲覧）.

齋藤万比古（編集）(2016) 注意欠如・多動症—ADHD—の診断・治療ガイドライン第4版. じほう.

Sergeant, J.A. (2005). Modeling attention-deficit/hyperactivity disorder: a critical appraisal of the cognitive-energetic model. Biological psychiatry, 57(11), 1248-1255.

Slusarek, M., Velling, S., Bunk, D., and Eggers, C. (2001) Motivational effects on inhibitory control in children with ADHD. Journal of American Academy of Child and Adolescent Psychiatry, 40(3), 355-363.

Sparrow, E.P. and Erhardt, D. (2014) Essentials of ADHD Assessment for Children and Adolescents. Wiley.

Zelazo, P. D., Muller, U., Frye, D., and Marcovitch, S. (2003) The development of executive function. Monographs of the Society for Research in Child Development, 68(3), 11-27.

研究課題

1）行動面を中心としたADHDの定義と，神経生物学的背景を含む諸理論との関連についてまとめてみよう。
2）発達経過による状態の変化と，各段階における支援技法の適用についてまとめてみよう。

9 | 発達期の障害臨床例3：限局性学習症，発達性ディスレクシア

岡崎慎治

　限局性学習症の主な特徴とその発生機序について述べるとともに，通常の教育現場における早期発見のためのシステム，体制について述べる。支援については小中学生から高等教育段階までの段階ごとに述べるとともに，ICTの活用等の支援技法についても述べる。

〈キーワード〉　Response To Intervention，ICT，音韻意識，自動化

1. 限局性学習症の主な特徴と背景

（1）定義と特徴

　限局性学習症（Specific Learning Disorder；以下，SLD）とは，限局性学習障害とも訳される，アメリカ精神医学会の精神疾患の診断と統計マニュアル第5版（DSM-5；American Psychiatric Association, 2013；日本精神神経学会，2014）における神経発達症群／神経発達障害群（Neurodevelopmental Disorders）の1つである。また，もう1つの世界的な疾患の診断基準である世界保健機関（WHO）の疾病及び関連保健問題の国際統計分類第10版（ICD-10；WHO, 2003）では，同様の状態に対して学力（学習能力）の特異的発達障害（Specific Developmental Disorders of Scholastic Skills）が定義されている。

　DSM-5におけるSLDは，以下のA. からD. の診断基準をみたすことが求められる（American Psychiatric Association, 2016）。

　A. 学習の限局的，特異的な困難を，以下の6つの症状の少なくとも1つが半年以上にわたり存在することによって示される学習や学業的技能（アカデミックスキル）の困難としている。これらの困難がそれらに対する介入が提供されたのにも関わらず生じたものである必要がある；

①不的確または速度が遅く，努力を要する読字
②読んでいるものの意味を理解することの困難さ
③綴り字の困難さ
④書字表出の困難さ
⑤数字の概念，数値，または計算を習得することの困難さ
⑥数学的推論の困難さ

B. このような困難は，その人の暦年齢（生活年齢）で期待されるよりも著明にかつ定量的に低く，学業または職業遂行能力，または日常生活活動に明らかな障害を引き起こしており，個別施行の標準化された到達尺度及び総合的な臨床評価で確認されていることが必要になる。17歳以上では学習困難が確認された経歴で代替できる可能性がある。

C. 学習の困難は学齢期に始まるが，困難がある学業的技能に対する要求がその人の限られた能力を超えるまでは完全には明らかにならないかもしれない。

D. 知的能力障害群（全般的な知的発達の遅れ）や非矯正視力や聴力，他の精神または神経疾患，心理社会的逆境，学業的指導に用いる言語の習得度不足，または不適切な教育的指導によってはうまく説明されない。

この4つの診断基準は，その人の経歴，成績表，および心理教育的評価の臨床的総括に基づいて満たされるべき，となっている。

さらに，下位技能として読字の障害を伴うもの，書字表出の障害を伴うもの，算数の障害を伴うものが設けられるとともに，他の障害と同様に，その特徴が，どの程度日常生活に影響を及ぼしているかを「軽度」，「中等度」，「重度」の3つの重症度レベルから判定される。読字の障害を伴うディスレクシア（Dyslexia）は，書字表出の障害を伴うものはディスグラフィア（Dysgraphia）ともよばれる。算数の障害を伴うものはディスカルキュリア（Dyscalculia）ともよばれる。

読字の障害を伴うものはディスレクシア（Dyslexia）ともよばれ，明らかな脳の損傷がない場合には，後天的な要素がないという点で発達性ディスレクシア，発達性読み書き障害とも訳出される。発達性ディスレクシアはSLDのなかで最も出現頻度が高く，SLDの中核的な障害であ

る。日本においては，発達性ディスレクシア研究会（2016）によって以下のように示されている。

　【発達性ディスレクシアは，神経生物学的原因による障害である。その基本的特徴は，文字（列）の音韻（列）化や音韻（列）に対応する文字（列）の想起における正確性や流暢性の困難さである。こうした困難さは，音韻能力や視覚認知力などの障害によるものであり，年齢や全般的知能の水準からは予測できないことがある。聴覚や視覚などの感覚器の障害や環境要因が直接の原因とはならない。】

　これらの定義は医学的な定義であり，読み，書き，算数が対象とされる一方，学習の困難についての教育的な定義もある。教育的な定義においては，LD は Learning Disabilities の略語である。この状態が教育分野で関心を持たれるようになったのは20世紀半ば，主にアメリカにおいて，知的発達に問題はないが，言語表出，読み書きに問題のある子の親たちが独自の教育を始めたころであった。そして1963年にカーク（Kirk, S.A.）が，シカゴで開催された親の会でこうした子どもにLD（Learning Disabilities）という用語を用いることを提案し，受け入れられてきた。そしてアメリカでは，1975年に全障害児教育法（P.L. 94-142）において，LD を教育の対象とすることが明確に位置づけられた。また，同国の「学習障害に関する全国合同委員会」（NJCLD）の1990年の定義には，生涯を通して障害が出現するもの，が追加された。これは中枢神経系の機能障害があることを前提としているためである。

　わが国では，教育における LD の定義，すなわち教育的定義は，1999（平成11）年7月，当時の文部省による「学習障害及びこれに類似する学習上の困難を有する児童生徒の指導方法に関する調査研究協力者会議」の「学習障害児に対する指導について（報告）」で示された，以下の定義が使われている。

　「学習障害とは，基本的には全般的な知的発達に遅れはないが，聞く・話す・読む・書く・計算するまたは推論する能力のうち特定のものの習得と使用に著しい困難を示すさまざまな状態をさすものである。学習障害は，その原因として，中枢神経系に何らかの機能障害があると推

定されているが，視覚障害・聴覚障害・知的障害・情緒障害安堵の障害や環境的な要因が直接的な原因となっているものではない。」

このように，SLDの教育的な定義には「聞く」「話す」が含まれ，医学的な定義には含まれない（DSM-5では「コミュニケーション症群」として扱われる）ことに留意する必要がある。支援にあたっては医学的な定義と教育的な定義の違いをふまえるとともに，教育的な支援を考えるうえではそれぞれの子どもの状態や特性の適切なアセスメントを行うことが重要といえる。

SLDは異なる言語や文化にまたがる学齢期の子どもにおいて約5～15％存在するとされ，成人では有病率が知られていないものの，約4％に存在するとされる（American Psychiatric Association, 2016）。日本では，小・中学校の通常の学級において学習面や行動面に著しい困難を有する子どもについて担任教師を対象とした文部科学省の調査（文部科学省, 2012）で，SLDの特徴に該当する学習面の著しい困難を有すると判断される子どもは4.5％含まれるとされており，この数値は国内におけるSLDが疑われる子どもの割合と考えることができる。

（2） 発生機序

SLDには多用な特性が想定され，それぞれの困難が生じる発生機序はいまだ特定されていないが，いくつかの発生機序に関する仮説や先行研究を概観する。

定型発達の子どもは，どんな言語体系でも，まず音節や音韻といった大きな音響単位への気づき（Awareness）から発達していくことが指摘されている（Goswami, 2007）。音韻処理能力は，読むという能力の獲得に密接に関連しているとされる（Torgesen et al., 1994）。また，読みの前段階にある子どもの音韻処理の成績と，その後1年から3年の間の読みの発達との関連性があることも多くの研究で指摘されている（Bradley and Bryant, 1985）。これに対して，読み書きの困難に対応する，発達性ディスレクシアにおける音韻意識と操作の困難は多くの研究で支持されている（Shaywitz, 2003）。発達性ディスレクシアの「中

核的な」処理過程の障害は文字と音韻との照合，音韻的符号化であるとされる（Stanovich, 1988；Torgesen et al., 1994；Frith, 1999）。困難の背景が脳内の部位間の情報結合の独特さにある可能性も指摘されており，音韻処理は左側頭部と頭頂部の機能的連結によってなされること（Rumsey, 1996），音韻処理の困難は，読みの処理に関連する側頭－頭頂領域と他の皮質領域とをつなぐ白質不全に関連性があるとされる。室橋（2015）によれば，このような聴覚や音韻処理の困難に原因を求める他にも，視覚情報処理に問題があるとする仮説として，視覚的注意のスパンと処理の不全，視覚情報処理のうち読みに関する処理を担うとされる視覚系大細胞（magnocellular）の時間的あるいは空間的特性の不全が，スピードや流暢性にも影響を及ぼしていると考えられている。このような指摘においては，読みの正確さとスピード，流暢性に焦点が当てられており，後述するアセスメントにおいてもそれぞれの側面からの評価が行われる（Feifer, 2010）。流暢性については，音素と書記素の連合がなされにくい場合に低下する可能性，手続きの自動化がなされにくい点から小脳機能の関与可能性が指摘されている。加えて読み能力の獲得と流暢さにはワーキングメモリが重要な役割を果たすことも指摘されている。書字表出の困難もまた，様々な情報処理プロセスが関与していることが想定されている。書字プロセスには，文字表象の表出順序に関わる想起過程と，表出運動過程が含まれる。背景によって，書き写すことはできても文字を想起して正しく書くことや綴ることが難しいタイプ，視空間認知の弱さから見本があっても正しく書き写せず，想起して書く際にも形が不正確になるタイプ等，個人差も大きい。算数に密接に関わる心理機能には，数や量，図形の表象と操作，推論が想定されている。数学的思考には言語的表象と視空間的表象が，求められる課題の特性に応じた役割を果たすことが示されている。

2. 発見と支援のシステムと体制

（1） アセスメント

　SLDとしての学習の困難の状態把握にあたっては，学力検査や日常

の学習活動の評価が重要になる。これらのなかで特定の教科や教科内の活動の達成基準のアンバランスが存在することを把握し，発達に関するインタビュー情報などをもとに，教育的診断としてLDの存在を仮定し，支援を考えることが提唱されてきた。知能と学業成績の差についてはディスクレパンシー（discrepancy：差異）モデルといわれ，知能のさまざまな側面，学業成績，知能と学業成績のそれぞれのアンバランスとしてとらえられてきた。一方，ディスクレパンシーモデルには当初より批判がなされてきた。その代表的なものとして，知能（IQ）を査定するテストである知能検査は，かなりの部分を読み能力に依存しており，読み能力に特異的な困難がある場合には知能検査の結果が子どもの能力を過小評価する危険性がある。言い換えれば，読み能力が乏しい子どもは語彙知識を拡げていくことや学習を進めていくことに困難があるために，知能検査の成績が年齢相応を下回り，知能と学業成績のディスクレパンシーが相対的に少なくなることが危惧される。併せて，小学校入学まもない段階では読み書きや算数の習熟が進んでおらず，これもディスクレパンシーを見いだすことの難しさにつながることと，早期支援に結びつけづらいことが挙げられる。そのためディスクレパンシーモデルはしばしば「wait-to-fail」モデル，すなわち子どもの失敗を待つモデルとして批判的にとらえられてきた（Speece, Case, and Molloy, 2003）。

　これに対し，より適切な対応をめざすモデルの1つとして，アメリカに端を発し，日本でもLDの判断に用いられているResponse to Intervention／Instruction（RTI）モデルが挙げられる。RTIモデルは指導や介入，支援に対する学業や行動の変化（あるいは変化のなさ）に関するものであり，予防的な支援を段階的に行っていくものとして，主にSLD児の教科学習の支援で言及されてきている（Hallahan, Kauffman, Pullen, 2012）。概念図を図9-1に示す。支援の段階は明確に定義づけられてはいないものの，多くは3層（3 tiers）構造を想定している。3層構造においてもっとも下層となる第1層では，通常の教育において質の高い教育的介入と支援を行うもので，対象となる子ども全体の80％を想定しており，そこでの介入や支援に対する子どもの応答に

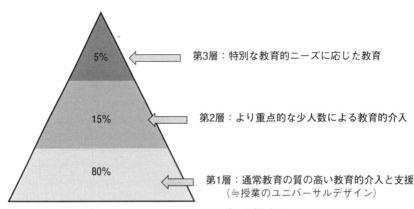

図9-1　RTI（Response to Intervention）の概念図

より，第2層の支援に移行する。第2層ではより子どものニーズに応じた，重点的な少人数による教育的介入を行う。対象となる子どもは全体の15％を想定している。そして第2層での介入や支援の応答からさらに支援の必要がある場合には，第3層の特別な教育的ニーズに応じた教育的介入に移行し，この段階は子ども全体の5％を想定している（Brown-Chidsey & Steege，2005）。このようなアメリカを中心としたSLD児への支援体制の変化は国内にも波及しつつあり，RTIモデルをベースとした読みの多層指導モデル（Multilayer Instruction Model；MIM）を小学校の通常の学級において適用した研究（海津・田沼・平木，2009）などが報告されており，これに基づく支援教材も利用可能となっている。同様にRTIをベースとした読み書きの支援は稲垣（2010）においても，アセスメントから支援までのパッケージとして大阪LDセンター方式，鳥取大学方式，東京学芸大方式が紹介されている。併せて稲垣（2010）では，算数障害についても症状評価と指導支援の例示がなされている。

　子どもの様々な側面の評価（アセスメント）は，LDの教育には不可欠なものであり，認知機能の評価と学力の評価が重要視される。認知機能の評価には，全般的な知的発達の遅れの確認も含め，WISC-IV（Wechsler Intelligence Scale for Children Fourth Edition），KABC-II（Kaufman Assessment Battery for Children Second Edition），DN-

CAS (Das・Naglieri Cognitive Assessment System) といった検査が活用されてきている。

　これらの検査は全般的な知的水準や認知水準を把握できることから，学習の困難が知的障害によるものかそうでないのかを明らかにできる。さらに，多くの異なる認知機能を測定することを意図した複数の下位検査から構成されており，個人のなかにある特異な能力と苦手な能力との差，つまり個人内差を同定することが大きな目的となる。

　WISC-IVは，全般的な知的水準の指標となる全検査知能指数（FSIQ）とともに，言語理解・知覚推理・ワーキングメモリー・処理速度の4つの指標得点が算出でき，より詳細な認知機能の個人内差を検討する情報を得られる。KABC-IIは，ルリア（Luria, A.R.）が提唱した脳の機能単位の概念をカウフマン夫妻（Kaufman, A. S., & Kaufman, N.L）が発展させたモデル（カウフマンモデル）において人間が外界の情報を処理する際に行う処理様式は同時処理と継次処理があるとする理論およびそれらの処理様式を状況に応じて活用するための計画や学習という観点から，それらの機能を評価すること，および因子分析で抽出された因子間の組み合わせから心理機能を細分化するモデル（CHCモデル）に基づく知的機能の評価と，習得尺度として日常生活や教科学習で習得した知識・技能を評価することを目的とする。KABC-IIは，認知処理尺度と習得度尺度の水準を求め，相互に比較することで個人内差を検討できる。DN-CASは，ルリア（Luria, A.R.）が提唱した概念をダス（Das, J.P.）が発展させた，認知機能をプランニング・注意・同時処理・継次処理に大別した知能のPASSモデルに基づき，これら4つの処理を測定することによって個人内差を測定する検査である。継次処理と同時処理という情報の符号化様式のアンバランスとともに，学習を進める際に状況に応じたやり方を考える能力や必要な情報への注意といった能力に関する情報を，それぞれプランニングと注意の尺度から得ることができる。

　学力の評価は，大きく定量的な評価と定性的な評価に分けられる。「学習障害の判定・実態把握基準（試案）」（文部省, 1999）では，LD

の全体的な知的能力が知的障害ほど低くないことを前提とし，子どもの学力が当該学年から何学年遅れているかを指標とすることを推奨している。すなわち，読む・書く・計算するなどにもっとも関わりのある「国語又は算数（数学）」の成績が，小学校2・3年生では1学年以上，小学校4年生〜中学校3年生では2学年以上，それぞれ下回ることを目安として提案している。この試案では国語または算数（数学）の基礎的能力の遅れを客観的な基準で明らかにすることを求めていないが，このような観点で利用できる調査票にLDI-R LD判断のための調査票（上野・篁・海津，2008）がある。LDI-Rは指導者や専門家が普段の子どもの様子を基に評定するもので，教育的なLDの定義に対応する基礎的学力（聞く，話す，読む，書く，計算する，推論する，および英語と数学）と行動，社会性の計10領域で構成される。基礎的学力について，対象となる子どものスキルパターンがLDのある子にみられる特定領域のつまずきとどの程度一致しているかを把握できる。

　一方で，先に述べたDSM-5の基準においては個別施行の標準化された到達尺度及び総合的な臨床評価で確認することが求められており，適用可能な検査，尺度がいくつか利用可能になっている。たとえば改訂版標準 読み書きスクリーニング検査（STRAW-R；宇野ら，2017）は，小学1年生から高校3年生までを対象に，ひらがな，カタカナ，漢字の3種類の表記について読み書きの評価を行うことができる。この検査は小学生の読み書きスクリーニング検査（STRAW；明石ら，2013）の改訂版で，読み書きに加えて文章を含む音読の速度を調べることができ，入試等における合理的配慮の客観的な資料となりうる。学力の定量的評価という観点では，認知面の評価で述べたKABC-IIの習得尺度に含まれる下位検査も読み，書き，算数のそれぞれに活用される。

　上記の定量的評価は，同一年齢集団においてその子どもの能力水準がどの位置にあるかを知るうえで重要な情報である。一方，年齢集団内の能力はかなり広範囲に分布することから，つまずきの正確な判定には専門家による多方面からの判断が必要であり，同時に学力の偏りの特徴を把握するためには定性的な分析が必要となる（熊谷，2007）。定性的な

分析は，日常の学習場面や，検査場面における誤りの分析を通して行われる。たとえば，視覚性・聴覚性・意味性の誤りの観点として，文字が持つ〈音―文字―意味〉という3つの側面のうち，どれが獲得されており，どれが獲得されていないかの評価が考えられる。また，単語や熟語の全体と要素の関連性に着目すると，単語や熟語，文章のどれが読めて，どのような場合に読めないのかという，特異性に関する分析を行う必要もある。

　算数の困難について稲垣（2010）では，計算の障害，算数的推論の障害，図形などその他の障害の判別を行い，それぞれに対応する評価課題の実施，その結果に基づく支援を提案している。

　SLD児・者はこのような微妙な法則の違いや能力の負荷の程度が違うために，つまずきや困難の内容や程度が多岐にわたる。そのため，上述の定量的な分析と定性的な誤りの分析（つまずきの分析）が必要である。誤り方を知ったうえで，どのような認知能力の障害や弱さと関係しているのかを検討することが重要といえる。

（2） 教育的支援

　SLD児は，本質的には全体的な知的能力水準が低いわけでないことが多い。しかし，前節で述べたように，SLD児の認知能力の偏りは個人によってその特徴がかなり異なる。さらに集団活動や行動の際に問題になりやすい，ADHDなどの他の障害の合併も想定されることなど，教育的支援にあたっての課題は多い。また，学年が上がるとともに教科学習や生活で求められることが複雑化するとともに，二次的に生じる問題や困難のリスクも高まることから，年齢段階ごとの支援の観点も重要である。

　知的発達の遅れがないSLD児は，その多くが通常の学級に在籍している可能性が高い。先に述べたRTIのシステムが通常の学級のなかでは，障害特性を理解したうえで学級担任が配慮した指導を行うことと，ティームティーチングという複数の教師による指導を行うこと，または学習支援員や巡回指導員などによる，集団学習のなかでの個別の配慮の

工夫が必要である．近年では教育のユニバーサルデザイン，授業のユニバーサルデザインの観点から，および合理的配慮の観点から，限局性学習症をはじめとする発達障害のある子どもにとって「無くてはならない支援」は，周囲の子どもにとっては「あると便利な支援」として様々な手だてがなされるようになっている．具体的には，印刷物の拡大，ルビ振り，板書をプリントにして渡す等が挙げられる．

　SLD児には個々に異なる認知能力の著しい偏りが想定されるため，教室内で集団的に行われる教科指導の方法が当てはまらないことがしばしば生じる．そのために，学習の基本となる読み・書き・算数に関する個別指導は特に重要である．指導，支援の基本的観点は，自動化しにくい本質的な困難さがある特性を，得意な特性で補うこと，補償することである．その際に，上述したアセスメントを通した子どもの認知特性に応じた支援が行われることが望ましい．近年では，電子情報機器（ICT）の活用を含めた補助代替コミュニケーションツール（AAC）の利用も進められてきている．図9-2に，ICT等のツールを考慮する際の観点（特別支援教育士資格認定協会，2017）を示した．この図が示

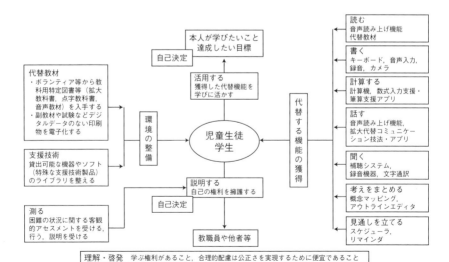

図9-2　学びを保障するICT等のツールを考慮する際の観点
特別支援教育士資格認定協会（2017）より引用．

すように，環境の整備と代替する機能の獲得にどのようなツールが利用可能なのかについては，教員や保護者，支援者の知識が必要といえる。また，それらをどのように活用するかについては個別の教育支援計画や，個別の指導計画に適切な記載がなされることが望ましい。

　このような個別的な形態の指導も適宜活用しながら，中核的な学習の問題への適切な支援を行うことが望ましい。また，自尊感情が損なわれず，常に動機づけが得られるような指導が必要であることは言うまでもない。高等教育段階以降の青年期，成人期のSLDを含めた発達障害者の理解と支援の必要性も高まっており，社会全体が発達障害を理解することが求められてきているといえる。

参考文献

明石法子・宇野彰・春原則子・金子真人・Taeko N. Wydell・粟屋徳子・狐塚順子・後藤多可志（2013）発達性読み書き障害児における漢字単語音読の特徴―小学生の読み書きスクリーニング検査（STRAW）を用いて―．音声言語医学, 54, 1-7.

American Psychiatric Association（2013）Diagnostic and statistical manual of mental disorders, Fifth edition. APA. 日本精神神経学会・日本語版用用語監修, 髙橋三郎・大野裕監訳（2014）DSM-5精神疾患の診断・統計マニュアル．医学書院．

American Psychiatric Association（2016）DSM-5 selections Neurodevelopmental Disorders. American Psychiatric Publishing. 高橋三郎（監訳）（2016）DSM-5セレクションズ　神経発達症群．医学書院．

Bradley, L. and Bryant, P.（1985）Rhyme and Reason in Reading and Spelling. Ann Arbor: University of Michigan Press.

Coltheart, M., Rastle, K., Perry, C., Langdon, R. and Ziegler, J.（2001）DRC: A dual route cascaded model of visual word recognition and reading aloud. Psychological Review, 108(1), 204-256.

Feifer, S.G.（2010）Assessing and Intervening with Children with Reading Disorders. In Miller, D.C.（Ed.）（2010）Best practices in school neuropsychology. Hoboken, NJ: John Wiley & Sons, pp.483-505.

Frith, U.（1999）Paradoxes in the Definition of Dyslexia. Dyslexia, 5, 192-214.

発達性ディスレクシア研究会（2016）発達性ディスレクシアの定義．http://square.umin.ac.jp/dyslexia/factsheet.html（2018年2月27日閲覧）．

熊谷恵子（2007）学習障害児の数量概念の理解度を測定する手法についての基礎的研究．LD 研究, 16(3), 312-322.

稲垣真澄（編集代表）特異的発達障害の臨床診断と治療指針作成に関する研究チーム（編）（2010）特異的発達障害診断・治療のための実践ガイドライン―わかりやすい診断手順と支援の実際―．診断と治療社．

文部科学省（2012）通常の学級に在籍する発達障害の可能性のある特別な教育的支援を必要とする児童生徒に関する調査結果について．http://www.mext.go.jp/a_menu/shotou/tokubetu/material/__icsFiles/afieldfile/2012/12/10/1328729_01.pdf（平成30年2月8日閲覧）．

室橋春光（2015）5章処理機能の障害 3節学習障害（LD）．梅谷忠勇・生川善雄・堅田明義（編）特別支援児の心理学〔新版〕理解と支援．北大路書房，pp.71-78.

特別支援教育士資格認定協会（2017）S.E.N.S. 養成セミナー 特別支援教育の理論と実践 第3版 II 指導．金剛出版．

Rumsey, J.M.（1996）Neuroimaging in Developmental Dyslexia. In G.R. Lyon and J.M. Rumsey（Eds.）, Neuroimaging: A Window to the Neurological Foundations of Learning and Behavior in Children. Paul H. Brookes. pp.57-77

Stanovich, K.E.（1988）Explaining the Differences between Dyslexic and the Garden-variety Poor Reader: The Phonological Core-variable Difference Model. Journal of Learning Disabilities, 21, 590-604.

Torgesen, J.K., Rashotte, C.A., Greestein, J., Houck, G. and Portes, P.（1987）Academic Difficulties of Learning-disabled Children Who Perform Poorly on Memory Span Tasks, in H.L. Swanson（Ed.）Memory and Learning Disabilities: Advances in Learning and Behavioural Disabilities. JAI Press; Greenwich, CT.

宇野彰・春原則子・金子真人・WYDELL Taeko N.（2017）改訂版 標準 読み書きスクリーニング検査（STRAW-R）―正確性と流暢性の評価―，インテルナ出版．

Brown-Chidsey, R., & Steege, M.W.（2005）. The Guilford Practical Intervention in the School Series. Response to intervention: Principles and strategies for effective practice. New York, NY, US: Guilford Press.

Hallahan, D.P., Kauffman, J.M., Pullen, P.C.（2012）Exceptional Learners: an introduction to special education 12th ed., Peason Education; New Jersey.

Goswami, U.（2007）Typical reading development and developmental dyslexia across languages. In D. Coch, G. Dawson, & K.W. Fischer（Eds.）, Human

behavior, learning, and the developing brain. New York: Guilford, pp.145-167.
海津亜希子・田沼実畝・平木こゆみ（2009）特殊音節の読みに顕著なつまずきのある1年生への集中的指導—通常の学級での多層指導モデル（MIM）を通じて—. 特殊教育学研究, 47(1), 1-12.
Shaywitz, S.E. (2003) Overcoming Dyslexia: A New and Complete Science-Based Program for Reading Problems at Any Level. Alfred A. Knopf.
Speece, D.L., Case, L.P., & Molloy, D.E. (2003) Responsiveness to general education instruction as the first gate to learning disabilities identification. Learning Disabilities: Research and Practice, 8, 147-156.

研究課題

1) 限局性学習症や発達性ディスレクシアに関連した教育的な定義と医学的な定義の共通点と相違点についてまとめてみよう。
2) RTIに基づく支援を進めていくうえで，発達や教育段階におけるICTを含めた支援技法の望ましい適用方法についてまとめてみよう。

10 社会移行期の障害臨床例：障害学生支援，就労支援

高橋知音

　教育を受ける時期から就労へと向かう社会移行期は，障害の有無にかかわらず，人生における重要なターニングポイントの1つである。この時期における中核的な教育機関である大学での障害学生支援を中心に，社会に出て行く段階にある障害のある人への支援を行う際に，支援者が知っておくべき事をとりあげ，紹介する。

〈キーワード〉　合理的配慮，障害学生支援，職業リハビリテーション

1. ライフステージと利用可能な支援

　義務教育の時期が終わると，誰もが次にどのような形で生活していくかを選択していくことになる。中学校卒業後，9割以上の人が高等学校（高校）に進学するが，就職することも可能である。中学卒業後，教育を受ける場所の選択肢は多様である。高校にも全日制，定時制，通信制などがあり，高校以外にも，高等教育機関の1つである高等専門学校（高専）や専修学校の1つである高等専修学校などがある。さらに障害のある人の場合，特別支援学校の高等部という選択肢もある。18歳以降は，5割強の人が高等教育機関に進学する。それ以外の多くの人は就職に向けて専修学校（専門学校）に進学するか，就職をする。このように，一部の人は中学校卒業後から，多くの人は18歳から20代にかけて，教育を受ける立場から離れ，社会のなかでどう生活していくかという移行期を迎える。この時期は，人生の大きな転換点であり，障害のある人やその家族も，どう生活していくかという選択をしなければならない。とりわけ，それぞれの選択肢において，どのような支援や配慮を受けられるかを理解しておくことが重要である。

　ライフステージの段階別に，利用可能な支援や配慮を，**図10-1**にま

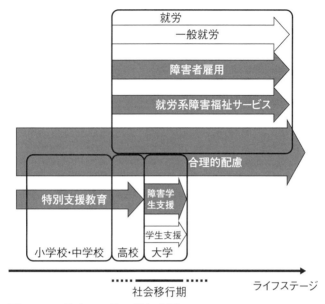

図10-1　ライフステージと支援

とめた。この図では，左から右へと段階が進んでいき，障害があることで利用できるものはグレーの矢印で，障害がなくても利用できるものを白い矢印で示している。図の下側には教育に関するものを，上側には就労に関するものを記載してある。数は多くないが，中学校卒業後から，就労に移行する人がいる。大学（場合によっては大学院）が終わると，教育を受ける立場は終わり，就労へ移行していくことになる。

　この図を見てわかるとおり，「合理的配慮」はライフステージの段階にかかわらず，一貫して利用可能である。小・中学校，高校において，障害のある児童・生徒は特別支援教育を利用する場合も多いと考えられるが，インクルーシブ教育の考え方が広がるなか，合理的配慮を受けながら通常学級で障害のない児童・生徒と同じように学んでいくケースが増えていくことも考えられる。大学は教育機関ではあるが，特別支援教育は制度上存在しない。合理的配慮は利用可能であり，大学によっては多様な専門的学生支援サービスもある。しかし，これらはいずれも学生本人が主体的に利用しようとしなければ提供されないという特徴がある。

それゆえ，障害のある子どもの親，支援者，そしてもちろん障害のある学生本人も，支援の利用については意識の転換をはかる必要がある。

　就労に関しては3つの矢印を示している。障害があっても，特に支援や配慮を必要としない人もいる。それが一般就労の矢印である。また，基本的に障害がない人と同じ職場で働くが，業務を遂行するにあたり，仕事の仕方や職場の環境面で配慮をしてもらいながら仕事をする場合もある。それが「障害者雇用」の矢印である。規模の大きな企業や行政機関等は，一定の割合で障害のある人を雇用することが，法律で義務づけられている（障害者雇用率制度）。従業員45.5人以上の企業であれば，2018年4月以降，従業員の2.2％，その後2.3％への引き上げと，少しずつ増えている。就労系福祉サービスというのは正式な用語ではないが，就労移行支援事業所や就労継続支援事業所など，十分な配慮が受けられる環境で，実施可能な業務を行うというものである。これらの就労形態は固定的なものではなく，機能障害の状態もみながら，よりよい選択肢を選んでいくことになる。

2. 高等教育機関における障害学生支援

(1) 障害学生数の推移

　高等教育機関で学ぶ障害学生の数は近年増加を続けており，平成29年度では31,204人で学生総数の0.98％にあたる（図10-2）。障害種別で見ると最も多いのは病弱・虚弱で，精神障害，発達障害がこれに続く。平成27年度に数が大きく増えているが，これはそれまで「その他」とカウントされていた精神障害が新たに選択肢に加わったこと，病弱・虚弱の内容を具体的に示し，アレルギー疾患等がカウントされるようになったことなどが大きい。

(2) 高等教育機関における障害学生支援と合理的配慮

　既に述べたように，高等教育機関に特別支援教育はなく，合理的配慮を求めるか，障害の有無にかかわらず利用可能な学生支援サービスを利用することになる。まず，合理的配慮の概念を説明し，続いてその具体

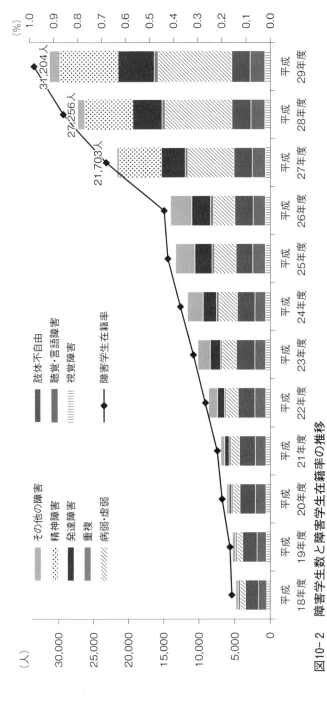

図10-2 障害学生数と障害学生在籍率の推移
(独立行政法人日本学生支援機構, 2017, p. 8）

例と決定過程について紹介する。

(3) 合理的配慮の定義

合理的配慮の定義を表10-1に示した。これを理解するためには、障害者の法的な定義を理解する必要がある。障害者基本法では、心身の機能の障害がある人が「社会的障壁」によって生活に制限を受けている場合に、その人は「障害者」であるとしている。ここで注目すべきは、生活に制限を受けているのは、「機能障害があるから」ではなく、「社会的障壁があるから」ととらえている点である。たとえば、「試験は印刷された問題を読んで解答する」という「慣行」は、視覚障害のある人にとって障壁となり、試験で力を発揮できない。試験問題を点字にする、もしくは問題文を読み上げて実施すれば、障壁が除去されたことになる。このように、機能障害がある人が制限を受ける原因は社会のあり方（社会的障壁）にあるとする考え方を、障害の社会モデルと呼ぶ。合理的配慮は、生活に制限を生じさせている社会的障壁を除去することである。

表10-1　合理的配慮，障害者，社会的障壁の定義

合理的配慮（障害者を理由とする差別の解消の推進に関する法律「障害者差別解消法」）
行政機関等は、その事務又は事業を行うに当たり、障害者から現に社会的障壁の除去を必要としている旨の意思の表明があった場合において、その実施に伴う負担が過重でないときは、障害者の権利利益を侵害することとならないよう、当該障害者の性別、年齢及び障害の状態に応じて、社会的障壁の除去の実施について必要かつ合理的な配慮をしなければならない。
障害者（障害者基本法）
身体障害，知的障害，精神障害（発達障害を含む。）その他の心身の機能の障害（以下「障害」と総称する。）がある者であつて、障害及び社会的障壁により継続的に日常生活又は社会生活に相当な制限を受ける状態にあるものをいう。
社会的障壁（障害者基本法）
障害がある者にとつて日常生活又は社会生活を営む上で障壁となるような社会における事物、制度、慣行、観念その他一切のものをいう。

（4） 合理的配慮の決定過程

　合理的配慮の決定にあたっては，満たすべき要件がある。文部科学省の「障害のある学生の修学支援に関する検討会報告（第二次まとめ）」によると，①意思の表明があること，②根拠資料があること，③過重な負担がないこと，④教育の目的・内容・評価の本質（カリキュラムで習得を求めている能力や授業の受講，入学に必要とされる要件）を変えないことである。

　意思表明については，障害のある学生本人からの申し出が合理的配慮の検討のスタートとなる。ただし，意思表明が難しいケースもあることから，意思表明の過程を支援することも求められている。意思表明をする力をどう育てるかについては，後述する。また，合理的配慮の制度や手続きを知らない場合もあると考えられる。その場合は，それを伝えることから始めることになる。

　次に，求められた配慮が妥当なものかどうかを判断する必要がある。合理的配慮は，機能の障害の根拠が示され，それと配慮の内容に関連がある場合，それが妥当なものであると言える。たとえば，読むことに時間がかかるから試験時間延長を求める場合，読むことに時間がかかるという根拠を示す必要がある。ディスレクシアの診断書なら症状として読字の困難が含まれているため根拠となるが，自閉スペクトラム症の診断書は症状として読むことが含まれていないので根拠にならない。標準化された検査で読字の遅さを示すことが望ましいが，それが難しい場合は，実験的に試験と同じような状況を作って，どの程度の時間がかかるか測ってみるなどの工夫も必要である。心理士は認知機能のアセスメントの専門家として，根拠資料を準備するうえで重要な役割を担っている。

　社会的障壁の除去の方法があったとしても，それが実施する側にとって過重な負担となる場合には，合理的配慮と言えない。過重な負担であるかどうかは，実施者個人の判断ではなく，組織レベルでの判断となる。文部科学省の対応指針では，①事務・事業への影響の程度（事務・事業の目的・内容・機能を損なうか否か），②実現可能性の程度（物理的・技術的制約，人的・体制上の制約），③費用・負担の程度，④事務・事

表10-2 演習授業での合理的配慮の例

a．プレゼンテーションとディスカッションの評価をレポートで代替
b．発表のみ教員と1対1で
c．発表を録画して，それを受講者が見る
d．PC，タブレットの読み上げ機能で発表
e．オンライン・ディスカッションの活用
f．ディスカッションルールの明確化
g．発言の筆記，図示などの視覚的補助

業規模，⑤財政・財務状況などの要素を考慮して，判断することが必要としている。

最後に，教育の目的・内容・評価の本質を変えないことについて説明する。障害があることを理由に本質的な内容を免除したり，評価基準を下げたりすることはできない。たとえば，プレゼンテーションとディスカッションが必須となっている演習の授業で，障害があるために人前で話すことが極端に苦手であるということが根拠資料とともに示され，それを免除してほしいという配慮要請があったとする。考えられる合理的配慮の例を**表10-2**にまとめた。もし，プレゼンテーションやディスカッションがその授業の本質ではないとしたら，それを免除して別の課題で評価することは可能である。しかし，プレゼンテーションはその授業の本質であるとすれば，それを免除することはできない。その場合，もし教員と1対1なら発表できるということであれば，別に時間を設定し研究室で発表をさせるという方法が考えられる。また，学生が自分の部屋で発表したものを録画し，それを授業中に見るということでも，プレゼンテーションの課題はクリアできる。合理的配慮は授業の本質を変えないかぎり，様々なやり方が考えられる。学生のやりやすさ，公平性，教員の負担なども考えて，学生と教員双方が納得できるものを選べば良い。

3．大学における支援体制

近年，大学では障害学生支援の専門部署が設置されつつあるが，その数はまだ多くない（**図10-3**）。平成28年に実施された調査では，国立大学で76.7％であるのに対し，公立大，私立大では13％台となっている。

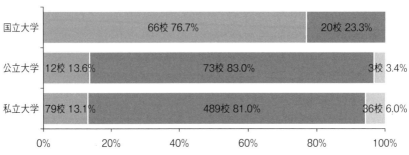

図10-3 障害学生支援の専門部署の設置率（独立行政法人日本学生支援機構，2017）

専門部署がない場合，その他の学生支援系の部署や，障害学生が在籍する学部や学科での対応となる。発達障害学生の場合，1990年代後半から文献で支援の報告が見られ，その担い手は大学の保健管理センターや学生相談室であったとの報告もある（須田他，2011）。

障害学生支援の専門部署は，その名称も様々である。一般的な「障害学生支援室（支援センター）」に加え，「バリアフリー支援室」，「キャンパス自立支援室」「アクセシビリティ支援室」「ユニバーサルデザインセンター」などがある。また，発達障害とその他の障害について別の窓口を設けている例もある。支援の専任スタッフの配置状況は，専門部署の設置状況と同様であるが，専任スタッフの専門性は多様である。臨床心理の専門的訓練を受けた者に加え，特別支援教育や社会福祉の専門的訓練を受けた支援者もいる。障害学生支援の専門部署は，合理的配慮の提供に関する業務を中心にしている場合が多い。

4．障害学生への支援の内容

（1）授業支援

障害学生への実際の支援について，独立行政法人日本学生支援機構（2017）は授業支援と授業以外の支援に分けて調査している。授業支援について，障害学生になんらかの支援を実施している学校（大学，短大，

高専）を母数として，それぞれの配慮事項を実施している学校の割合を％で示した（**表10-3**）。最も多いのは「教室内座席配慮」であり，対象となる障害種では，視覚障害，聴覚障害，肢体不自由がある学生が在籍している学校での実施率が高くなっている。学校側にとっては負担もなく，専門的知識も必要ではないことから，学生にニーズがあれば実施しているということなのであろう。次に多いのが「配慮依頼文書の配布」で，これは障害種によらず実施されている。正式な手続きをふんで行う合理的配慮の場合，書面で授業担当者に依頼する場合が多い。およそ40％の学校でこれを実施していないというのは，あまり規模の大きくない学校で専門の部署や担当者がいない場合，特別な手続きを経ずにインフォーマルに配慮している可能性がある。「出席に関する配慮」は精神障害，発達障害，病弱・虚弱での実施率が高い。これらの障害のある

表10-3 授業支援の実施率

授業支援	実施率（％）
教室内座席配慮	62.6
配慮依頼文書の配布	60.7
実技・実習配慮	43.8
出席に関する配慮	43.6
講義に関する配慮	35.2
試験時間延長・別室受験	34.2
履修支援	32.0
使用教室配慮	31.3
注意事項等文書伝達	29.6
専用机・イス・スペース確保	28.4
学外実習・フィールドワーク配慮	26.2
ノートテイク	26.0
解答方法配慮	21.7
パソコンの持ち込み使用許可	19.1
FM補聴器・マイク使用	18.6
教材の拡大	18.3
パソコンテイク	16.6
チューター又はティーチングアシスタントの活用	13.3
教材のテキストデータ化	11.1
ビデオ教材字幕付け	10.1

学生では，体調の不安定さがある場合も多く，教育の本質を変えない範囲で出席に関して配慮が行われていると考えられる。実施率自体はあまり高くないが，聴覚障害のある学生には「ノートテイク」，「FM補聴器・マイク使用」，「パソコンテイク（パソコンで，授業内容をリアルタイムでまとめてタイプする）」，視覚障害のある学生には「教材の拡大」，「教材のテキストデータ化（ファイルを受け取った学生が自分のパソコンで読み上げさせて情報を得る）」など，特定の障害のある学生が在籍すると必要となる支援もある。また，電子ファイルの読み上げアプリ，音声を文字化するアプリ，録音機能のついたスマートペンなど，機能障害による活動参加への制限をテクノロジーでカバーする支援技術の進歩が著しい。支援者は，研修等で常に最新の情報を学んでおく必要がある。これらの支援技術は，学生自身が入手すれば，障害の有無にかかわらず利用できる方法でもある。

（2）授業以外の支援

授業以外の支援について，学生支援機構は4つのカテゴリに分けてまとめている（**表10-4**）。最も実施率が高いのは「専門家によるカウンセリング」で，とりわけ発達障害や精神障害のある学生が在籍する大学等で実施率が高い。しかし，視覚障害，聴覚障害，肢体不自由，病弱・虚弱でも実施率は低くない。支援者は身体的な障害がある学生のカウンセリングへのニーズも見過ごさないようにする

表10-4　授業以外の支援の実施率(%)

カテゴリ	支援内容	実施率
学生生活支援	居場所の確保	37.4
	通学支援	33.5
	個別支援情報の収集	24.8
	情報取得支援	20.2
社会的スキル指導	自己管理指導	36.3
	対人関係配慮	41.6
	日常生活支援	16.9
保健管理・生活支援	専門家によるカウンセリング	64.5
	医療機関との連携	38.5
	医療機器，薬剤の保管等	12.7
	休憩室・治療室の確保等	42.1
	生活介助	10.6
	介助者の入構，入室許可	17.3
進路・就職指導	キャリア教育	29.8
	障害学生向け求人情報の提供	33.2
	就職支援情報の提供，支援機関の紹介	38.1
	インターンシップ先の開拓	12.6
	就職先の開拓，就職活動支援	29.8

ことが求められる。続いて「休憩室・治療室の確保」、「居場所の確保」など、大学内で休める場所、安心できる場所を確保することが支援として行われている。他に実施率が高いものとして、「医療機関との連携」、「就職支援情報の提供、支援機関の紹介」など、外部機関との連携があげられる。支援者は、地域の援助資源を把握し、担当者と情報交換するなど、地域でのネットワーク作りを日頃から行っておくと良いだろう。

実施率のデータは、ニーズ調査ではないので、必ずしも学生が求めていることのリストではない。現実は、ニーズはあるが学校側のリソース不足から提供できていない支援もあるだろう。一方、支援者は障害のある学生にどんな支援が選択肢としてあるのかを把握しておく必要もある。学生との対話を通して、学生の機能障害とニーズを理解し、学生生活や授業の現状を把握し、効果的な支援のあり方を提案できるようになることが期待される。

5. 意思表明の重要性

合理的配慮もその他の学生支援サービスも、原則として学生本人が求めなければ受けられない。これは、本人の意思にかかわらず提供されることがある特別支援教育とは大きく異なる点である。就労場面でも、配慮が必要であれば、自分でそれを求めていかなければならない。それゆえ、社会移行期には、自ら支援要請する力をつけていくことが重要になる。しかし、高校卒業後、急に「自分で支援を求めなさい」と言っても無理がある。高校卒業までに、段階を追って支援要請の力を育てる必要がある。具体的には、自己理解を進めること、自己決定の機会を持たせること、そして、支援要請の経験をさせることである。

ここで目指す自己理解とは、自分の得意・不得意を知っている、どんなときに失敗しやすいか知っている、うまくいくための工夫を知っているということである。これは、一度教えられればわかるというものではなく、実際の経験とつなげて、時間をかけて進めていくものである。そのためには、失敗しないように先回りして支援するのではなく、時には自分でチャレンジしてみて、失敗してみることも意味がある。重要なの

は，なぜうまくいかなかったか，次はどうやったらうまくいくかを一緒に考えるフォローがきちんとなされるかどうかである。自己決定についても，いきなり「自分で決めなさい」と言っても，自分にプラスになるような決定がすぐにできるわけではない。最初は選択肢を呈示して選ばせるだけでも良いだろう。その際，なぜその選択肢が良いのか，家族や支援者は本人と一緒に考える。こういった経験を積み上げていくことで，次の段階では自分で選択肢を考え，それぞれの良い点，悪い点を考えられるようにする。

　自己理解や自己決定の経験を積みながら，支援要請の機会も増やしていく。たとえば，朝起きられないという問題があるとき，当たり前のように親が起こしていたのでは，起きられずに遅刻するとそれは親の責任になってしまう。自己決定や支援要請の力を育てる方法としてはコーチングの考え方が参考になる（クイン他，2011）。コーチングでは，やり方を教えるのではなく，支援の仕方においても本人の決定を尊重する，問いかけを中心とした援助技法である。朝起きるというテーマであれば，朝起きることの必要性を確認したうえで，どのようにしたら起きられそうか一緒に考える。たとえば「目覚まし時計を複数使う」などである。そのうえで，もしそれがうまくいかなかった場合も考え，たとえば8時まで起きられなかったら，親に起こしてもらうことにする。その際も，どのように起こしてほしいか決め，それで親に頼む。こうすることで，結果として親に起こしてもらうことになったとしても，それは自分の選択であり，起きる，起きないは自分の責任ということになる。このようなコーチング技法は米国ではADHDのある学生支援に効果的であることが示されており（Field, et al., 2013），障害学生支援サービスの1つとして提供している大学もある。

6. 障害のある人への就労支援

　冒頭の図10-1（148ページ参照）で示したように，障害のある人の就労形態として，3つのパターンが考えられる。まずは一般就労である。高校や大学などの学校在籍中にはなんらかの配慮を受けていても，支援

技術の利用も含め，機能障害によって生じる就労への制限を最小限にするような自分なりの工夫を習得することも考えられる。また，仕事，職場の選び方によっては，機能障害が就労への制限を生じさせないような職場環境もあるだろう。高校生，大学生への支援を行っている人は，自己理解をふまえた職場選びについても相談テーマとすると良い。また，他者に大きな負担のかからない配慮であれば，「上手なお願いの仕方」を習得することで，一般就労が可能になる場合もある。先に述べたような自立に向けた支援を，就労に向けて必要な事として，学生と共有することが求められる。

一方，障害者雇用や福祉サービスの利用を考える場合には，関連の制度や支援機関を支援者も理解する必要がある。主な支援機関の一覧を**表10-5**にまとめた。ハローワークは障害者を対象とした求人の情報を提供してくれる。地域障害者職業センターはおおむね各都道府県に一カ所設置されていて，検査等の結果に基づいて職業リハビリテーション計画を作成し，障害者，雇用主双方に支援を行う。障害者就業・生活支援センターは，就業およびそれに伴う日常生活上の支援を必要とする障害の

表10-5　障害のある人を対象とした就労支援機関

ハローワーク	就職を希望する障害者の求職登録を行い，専門職員や職業相談員がケースワーク方式により障害の種類・程度に応じた職業相談・紹介，職場定着指導等を実施。
地域障害者職業センター	障害者に対して，職業評価，職業指導，職業準備訓練，職場適応援助等の専門的な職業リハビリテーション，事業主に対する雇用管理に関する助言等を実施。
障害者就業・生活支援センター	障害者の身近な地域において，雇用，保健福祉，教育等の関係機関の連携拠点として，就業面及び生活面における一体的な相談支援を実施。
障害者職業能力開発校	一般の公共職業能力開発施設において職業訓練を受講することが困難な重度障害者等を対象とした職業訓練を実施。
就労移行支援事業所	企業就労が見込まれる障害者に必要な知識，能力向上のための訓練，求職活動支援，職場定着支援を実施。
就労継続支援A型事業所	一般企業に就労することは困難でも，継続的に就労することが可能な障害者に，生産活動などの機会の提供，知識・能力向上のための訓練を実施。
就労継続支援B型事業所	一般企業などの雇用に結びつかない障害者に，生産活動などの機会の提供，知識・能力向上のための訓練を実施。

ある人に対し，相談，支援を行う機関で，2017年4月の時点で全国に332カ所設置されている。地域に根ざしており，地域障害者職業センターと違って担当者の異動も少ないので，継続的に支援が受けられる機関である。

　就労移行支援事業所は，一般就労等への移行に向けて，事業所内や企業における作業や実習，適性に合った職場探し，就労後の職場定着のための支援を行う機関で，原則2年間が利用の上限になる。就労継続支援事業所は，通常の事業所に雇用されることが困難な人を対象に，就労の機会，生産活動その他の活動の機会を提供し，それを通して就労のために必要な知識，能力の向上のための訓練を行う。A型とB型の違いは雇用契約を結ぶか（A型），結ばないか（B型）である。

　障害のある人の就労支援においては，相談可能な窓口も，利用可能な制度も多様である。本人や家族だけではつながるべき支援機関にうまくつながることができない場合もあるだろう。支援者は制度や地域のリソースを熟知しておくことが求められる。

参考文献

独立行政法人日本学生支援機構（2017）．大学，短期大学及び高等専門学校における障害のある学生の修学支援に関する実態調査分析報告（対象年度：平成17年度（2005年度）〜平成28年度（2016年度））

http://www.jasso.go.jp/gakusei/tokubetsu_shien/chosa_kenkyu/chosa/_icsFiles/afieldfile/2017/09/22/2016_analysis.pdf

独立行政法人日本学生支援機構（2018）．平成29年度（2017年度）大学，短期大学及び高等専門学校における障害のある学生の修学支援に関する実態調査結果報告書

クイン・レイティ・メイトランド（篠田・高橋監訳）（2011）ADHDコーチング―大学生活を成功に導く援助技法　明石書店．

Field, S., Parker, D. R., Sawilowsky, S., & Rolands, L. (2013). Assessing the impact of ADHD coaching services on university students' learning skills, self-regulation, and well being. Journal of Postsecondary Education and Disability, 26, 67-81.

須田奈都実・高橋知音・森光晃子・上村恵津子（2011）．大学における発達障害学

生支援の現状と課題　心理臨床学研究, 29, 651-660.
脇坂奈央子（2014）．家族の立場から　高橋知音　発達障害のある人の大学進学——どう選ぶか　どうささえるか——　金子書房．

研究課題

1）障害のある受験生に対して，大学入試ではどのような合理的配慮が実際に提供されているか，調べてみよう。
2）読み書きに困難がある大学生の機能障害についてアセスメントが必要だとしたら，どのような検査バッテリーを組んだら良いか考えてみよう。
3）自分が住んでいる地域の，障害のある人を対象とした就労支援機関について調べてみよう。

11 | 成人期の障害臨床例：高次脳機能障害

伊澤幸洋

感覚脳の主要症状である失語・失行・失認，辺縁系および側頭葉底面が関与する記憶障害，前頭葉関連症状として位置づけられる遂行機能障害や注意障害などに関する神経心理学的アセスメントと介入理論について解説する。
〈キーワード〉　大脳の機能局在，高次脳機能障害，神経心理学的アセスメント，神経ネットワーク理論，リハビリテーション

1. 総論

（1）　大脳の機能局在

　ヒトの大脳は最も発達した神経機構であるが，その働きは複雑である。図11-1に示すように認知機能のまとまり（モジュール）を形成し，特定の領域に特定の機能が局在している。脳は役割分担と連携，つまり神経ネットワークを形成することによって様々な認知処理を実行している。したがって，脳損傷の部位とその広がりによって症状と重症度が異なって発現することになる。

　大脳機能は大まかに，左大脳半球と右大脳半球でその役割が異なる（図11-2）。左半球は言語優位半球で言語，論理的思考，文字処理機能などが側性化している。一方の右半球は，視空間処理，直観的認知・思考，構成，音楽等の感性などといった非言語的認知処理に関わる機能が側性化している。さらに，半球内では，中心溝を境として前方を運動脳，後方を感覚脳として分けられる。外部環境からの刺激情報を感覚器・感覚神経を通して後部の感覚脳で感知し，認識するに至る。続いて，その外部からの意味的情報に対して思考，判断した後，運動脳である前頭葉で行動を制御しながら適切な応答が最終的に運動皮質の活動によって出現する。

第11章　成人期の障害臨床例：高次脳機能障害　　**163**

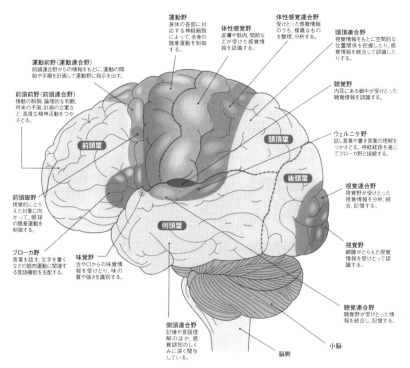

図11-1　大脳皮質の機能局在
(「脳のすべてがわかる本」監修：岩田誠，ナツメ社，p.36-37)

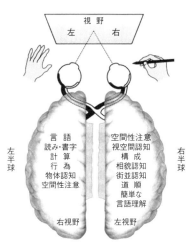

図11-2　分離脳研究ならびに病巣研究から推定された大脳半球機能の側性化
(「高次脳機能障害学」著：石合純夫，医歯薬出版，p.8)

（2） 高次脳機能障害と神経心理学
1） 高次脳機能障害

　高次脳機能とは，生物学的に本来備わっている身体の運動・感覚機能に対して，後天的に学習によって習得される，社会生活を営む人としての働きを支える脳神経機能ということができる。外部環境からの入力情報は感覚神経路を経て中枢である大脳に投射される。その情報の一次投射野に刺激が到達することによって情報を感受することになる。その後，二次中枢，三次中枢へと情報が伝播し，さらには連合野に至る脳内処理過程で，知覚，認識といった高次な情報処理がなされていく。また，外部への応答をする場合には，脳中枢から段階的に三次中枢，二次中枢，そして一次中枢の運動野からの出力を経て実際の行動に至る。外部との入出力に関わる大脳の一次中枢に対する意味で'高次'という言葉が用いられている。

　高次脳機能障害としては，感覚脳の主要症状である失語・失行・失認，辺縁系および側頭葉底面が関与する記憶障害と前頭葉関連症状として位置づけられる遂行機能障害や注意障害がその代表的障害として挙げられる。

2） 神経心理学

　高次脳機能障害の学問的基盤となるのが神経心理学である。損傷脳の部位と臨床症状との関係から，脳機能の働きを解明しようとする学問領域として発展してきた。精神神経医学を中心に，症候学的に関連する諸科学で構成される学際的領域である。かつては機能局在に関心が高かったが，近年では，fMRIや光トポグラフィなどを利用した健常者の脳内認知処理の研究，脳のダイナミズムをとらえる研究など研究の対象や手法も多岐にわたっている。さらに認知心理学の知見や研究手法も活用されるようになってきている。

　神経心理学で扱われる臨床症状は神経心理症状と称される。これが広義の高次脳機能障害と重なる。病変部位との関連を想定し認知機能の単位で神経心理症状を明らかにする目的で使用される検査は神経心理検査としてアセスメントに使用されている。

(3) 神経心理学的アセスメント

神経心理学的アセスメントは高次脳機能障害を対象に，その障害領域や重症度と神経損傷部位との関連を分析することを目的としている。さらにそのアセスメントを通して，障害機序（メカニズム）を明らかにすることが機能改善を目的とする訓練法立案において重要な役割を果たす。

表11-1に臨床場面で神経心理学的アセスメントとして使用される主な検査を挙げた。

表11-1　臨床で使用される主な神経心理学的検査

評価領域	検査名（略称）
知能	ウエクスラー成人知能検査（WAIS-Ⅲ，WAIS-Ⅳ）
	レーヴン色彩マトリックス
	コース立方体組合せテスト
記憶	ウエクスラー記憶検査（WMS-R）
	リバーミード行動記憶検査
	標準言語性対連合学習検査（S-PA）
失語	標準失語症検査（SLTA）
	WAB失語症検査
失行	標準高次動作性検査（SPTA）
失認	標準高次視知覚検査（VPTA）
	BIT行動無視検査　日本版
前頭葉関連症状	BADS遂行機能障害症候群の行動評価　日本版
	前頭葉機能検査（FAB）
	ウィスコンシンカードソーティングテスト（WCST）
注意・意欲	標準注意検査法（CAT）・標準意欲評価法（CAS）

リハビリテーションは主訴を聴取するとともに，言語および生活行動の大まかな観察とスクリーニング検査を行うことからはじめる。どのような後遺症が生じているのかを明らかにし，必要に応じて掘り下げ検査へと評価を進めていく。評価と並行して，訓練計画を立案しながら機能回復訓練を実施していくことになる。検査には評価の適用範囲がそれぞれあるので，実施にあたっては，その特性を十分に理解したうえで行う必要がある。既存の検査と並んで重要となるのは，対象者の日常生活行動における課題や問題点を具体的な行動場面から直接観察したり，家族等からの問診によって事前に把握しておくことである。

2. 各論

(1) 失語

1) 失語症の定義と障害構造

　失語症とは，大脳半球の器質的損傷により，一旦獲得された言語機能が損なわれ，言語の想起や理解の障害が生じて言語コミュニケーション能力が失われた状態をいう。聴覚音声言語の障害のみならず文字言語処理にも支障をきたす。言語中枢の障害であり，発声・発語器官の麻痺や失調などに起因する運動障害性構音障害によって生じる発話不明瞭や聴力障害による理解障害，また全般的な脳機能低下による認知症に伴う言語コミュニケーションの障害とは区別される病態である。

　言語活動は聞く（聴理解），話す（発話），読む（読解），書く（書字）の4つに分けられる（**図11-3**）。失語症は，一次障害として音声言語の処理である「聴理解」と「発話」の障害が生じ，その影響で二次障害として「読解」と「書字」に支障をきたすため，結果として4つの言語様式（モダリティ）に障害が及ぶ。なお，それとは別に聴覚音声言語の処理が保たれていながら，選択的に読解と書字のいずれかもしくは両方が障害された病態になることがあり，それぞれ「純粋失読」，「純粋失書」，

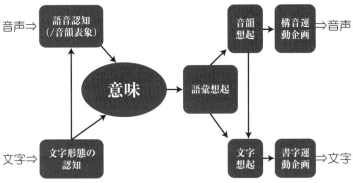

図11-3　言語の情報処理モデル
音声から意味への経路が聴覚的理解，意味から音声表出に至る経路が発話
文字から意味への経路が文字理解（読解），意味から書字表出に至る経路が書字

「失読失書」という失語症に近接する言語障害が生じることがある。

2）失語症のアセスメントと訓練

包括的なアセスメントとしては，標準失語症検査（SLTA）とWAB失語症検査が使用されることが多い。本稿では，最も使用頻度の高いSLTAを中心に概説する。この検査は，「聴く」，「話す」，「読む」，「書く」の言語領域と「計算」の5領域について，合計26下位検査で構成されている。まず，4つの言語モダリティについて，単語から文・談話レベルの言語処理機能の障害の程度について量的な評価を行う。聴覚（音声）と視覚（文字）の受容2経路と発話と書字の表出2経路をそれぞれ比較して，いずれの経路がどの程度の言語処理が可能であるのかを評価する。続いて，単語から文の復唱，音読，書き取りや仮名一文字の理解，音読，書き取りの成績から，各言語モダリティの障害機序について質的評価を行う。さらに，自由会話からの観察も併せて言語コミュニケーションの実用水準についても評価する。それらの所見から，認知神経心理学的アプローチに基づいた訓練法を立案する。

（2） 失行

失行とは，学習された意図的行為が実際に行えなくなった状態をさす。中枢神経系の損傷による行為・動作の障害で，麻痺や失調などによる末梢性の運動障害とは異なる病態である。失行を初めて体系化したのはLiepmann（1920）である。それによると，失行症は肢節運動失行と観念運動失行，観念失行の3つに分けられている。習熟した動作が拙劣になってしまう肢節運動失行，慣習的動作が正しく行えなくなる観念運動失行，複数物品の系列的操作の障害である観念失行に大別される。その後，Heilman（1973），Goldberg（2006），Rothi（1977）らが行為の処理モデルを考案して障害機序の説明を試みている。

失行症の検査としては標準高次動作性検査（新興医学出版）がある。失行については，研究者によってその障害概念や分類が異なることから，この検査においては，主要な行為・動作について，慣習的動作，パントマイム，非慣習的動作，単一物品の使用行為，複数物品の系列的使用行

為などといった区分で下位検査を設定し，減点方式で採点する。その誤りをどういった失行概念で解釈するのかについては検査者に委ねる立場をとっている。

具体的な生活場面もしくは検査場面において現れる行為の誤り（錯行為）を失行としてとらえるべきか否かについて，行うべき行為の概念と実際に発現した行為が異なる場合に失行としてとらえるべきではあるが，対象者が想起した行為概念を直接観察することは不可能である。そこで重要となる臨床所見としては，錯行為を自己修正している状態が確認された場合に，積極的に失行症を疑うことになる。自己修正を試みる動機として，自らが行った動作と意図した行為との違いを認知した結果と推察されることがその根拠である。

（3） 失認

視覚失認として代表的な病態は次の2つに分けられる。個別の感覚神経で受け取った情報を特定のまとまりとしてとらえることが困難となる統覚型視覚失認と，知覚統合はなされているがそれが何なのか認識できない連合型視覚失認がある。責任病巣としては後頭葉の視覚連合野が指摘されている。その他，人の顔が認知できない相貌失認がある。この障害は，特に家族等の近親者の顔が認知できないが声を聴けば誰かが特定できることで気付かれることが特徴である。責任病巣は両側の後頭・側頭皮質の腹内側領域損傷で生じるが，特に右半球の役割が大きい。

（4） 記憶障害

記憶はSquire（1993）による分類が知られている。意識上に内容を想起でき，言語で言い表すことが可能な陳述記憶と意識上に内容を想起できない，つまり言語で言い表すことができない非陳述記憶に大別される。両者をそれぞれ顕在記憶，潜在記憶ということもある。陳述記憶はさらにエピソード記憶と意味記憶に分類される。エピソード記憶は，出来事記憶や日記的記憶とも言われ，特定の時間や場所を伴う情報が該当する。健忘症とはエピソード記憶の障害をさす。意味記憶は，百科事典

的記憶と言われるが，学習知識等がそれに該当する。非陳述記憶としては，手続き記憶，プライミング，古典的条件づけがあるが，脳損傷に対しては頑健であり，それらが臨床において問題となることは比較的少ない。

記憶には，大脳辺縁系と側頭葉底面が重要な役割を果たす。海馬が記憶において重要であるが，それと乳頭体，視床前核を経由し，脳弓と帯状回を連結するパペッツ回路が記憶の神経機構として知られている。健忘症は大脳底面の損傷を認める頭部外傷によって高頻度に発症する障害である。

（5） 前頭葉関連症状

前頭葉損傷に起因する高次脳機能障害である。前頭葉関連症状は大きく，外側面と内側面の損傷によって症状が異なる。内側面の損傷によって発動性の低下が生じる。外側面の損傷によって遂行機能障害（実行機能障害）が生じる。遂行機能は①目標設定，②計画立案，③計画に沿った実行・行為，④修正行為の4つのコンポーネントによって分けると理解しやすい。本邦における包括的な評価としては表11-1に挙げたBADSがある。

その他，前頭葉関連症状を評価できる検査としては前頭葉機能検査（FAB），同じく前頭葉損傷に伴う概念の保続（転換障害）を評価する検査としてはウィスコンシンカードソーティングテスト（WCST）がある。WCSTにはいくつかの検査実施法があるが，慶応版が用いられることが多い。

（6） 注意障害

注意は，全般性注意（generalized attention）と方向性注意（directed attention）に分けられる。全般性注意はさらに，①覚醒度（alertness）および持続性注意（sustained attention）といった覚度（vigilance）と，②選択性注意（selective attention）および③注意の転換（attention sift）や配分（divided attention）といった制御（control）

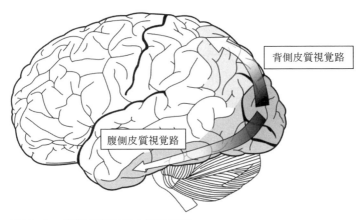

図11-4　視覚認知の脳内処理経路
背側皮質視覚路（上部矢印）および腹側皮質視覚路（下部矢印）

の3つのコンポーネントからなる。

　一方の方向性注意は，空間における方向性を重視した注意をいう。方向性注意の特徴としては，知覚と運動が密接な関係にあり，意識を外界の適切な対象に向けたり必要に応じて移動したりといった能動的な側面にある。半側空間無視は，方向性注意障害としてとらえられる高次脳機能障害であるが，右半側無視に比べて左半側無視の方が重度で遷延しやすい傾向にある。左側無視は，左方向の注意を専ら担っている右半球の機能低下によって説明される。それに対して，右側無視は左半球病変に起因する症状ではあるが，損傷を免れた右半球が代償的に同側右方向の注意を補うことができることによる。責任病巣としては，視覚野からの背側皮質視覚路が損傷されることによって説明される（図11-4）。

3．高次脳機能障害者支援の実際

　左半球および右半球症状としてそれぞれ高頻度に発症する失語症と左半側無視について，筆者が担当したリハビリテーション病院での臨床例を呈示して，アセスメントと訓練・指導内容，復職への支援について述べる。

（1） 失語症の臨床事例
1）対象者と疾病に関する基礎情報
　症例Ａ氏　発症当時45歳（男性）　職業：金融関係の会社員（課長職）
　家族：妻（専業主婦）と高校生と小学生の男児二人の4人家族
　原疾患：くも膜下出血後の脳血管攣縮による脳梗塞と正常圧水頭症（図11-5）

　病歴：激しい頭痛から脳外科のある救急病院へ搬送，画像診断の結果，くも膜下出血と診断され入院，加療となる。治療により一旦回復したが，その後，入院中に脳梗塞を発症し失語症となる。約1カ月間の治療によって病状が安定し，集中的な言語療法を行うため回復期病棟のある当院へ転院となる。入院にて2カ月間の言語療法の後に自宅退院し，以後，継続して外来にて言語療法を実施した。

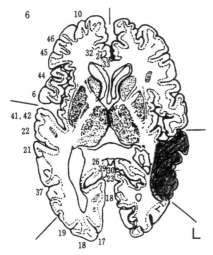

図11-5　症例Ａの脳損傷部位
左側頭葉の後言語野に広範な損傷域を認める

2）神経心理学的アセスメント
①精神機能
　言語障害によるコミュニケーション上の問題はあるが，挨拶や問いかけに対する反応は良好であり，状況判断力も保たれていた。病識等についても明確で訓練意欲も高い様子であった。視覚性簡易知能検査のレー

ヴン色彩マトリックスを実施した結果，31/36点（cutoff値：24/25点）で大まかには非言語的知能は良好に保たれていた。面談と簡易知能検査の結果から，精神機能は良好に保たれていると判断された。

日本版WAIS-Ⅲ（動作性検査）の合成得点は発症5ヵ月時点で「知覚統合」群指数81（90％信頼区間：76-90）で平均から境界域であった。

② **失語症のアセスメント（図11-6）**

入院当初の日常会話については，構音面の問題は認めず，挨拶や自分

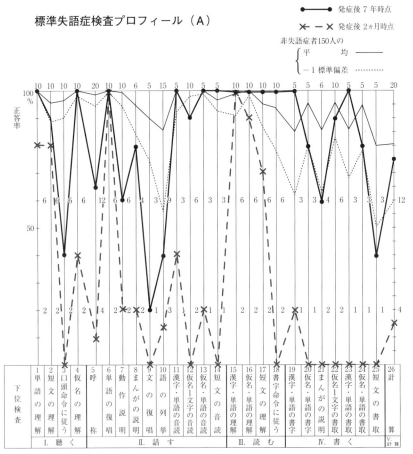

図11-6　症例AのSLTA検査結果

の名前は発語可能で体調や食事のことなど簡単な文レベルでの発話も可能ではあるが，喚語困難による名詞語句の著しい想起障害があり発話量に対して情報量が乏しい印象を受けた。家族の名前や会社および部署名の発語も困難であった。言語理解については，状況判断力もあるので大まかには問われている内容は把握できるが，しばしば特定の語句の理解ができないことがあり，本人から再三の問い直しや分かりやすい説明を求められることがあった。

自由会話からの実用コミュニケーション能力の評価に加えて，標準失語症検査（SLTA）を実施した。聴覚言語理解は単語から短文レベルに制限され複雑な内容は理解困難であった。発話については，呼称成績が低く喚語機能が重度に障害されていることを裏付ける結果であった。文字理解については単語から短文レベル，書字は自分の名前は書けたが，それ以外は家族の名前や住所を含め不能な状態であった。

以上の結果から，失語症の類型診断としては，語彙・意味理解障害を中核症状とする中～重度のウエルニッケ失語と判断した。

3）訓練経過

失語症の訓練としては，通常自由会話を主体とする実用的言語コミュニケーション訓練とプリント課題や単語絵カード，動作絵カード，4コマ漫画，新聞や雑誌の記事などを利用した言語機能訓練とで構成される。

本例に対しては，まず，自由会話の時間を多くとって，心理面の支持を図りながら，言語機能・能力の評価と訓練を行った。併せて，漢字単語や漢字を主体とした短文の言語理解をねらいとした訓練課題を利用して，文字処理ルートからの言語理解の改善を図った。発話表出については，復唱的発話誘導訓練を先行して実施しながら，改善経過にしたがって音読的呼称・発話訓練へ移行していった。

失語症状については，緩やかながら順調に改善が得られた。発症から2年後の復職を検討する時期になるころには，喚語困難は中～軽度に残存するものの家族や知人との会話は成立する程度の発話能力に到達した。聴覚的言語理解については，複雑な内容になると理解困難になることも度々あったが，本人からの問い直しにより相手側が分かりやすく説明し

たり文字を書き示したりすることで了解が得られるまでになった。

4）職場復帰の過程

　職場の上司は協力的でしばしば病院を訪れて，言葉の回復を気に掛け，職場復帰への期待を示しながら元気づけてくれていた。後には，人事部や人事異動で新しく着任した上司の協力も得て職場復帰を果たした。以下，その過程を述べる。

　有給休暇の消化が終了した後，会社の福利厚生の制度で設定されている傷病休暇を利用した。本例が勤務する会社は，休職期間が2年間設けられていた。収入は会社独自の給与補償を受けた後，社会保険制度の傷病手当を受給することになった。なお，傷病手当の受給期間は1年6ヶ月が適用限度になっている。

　休職期間としては，2年余りを要することになった。失語症からの回復は道半ばではあるが，休職期間の適用期限が迫っていたために，家庭の経済的な問題を考慮して復職を検討することになった。失語症が中等度に残存していることと職務内容との関係から，現職での復帰は困難と判断し，配置転換も含めて人事部を中心に検討することになった。配属先としては，正確かつ過度な言語処理が要求されないこと，時間的な許容範囲が広いことなどを重視した結果，関連会社の文化事業を担当する職場を勧められた。当初は，かつての仕事に復帰したい気持ちから，十分には納得できないようであったが，会社の人間関係も良く，コミュニケーションが上手く取れないことに対しても寛容な人に支えられて，安定して就労するに至っている。現在は，定年まで長くその職場で勤務したいと希望を述べている。

　職場復帰に際して，対象者の最大限の利益を尊重しながら，本人・家族と会社との間に入って，病状と後遺症の説明，職務遂行可能な範囲について説明した。言語障害に対して，どのような配慮があれば言語コミュニケーションが取りやすくなるのか，言い間違え等の特徴や対処方法などについて簡潔に分かりやすく伝えることで，本人と会社双方に安心感を与え，復職に向けての環境を整えることができた。

5）失語症友の会（患者会）への参加の推奨

言語障害は，社会的・文化的に豊かな生活を送る上で多大な支障をきたす可能性がある。失語症当事者は言語コミュニケーション能力が損なわれているために，病前に築いてきた人間関係を再び取り戻すことは容易ではない。会話が不自由であることによって他者と関わることに心理的な抵抗感を抱く当事者は少なくない。そこで，失語症の方々が抵抗なく会話に躓いてもお互い様で繋がり合えるグループ活動が近隣地域にあることが望まれる。社会生活を拡げていくための1つのステップとして，友の会などの失語症者の集いの場への参加を促すことがある。発病後に知り合った人とであれば病前の姿と比較されることがないことも利点である。

本症例についても，失語症から回復し復職するまでになった先輩患者を紹介して，どのような病状から今に至るのかを語ってもらい，ご本人に希望を持って生活してもらうよう配慮した。また，家族同士の繋がりによって，配偶者としても悩みを打ち明けられる人ができたことで心理的な安定感を持てるようになったようである。

（2） 左半側無視の臨床事例
1） 対象者と疾病に関する基礎情報

症例：B氏　性別：男性　発症時42歳　教育歴：高校卒　職業：会社の経理事務

家族構成：母親，妻と子ども3人との6人暮らし

子どもの学校：長男（高校生），二男（中学生），長女（小学生）

診断：脳出血（右被殻出血，開頭血腫除去術術後）（図11-7）

神経学的所見および神経心理学的所見：左半身運動麻痺，同名半盲を伴う左半側無視，注意障害等を認めた。

経過：夕食後，入浴中に左半身麻痺と構音障害を認め，症状が改善しないことから救急病院に搬送後，頭部CT所見にて右被殻出血の診断にて開頭血腫除去術を施行された。9病日後，脳血管造影検査を施行，もやもや病と診断された。術後，見当識障害が著明で，夜間ベッドサイドに座り込んでいたり，離床センサーを外したりすることがあった。食事

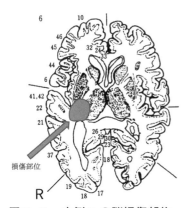

図11-7 症例Bの脳損傷部位
右被殻から視床にかけて直径5cmの血腫を認めた

場面での左側の皿の見落としをはじめ，入院生活で左側空間無視が観察された。左半身の上下肢が徐々に改善し，移乗は見守り程度で可能となった。キーパーソンである妻からは，急な発症と診断を告げられたことから，退院後の生活について不安な心情を訴える場面があった。発症後約20日間，救急病院にて治療を受けた。病状が安定し，後遺症に対する機能回復訓練，リハビリテーションを目的に当院へ転院となった。集中的な訓練を実施するため，回復期リハビリテーション病棟にて理学療法（PT）と作業療法（OT），言語聴覚療法（ST）を約4ヵ月半実施した後に自宅退院となった。その後，復職を目標に外来にて訓練を継続した。

2）入院時の経過と左半側無視に関する内省

当院入院当初の身体機能については，左半身に軽度の麻痺を認めたが，機能回復訓練により杖なしでの自立歩行が可能となり，その他の日常生活動作も自立するまでに回復した。左側無視については病識に乏しく，視覚認知面についての内省としては「見えないことはありません」，「見えていると思います」と回答していたが，経過とともに病識が得られるようになってきた。

復職については，「できるだけ早く復帰したいと思っていますが，何をどうしたらいいかわからなくて，焦っています。ただ日にちが過ぎて

いるだけで，手持無沙汰というか，時間を持て余している感じです。」と述べていた。

3）神経心理学的アセスメント
①高次視知覚検査（VPTA：新興医学出版）の結果と検査所見
　a）発症1.5カ月時点
・線分二等分検査（横20cmの線分の中点を目分量で指摘する課題）
　　　　　左から　①14.8cm　②11.3cm　③11.5cm
　　3試行いずれも右方向に指摘点が偏っていることは左側無視の症状があることを示唆している。評価基準としては，中点から0.5cm以内のズレは正常範囲，0.5～1.0cmのズレが境界水準，1.0cmを超えるズレは明らかな誤りと判定される。
・ダブルデイジー模写（**図11-8**）
　　左右それぞれの花が描かれているが，両方の花の左側の花びらを見落としている。軽度ながら左無視の症状が捉えられた。参考までに，症状がより重度例の場合には，左側の花全体を見落としてしまう傾向にある。

　b）発症8カ月時点
・線分二等分検査（横20cmの線分の中点を目分量で指摘する課題）

図11-8　ダブルデイジーの見本（左）と症例の模写描画（右）

左から　①10.8cm　②9.9cm　③10.7cm

発症1.5ヵ月時点と比較して，指摘点の右側への偏りは大きく減少しているが，軽微な左無視症状はまだ残存している状態とみなされた。

・ダブルデイジー模写

この時点における本描画検査では，明らかな誤り反応は出現しなかった。

②WAIS-Ⅲの検査結果（発症5ヵ月時点）と解釈（図11-9・図11-10）

認知能力全般の評価と復職のための課題を把握することを目的として実施した。実施には，リハビリの時間と疲労性を考慮して2回に分けて実施した。

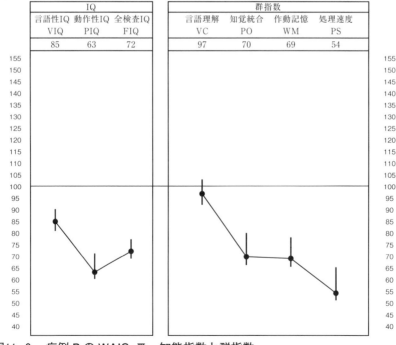

図11-9　症例BのWAIS-Ⅲ　知能指数と群指数

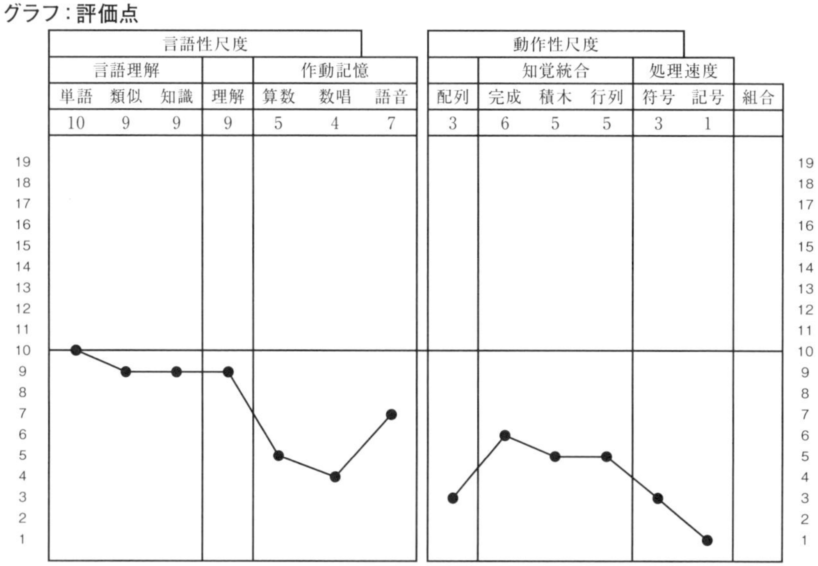

グラフ：評価点

言語性尺度								動作性尺度						
言語理解				作動記憶				知覚統合				処理速度		
単語	類似	知識	理解	算数	数唱		語音	配列	完成	積木	行列	符号	記号	組合
10	9	9	9	5	4		7	3	6	5	5	3	1	

図11-10　症例BのWAIS-Ⅲ　下位検査の評価点プロフィール

　臨床症状と各種アセスメントの所見を総合し，本例の認知特性を以下のようにまとめた。

　本例の全体的な知的水準は「境界域」の範囲にあるが，言語性IQと動作性IQの間に有意差を認めたこと，さらに「言語理解」と「作動記憶」の群指数間に有意差を認めた。群指数，下位検査の得点差は大きく，認知機能障害の所見を含めて解釈することが必要と考えられた。

　「言語理解」については，「平均」の範囲にあり，言語能力そのものは良好に保たれていることが推察されるが，言語性検査のうち，「作動記憶」に含まれる「数唱」と「算数」の成績が明らかな低成績を示したことから，言語の記憶容量の低下や同時並行的な認知処理能力の低下が考えられた。「語音整列」は，評価点7で「数唱」に比較して15％の有意水準で良好であったことは，すでに習得した知識体系に併せて言語刺激を再構成する処理が保たれていることを示唆していると考えられた。

　「知覚統合」については，「言語理解」に比べ有意な成績低下を認め，左側無視は改善傾向にあるが，右半球損傷に伴う視覚認知機能低下が本

検査の低成績につながっていると考えられた。また,「絵画配列」での成績が著しく低得点であり,詳細な視覚認知と場面展開を推定する視覚的系列化能力の低下も推察された。「処理速度」については,「符号」と「記号探し」の検査結果から,抽象的刺激の視知覚の低下と作業効率の低さを認めた。

　以上のことから,復職にあたっては病前の配属部署である経理事務にこだわらず,時間的な制約が緩やかで,職務内容が厳密でない他の部署への配置転換も選択に入れて処遇を検討する必要性があると考えられた。

4) リハビリテーションの方針と内容
①家族・本人への検査結果のフィードバックと助言

　言語面には明らかな問題を認めず,コミュニケーション能力は高く,言語思考力も良好に保たれている。しかし,記憶容量がやや低下しており,また複数のことを同時並行で行おうとすると処理が追いつかなくなってミスにつながることが予想されるので,メモを取ったり作業工程を書き出したりして確認しながら作業する方が良い。視覚認知面については,左視野欠損と軽度の無視症状が残存している。そのために作業スピードが遅くなっている。時間をかけて丁寧に作業をすれば見落としが少なくなるが,ミスが許されない作業については必ず見直しをすること,必要に応じ他者に確認してもらうことが望ましい。家事を含め日課をもち,作業工程表を作って実行するなど,日常生活場面を利用したリハビリテーションを行う。以上のことを説明,指導した。

　また,自家用車の使用については,視野範囲の制限と左側への不注意が残存しているために運転の危険性が高いことから,公共交通機関の利用が望ましいことを助言した。

②支援内容

　作業療法と言語聴覚療法において,視覚認知に対する機能回復訓練と生活指導・助言を行うとともに,患者会へ参加案内した。必ずしも本例と同一の後遺症の人ばかりではないが,同じ年齢世代での交流が,機能回復への励みとなったようである。また,妻は家族会へ参加して他の家族から経験談を聞かせてもらったことで今後の生活の見通しが持て,精

神的に安定したようである。
③現在の生活状況
　発症から1年2ヵ月時点で試験復職するが，職務遂行が十分には行えないことから障害者職業訓練センターを利用して，前職業訓練を実施することとなった。その後，職務能力が得られたことを確認しつつ，関連会社を含めて就業可能な職場を検討した。その結果，左無視症状の影響が職務に比較的影響を与えない仕事に配置転換して復職に至った。同僚の支援が必要な状態ではあるが，安定して就労が継続できている。

4．高次脳機能障害の経過と予後
　各障害の性質や重症度によって，その後に辿る経過や予後については様々であるが，ここでは大よその傾向を述べる。

（1）経過
　経過は大まかに急性期，亜急性期，回復期に分けられる。
　急性期は発症直後から原疾患の病状が安定する時期をさす。発症直後においては，脳損傷の直接的な原因によって生じる局所症状と脳浮腫や出血に伴う全般的脳血流量の低下，血腫による周辺組織への圧排などの影響による間接的な一時的症状，いわゆる通過症候群が混在している。意識低下を起こしている場合とそれとは反対に混乱状態にある場合もある。運動麻痺を認めない場合には，高次脳機能障害を自覚・認識できないこともある。易疲労性も生じやすい。期間としては1～2週間から4週間くらいを要する。
　亜急性期は，病状の安定に伴って後遺症に対する自覚が徐々に得られるようになる。脳損傷を免れた周辺組織が働きを取り戻し，通過症候群から脱してくる時期である。自然回復が大きい時期で，機能回復への期待が高まる。ただし，病巣の違いによってその回復状況は異なる。皮質病変は局所症状が比較的明確で訓練が軌道に乗りやすいが，基底核・視床病変の場合は認知機能が不安定で必ずしも機能回復が順調に進むとは限らない。時期としては，発症後2～4週間から2ヵ月程度である。

回復期つまり集中的なリハビリテーション訓練期としては，発症後1〜2ヵ月以降からということになる。基本的に運動機能の回復は，発症から6ヵ月までが集中的な訓練期間であり，その時点の状態が訓練による最終到達段階ということができるが，高次脳機能障害については，それよりも回復の冗長性が高く，それ以降も機能回復が得られるケースは少なくない。対象者自身の機能回復を図ると同時に，家族としてどのような関わりが望ましいかを説明するとともに生活環境の調整，活動・生活範囲の拡大を図っていく。退院後は，生活をどのようにデザインしていくかが，認知機能および能力の改善には重要な要素となってくる。

(2)　予後に影響を与える要因
　冒頭に述べたように，大脳は機能局在がある関係で，どの部位が損傷されたのかによって症状の質的な差異が生じる。加えて，損傷領域の大きさが，後遺症の重症度に影響を与える。受傷年齢は脳の可塑性，すなわち回復の可能性に影響を与え，若い人ほどその可能性は高い。その他，単一の障害であるのか，複合的障害像を呈しているのかによって，また，脳卒中などの疾病であれば，その原因となった基礎疾患の状態と管理の良否によっても予後がかわり得る。

引用文献

Liepmann, H. Aplaxia. Ergeb Ges Med 1920:1516-543.

Heilman, KM. Ideational apraxia-a re-definition. Brain 1973:96:861-864.

Goldenberg, G., Karnath, HO. The neural basis of imitation is body part specific. J Neurosci 2006:26:6282-6287.

Rothi, LJG., Heilman, KM. Apraxia: The Neuropsychology of Action. Psychology Press, Hove 1977.

Squire LR, Mckee RD: Declarative and nondeclarative memory in opposition: when prior events influence amnesic patients more than normal subjects. Memory Cognition 21: 424-430, 1993.

参考文献

石合純夫（2012）．高次脳機能障害学 第2版．医歯薬出版．
小嶋知幸編著，大塚裕一・宮本恵美著（2010）．なるほど！失語症の評価と治療．金原出版．
加藤元一郎，鹿島晴雄編（2009）．注意障害．中山書店．
武田克彦著（2002）．半側空間無視とそのリハビリテーションはここまで変わった（宇野彰，波多野和夫編．高次脳機能障害の臨床はここまで変わった．p.93-14）．医学書院．

研究課題

1）失語症が日常生活の言語活動と心理面にどのような影響を与えるか考えてみよう。
2）遂行機能障害によって生じる日常生活上の問題点を考えてみよう。

12 | 成人期の障害臨床例：認知症

山中克夫

　成人後期の代表的な障害である認知症の定義や特徴，認知症のタイプと原因，認知症の人に対する心理アセスメントと心理的介入について述べた。このうち心理アセスメントでは，認知機能，認知症の行動・心理症状（BPSD）に関するものを中心に解説した。また，心理的介入に関しては，認知活性化療法と応用行動分析に基づく手法について解説した。

〈キーワード〉　認知症，軽度認知障害，BPSD，アセスメント，心理社会的介入，認知活性化療法，応用行動分析

1. 認知症とは

　一般的に認知症（dementia）とは，一度獲得された認知機能が脳の障害により持続的に低下し，日常生活や社会生活に支障をきたすようになった状態を指す。ちなみに認知症ほどではないが，正常老化と比べると明らかに認知機能が低下していると考えられる状態は，軽度認知障害（Mild Cognitive Impairment：MCI）と呼ばれている。

　日常生活や社会生活に支障をきたす原因には，認知症の中核症状とされる認知機能の低下だけではなく，認知症の行動・心理症状（Behavioral and Psychological Symptoms of Dementia：BPSD）もある。実際，本人の家族や介護職員がケアを行ううえで大きく影響するのは，認知機能の低下よりもむしろ BPSD であると言ってよい。なお，海外では，BPSD 以外に，チャレンジング行動という言葉が用いられることが多い（第3章参照）。

　我が国では，2012年に全国で認知症の人は約462万人おり，2025年には約700万人に増加することが推定されている（厚生労働省，2014）。一方世界に目を向ければ，国際アルツハイマー病協会（Alzheimer's

Disease International：ADI）の2015年の報告では，世界全体での認知症の有病者の推定数は約4,680万人とされている。そして，その数は2030年には，約7,470万人に増加することが予想されている（Alzheimer's Disease International, 2015）。このようなことから，今日認知症に関する施策は世界的な取り組みになっており，先進諸国はそれぞれ国家戦略を掲げ，認知症施策を行っている。

図12-1は，これまでの研究を重ね合わせ，年齢と認知症の有病率との関係を示したものである。有病率は年齢が5歳増すごとにおよそ2倍になっており，そのことから年齢は認知症の発症に大きく関係していることがわかる。

ところで，以前我が国では，「認知症」ではなく「痴呆症」という用語が使われていた。しかし，差別的なニュアンスを含むことから，2004年に「痴呆症」から「認知症」へと行政用語が変更された。痴呆症という言葉はdementiaの訳語であるが，近年は原語についても変更の動きがみられる。たとえば，DSM-5では，dementiaの診断カテゴリーとしてMajor Neurocognitive Disorderという言葉が使われ，軽度認知障害（MCI）に相当するものとしてMild Neurocognitive Disorderという診断カテゴリーが使われている（髙橋・大野，2014）。ただし，DSM-5のMajor Neurocognitive Disorderに関する本文の説明では，demen-

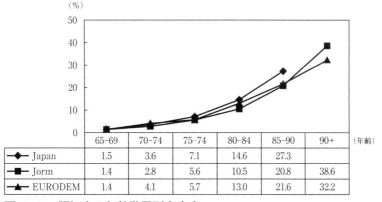

図12-1　認知症の年齢階層別有病率
（若年痴呆研究班編，2000, p.13）

tia という用語も依然として使われている。このように認知症や軽度認知障害の名称は時代や文化により，変化や差異が生じている。そのため，用語の使用については，常に注意が必要である。

2. 認知症のタイプ

　認知症には様々なタイプが存在し，それらは原因となる疾病等をもとに分けられている。たとえば，アルツハイマー型認知症とは，アルツハイマー病（Alzheimer's disease：AD）が原因と考えられる認知症である。このアルツハイマー型認知症は，認知症全体に占める割合が最も多い。次いで多いのは，レビー小体型認知症（Dementia with Lewy Bodies：DLB）や血管性認知症（Vascular dementia：VaD）であるが，これら2つはアルツハイマー型認知症と併せて3大認知症と呼ばれる。

　このうち，アルツハイマー型認知症では，アルツハイマー病の機序として，まず脳内にアミロイドβ蛋白（老人斑）が蓄積し，やがて神経原線維変化が生じる。続いて神経原線維変化により神経細胞死が起こり，結果として脳の委縮が進行し，認知症が発症すると考えられている（アミロイドカスケード仮説）。アルツハイマー型認知症では，脳の委縮の進行とともにさまざま症状が加わっていくが，アミロイドβ蛋白が側頭葉内側で顕著にみられることから，病初期から新しいエピソードを思い出せなくなる症状がみられるのが特徴である。

　一方，レビー小体型認知症は，主にαシヌクレインという蛋白からなるレビー小体が大脳皮質に広く出現することにより発症するものである。症状としては，幻視（まれに幻聴），続いて認知障害が起こる。加えて脳幹にもレビー小体が多くみられる場合には，振戦，筋固縮，無動・寡動，姿勢反射障害といったパーキンソン症状も生じる。レビー小体型認知症では，これ以外にも認知機能の変動，レム睡眠行動障害，自律神経症状他の症状がみられる。

　また，血管性認知症は，脳血管の脳虚血・脳梗塞や脳出血といった脳血管障害に起因するものである。なかでも，皮質内に大小の脳梗塞が多発したことで生じる多発梗塞性認知症（Multi-infarct dementia：MID）

は，血管性認知症の代表例である。このタイプでは，脳梗塞の発症に伴い，階段状に症状が進み，病変部位の一致した機能低下がみられるのが特徴である。

ところで，一般的に認知症と言った場合，上記のように，根本的な治療方法が見つかっていないタイプを思い浮かべるだろう。しかし，実際には治療可能な認知症（treatable dementia）のタイプも存在している。それらは認知症全体の10〜30％を占めると言われており，原因としては，慢性硬膜下血腫，正常圧水頭症，脳腫瘍などの頭蓋内の占拠性病変（正常と異なるものがその部分を占有していること），甲状腺機能低下症などの内分泌疾患，ビタミン欠乏症などの代謝性疾患等，様々なものがある。こうした認知症の原因となる疾患は，特に高齢者では，年齢によるものとされ，治せるにもかかわらず見過ごされていることが多いという（丹羽，2013a，2013b）。そのため，できる限り早期に鑑別し，適切な治療を行う必要がある。

3．心理の専門家の役割

認知症の人やその家族に対する心理の専門家の主な役割は，心理アセスメント，介入・相談の2つであると思われる。このうち，心理アセスメントでは，たとえば，認知症のスクリーニングや診断補助のために認知機能検査を行う。また，ケアや介護の計画を検討したり，経過を追跡したりするために，認知機能やBPSDに関するアセスメントを実施する。一方，介入・相談のうち，介入には，①中核症状とされる認知機能の低下予防や維持・改善のためのプログラムの作成や実施，②BPSDの原因の調査や改善のための計画の立案と実施などがある。相談（助言も含む）に関しては，認知症と診断された本人の家族や認知症の人を介護する職員やその管理者からの依頼に対し，特にBPSDへの対応に関するコンサルテーションが多い。次節からは，心理アセスメント，介入・相談の順に概要を解説する。

4. 心理アセスメント

(1) 認知機能のアセスメント

　認知機能検査では，認知症のスクリーニングに利用されているものが多い。代表的なものとしては，Mini-Mental State Examination（MMSE, Folstein et al., 1975；日本版は杉下のMMSE-J, 2012など）や改訂長谷川式簡易知能評価スケール[注]（Hasegawa Dementia Scale-Revised; HDS-R, 加藤他, 1991）がある。このうち，MMSEは時に関する見当識，場所に関する見当識，記銘，注意と計算（シリアル7），再生，描画他の11カテゴリーからなる30点満点の認知機能検査であり，所要時間は約10～20分で，23点以下が認知症疑いとされる。一方，HDS-Rは我が国で開発された検査であり，9カテゴリーからなる同じく30点満点の認知機能検査である。所要時間は約5～15分であり，20点以下が認知症疑いと考えられている。MMSEと重なる項目も多いが，描画などの動作性の項目はなく，すべてが言語性の項目であり，教育年数の影響が小さいとされているのが特徴である。またMontreal Cognitive Assessment（MoCA, Nasreddine et al., 2005；日本版はFujiwara et al., 2010, 鈴木ら, 2010）は，視空間／実行系，命名，記憶，注意力，言語（復唱，語想起）抽象概念，遅延再生，見当識のカテゴリーからなる軽度認知障害をスクリーニングする検査である。所要時間は約10～20分であり，30点満点（教育年数が12年以下の場合には合計点に1点を付与する）で，25点以下が軽度認知障害疑いとされる。

　一方，COGNISTAT認知機能検査は，詳しく個人の特徴をとらえることができる検査である（Northern California Neurobehavioral Group, 1995；日本語版は松田ら, 2009）。これは，図12-2に示したように11の下位検査から構成されており，下位検査の得点のプロフィールを描くことで，受検者の「保持されている機能」と「低下している機能」を視覚的に把握することができる。図12-2は，見当識，構成，記憶の低下が目立つプロフィールの一例を示している。また，多くの下位検査では，スクリーン・メトリック方式という実施法がとられている。このやり方

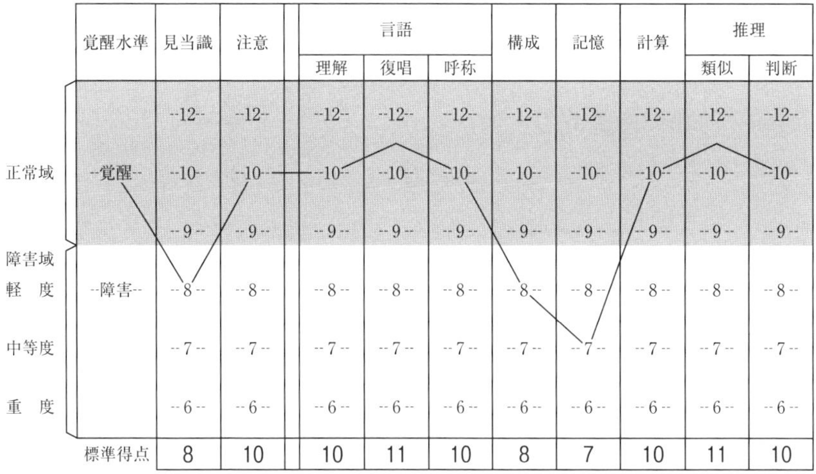

	覚醒水準	見当識	注意	言語			構成	記憶	計算	推理	
				理解	復唱	呼称				類似	判断
正常域	--覚醒--	--12--	--12--	--12--	--12--	--12--	--12--	--12--	--12--	--12--	--12--
		--10--	--10--	--10--	--10--	--10--	--10--	--10--	--10--	--10--	--10--
		--9--	--9--	--9--	--9--	--9--	--9--	--9--	--9--	--9--	--9--
障害域 軽度	--障害--	--8--	--8--	--8--	--8--	--8--	--8--	--8--	--8--	--8--	--8--
中等度		--7--	--7--	--7--	--7--	--7--	--7--	--7--	--7--	--7--	--7--
重度		--6--	--6--	--6--	--6--	--6--	--6--	--6--	--6--	--6--	--6--
標準得点	8	10	10	11	10	8	7	10	11	10	

図12-2 COGNISTAT認知機能検査のプロフィールの一例

では，各下位検査で，最初に最も難易度の高い問題を実施する。問題に正答すれば，その下位検査に満点を与え，次の下位検査に移る。一方，最初の問題にパスできなかった場合には，残りの問題を実施し，詳しく検討する。このスクリーン・メトリック方式により，COGNISTAT認知機能検査では，包括的で分析的に評価ができるだけではなく，15～25分ほどの短い時間で実施できる。

認知機能検査のなかには，数量的な点だけではなく，質的に認知症の特徴をとらえようとするものもある。たとえば，ベンダーゲシュタルトテストを用いた研究では，レビー小体型認知症の人の視覚認知の歪みが報告されている（村山ら，2007）。図12-3は，同テストのボツ点の模写の異常として，数字を書いたもの，小円のなかに模様を描いたもの，月が満ち欠けしたように書いたものなど，その典型例を示している。こうした視覚認知の歪みは，レビー小体型認知症の人の幻視などに関与すると考えられる。

この節の冒頭に述べたように，ここで紹介した認知機能検査は，もともとスクリーニング目的のために開発されたものが多いが，そうした目的に加え，下位検査や項目の得点からケアや認知症の本人との関わり方の方向性を検討したり，介入やプログラムの効果を検討したりすること

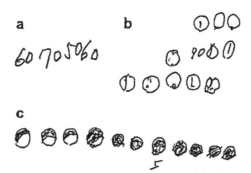

図12-3 レビー小体型認知症のベンダーゲシュタルト検査の反応例
（村山ら，2007，p.765 図3）

も少なくない。

（2） 認知機能検査の実施で気をつけること

　認知機能検査を認知症の人や認知症疑いの高齢者に実施する際には，いくつか配慮しなければならない点がある。まずこうした人では病識が低下していたり，状況を理解できなかったりすることが多いので，検査者が名前をきちんと名乗ったうえで，どんなことをするのか，どれくらい時間がかかるのかといった点をわかりやすく伝える必要がある。2点目として，老化による視力，聴力の低下が起こっていないかどうかを確認する。視力の衰えであれば，老眼に加え白内障の有無も結果に影響する。白内障は60代で80%，70代で90%が有しているとされている（日本老年医学会，2008）。老眼がある場合には老眼鏡をつけてもらい，白内障が疑われる場合には，検査場面では太陽の光などに注意する。聴力の衰えに関しては，老人性難聴（特に一側性難聴）の有無に注意する。もし難聴がある場合には，本人が注意を向けていることを確認したうえで，聞こえる耳の側からはっきりと話すことを心がける。3点目として重要な点は，高齢者のテンポに検査者が合わせることである。一般的に高齢

者の精神的テンポはゆっくりしている。そのため，検査者はゆったりとした気持ちで検査を実施し，教示もゆっくりと丁寧に行っていくことを心がける。また，検査が長時間に渡る場合には，高齢による体力の低下や精神的な疲れやすさを考慮し，途中で休憩をとるなどの配慮を行う。ただし，休憩後には集中力が回復するため，次の検査の成績が高くなりやすいと言われている。そのため，どの検査の前で休憩をとったかを記録しておき，結果の解釈の際には休憩の影響を考慮する。4点目として，本来これは最初に挙げる点だったかもしれないが，高齢者の尊厳を損なうような発言や行為をしないように，検査者は心配りをすることが大切である。

(3) BPSDに関するアセスメント

BPSDへの介入では，ターゲットとなっているBPSDについて毎回記録できればいいが，あわただしく人手不足の現場にとって現実的には難しい。そうしたことから，標準化された尺度を用いて介入前後で評価し，効果が検討されていることが多い。

代表的な尺度としては，Neuropsychiatric Inventory（NPI）がある（Cummings et al., 1994；日本版は博野ら，1997）。これは「妄想」「幻覚」「興奮」「うつ」「不安」「多幸」他の通常10のカテゴリーから構成されている（必要に応じて「夜間行動」と「食行動」のカテゴリーを加える）。具体的な進め方としては，BPSDの領域ごとに症状の有無を情報提供者にチェックしてもらい，有りと答えたBPSDのカテゴリーについては，下位項目で具体的な症状の有無を尋ねたうえで，頻度や重症度，および介護者の負担度を評定してもらう。このNPIには，他にいくつかのバージョンが存在する。NPI Nursing Home Version（NPI-NH）は，施設に入院・入所している認知症のある人のBPSDについて，看護・介護職員にカテゴリーごとに頻度と重症度および職員の職業的負担度を尋ねるものである。基本的にはNPIと同じであるが，施設の状況に合わせて質問の種類や内容が調整されている。一方，NPI-Brief Questionnaire Form（NPI-Q）は，介護者にBPSDのカテゴリーごと

に重症度と負担度のみを尋ねる簡便なバージョンである。下位項目は存在せず，頻度の質問項目もない。

これに対し，Cohen-Mansfield Agitation Inventory（CMAI, Cohen-Mansfield, 1991；日本版はコーエン・マンスフィールド agitation 評価票，本間ら，2002）は，介護者にBPSDの頻度を尋ねるものであり，BPSDを攻撃的行動と非攻撃的行動に分け，評価できるのが特徴である。

（4） その他

認知症の人では，しばしばうつ症状がみられる。また高齢者ではうつ症状に気づかず，記憶力の減退を訴え，認知症が始まったのではないかと疑う（疑われる）人も少なくない。そのようなことから，高齢者や認知症の人では，うつの評価が頻繁に行われている。代表的な尺度には，Geriatric Depression Scale（GDS）がある。これは「はい」「いいえ」の2件法で回答できるもので，高齢者には実施しやすい。GDSは30項目からなるオリジナル版（Brink et al., 1982）と，15項目からなる短縮版（Sheikh et al., 1986）があるが（日本語版は笠原ら，1995の総説等を参照），高齢者でうつ症状がある場合には集中力が低下していることが少なくないため，短縮版を利用することが多い。

また，介入では認知症の人の生活の質（QOL）が向上・改善したかどうかをみることが重要である。そうしたQOL尺度で，認知症の人に特化したものの代表例としては，QoL-AD（Logsdon, Gibbons, McCurry, & Teri, 1999；日本版はMatsui et al., 2006）がある。これは，認知症の人に「身体的健康」「活力・気力・元気」「気分」「生活環境」「記憶」「家族」他の13項目について，それぞれ「よくない」（1点）から「非常によい」（4点）の4件法で尋ねるものである。QoL-ADには，本人に尋ねるものと，家族などの代理回答者用のものがある。

5. 介入・相談

（1） 介入

認知症の人に対する心理的介入は大きく分け，中核症状に対するもの

とBPSDに関するものがある。こうした介入の効果については，システマティック・レビュー，さらにそれらのシステマティック・レビューを集約したレビューにおいて検証結果が報告されている（Abraha et al., 2017；McDermott et al., 2018）。

① **中核症状に対する心理的介入**

中核症状，すなわち認知機能の維持や改善の点で，これまで国際誌のシステマティック・レビュー等で効果が得られている心理的介入としては，認知活性化療法（Cognitive Stimulation Therapy：CST）がある。様々な課題やディスカッションを通じて全般的に認知機能を高めること，さらには対人交流を通じて社会機能を高めることを目的としたアプローチは，認知的働きかけ（Cognitive Stimulation）と呼ばれている。認知活性化療法は，認知的働きかけの代表的なプログラムであり，軽度，中等度の認知症の人を対象としたものである。このプログラムは，ロンドン大学（当時）のMartin Orrellのグループによって開発された。オリジナル版は1回およそ45～50分の活動を全14回，週に2回ずつ，7週間実施するものである。各回ではテーマが設定されている。**表12-1**はそ

表12-1 認知活性化療法のテーマ

第1回	体を動かして遊びましょう
第2回	音や音楽を楽しみましょう
第3回	子どもの頃の話をしましょう
第4回	食べ物や食事について話をしましょう
第5回	最近のニュースや流行の話をしましょう
第6回	魅力的な人や場所について語りましょう
第7回	言葉の続きを当てましょう
第8回	料理や工作を楽しみましょう
第9回	言葉探しクイズを楽しみましょう
第10回	地図を作りましょう，地図で確認しましょう
第11回	物の値段やお金について考えましょう
第12回	数字ゲームを楽しみましょう
第13回	もっと言葉を使ったゲームを楽しみましょう
第14回	チーム対抗クイズ大会

れぞれの回のテーマを表している。これらのテーマは，およそ①感覚刺激課題，②回想的な課題，③人や物の同定課題（人や物の呼名，カテゴリー分け，単語連想課題など），④日常的な話題による課題（お金の確認と使用，地理に関するものなど）に分類できる。

こうした課題や流れは，関連する過去のシステマティック・レビュー，実際的なニーズ，現場の意見をもとに整理・構造化されている。たとえば，最初の方のセッションでは，アイスブレーキングのための身体的・感覚的な活動，続いて高齢者にとってなじみ深い回想活動，その後に様々な認知機能に関するクイズやゲームが配置されている。また，各回では，テーマごとに難易度が異なる複数の活動が設定されている。

認知活性化療法の特徴は，実施しやすいことに加え，参加した人全員で楽しみながら，認知機能を維持することを大切にしている点である。スタッフが遵守すべき原則として，「パーソン・センタード・ケアの理念に沿って行うこと」，「参加者には尊敬の念を持って接し，本人に恥ずかしい思いをさせたり，つらい目に遭わせたりしないようにすること

図12-4　認知活性化療法の活動例
（山中他，2015，p.43）

（Respect）」,「活動ではスタッフだけではなく参加者を巻き込んで実施していくこと（Involvement）」,「皆で支えあって，全員が参加できるように努めること（Inclusion）」,「参加者が活動を選択できること（Choice）」,「何より活動を楽しんでもらうこと（Fun）」,「能力を試しているかのように，知っているかどうかを尋ねるのではなく，人生の先輩に意見を聞くような姿勢で接すること（Opinion rather than facts）」などが挙げられている。

また，CSTは大規模な無作為化比較試験により，認知機能の改善（MMSE他）やQOL（QoL-AD）の向上について効果が立証されている（Spector et al., 2003）。日本版についても，単盲検により，認知機能の改善と気分の改善に効果が報告されている（Yamanaka et al., 2013）。図12-4は，第4回の「食べ物や食事について話をしましょう」で，スーパーのチラシを見ながら，お得な食材や旬な食材を探したり，それを使った料理について皆で話し合ったりする活動の例を示している。

②BPSDに対する心理的介入

BPSDに対する心理的介入で，これまで国際誌のシステマティック・レビュー等で効果が得られているのは，応用行動分析に基づくスタッフの研修である。応用行動分析とは，わかりやすく言えば，行動はその前後の環境変化によって形成されているという基本原理を応用し，行動を変容させ，日常生活に改善をもたらす方法と言ってよい。図12-5は，行動を形成していると考えられる環境変化のモデルを示している。ここに示されるように，周囲のものが対応に困る行動（例　大声をあげる）には，行動が起こる前に本人にとって望ましくない「状況」（例　誰も関わってくれない；注目してくれない）があり，そうした行動を起こし

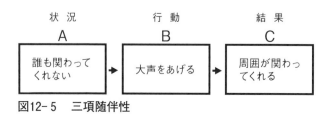

図12-5　三項随伴性

た後には本人にとって望ましい「結果」（例　周囲が関わってくれる；注目してくれた）が起こる。このうち「状況」は「行動」の生起に，「結果」は行動の維持につながると言われ，「（先行する）状況（Antecedents）」→「行動（Behavior）」→「結果（Consequence）」の3要素のつながりは三項随伴性と呼ばれている。「行動」の「状況」や「結果」は，それぞれの人で異なっており，こうした三項随伴性の立場から，行動の生起や維持を詳しく分析し，行動の変容を試みることを，英語の頭文字をとってABC分析という。

図12-6は，ABC分析の基本的な枠組みである「先行子操作」と「分化強化」を示している。このうち，先行子操作とは，先行する「状況」の要因（先行子：例　誰も関わってくれない）を明らかにし，本人がそうした行動をとらなくても済む環境（例　頻繁に声をかけられる）にしていくことである。「分化強化」とは，結果を操作する「結果操作」の一部で，本人にとっても，周囲にとっても望ましい行動（例　本人が周囲に視線を向ける）がみられた場合に本人が望む結果（例　周囲が関わってくれる）を与えるというものである。

Teriら（2005）はBPSDの対応について，ABC分析を基盤とした介護スタッフの研修プログラム（Staff Training in Assisted living Residences：STAR）を開発し，無作為化比較試験を行った。結果では，NPIの得点他で有意な改善がみられた。また，野口らは分化強化をはじめ，具体的な介入手順も盛り込んだスタッフトレーニングを実施する

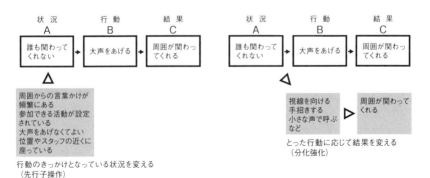

図12-6　BPSDに対する先行子操作と分化強化の例

とともに，実際に介入とBPSDの頻度の低下の追跡（プロセス分析）を行った（Noguchi et al., 2013）。さらに，こうしたトレーニングの効果を維持するためのスタッフサポートのシステムを構築した（野口ら，2016a, 2016b）。

（2） 相談（助言も含む）

認知症の人のケアや介護に関する相談（助言も含む）では，①認知症の本人の家族（あるいは本人自身）から，認知症の病気や進行の特徴，生活やサービス，対処の仕方などの相談を受けるものと，②職員から主にBPSDに関する相談を受けるものに大別される。このうち，前者に関しては，家族に対する支援について第14章でふれる。後者については，前節で述べた応用行動分析を基盤としたコンサルテーション（行動コンサルテーション）を行うのが望ましいと考えられるが，近年我が国においても，そうした研究が少しずつみられるようになってきている（石川他，2017）。

6. おわりに

心理的介入には数多くの技法が存在するが，紙面の都合上，システマティック・レビューを集約したレビューで，エビデンスが報告されている技法の記述を優先した。そうしたレビューでは比較的高い評価は得られていないが，認知症ケアの現場で定着している技法に回想法がある。我が国では，回想法に関する数多くの参考書や素材集が出版されている。実際，現場では，認知症のある人と職員は，生まれ育った土地の話であったり，昔の自慢話であったり，ごく普通に思い出話を楽しんでいる。そうした意味で言えば，回想法は特別な技法というよりも，認知症ケアのベースの技法となっているのかもしれない。最後に述べておきたいことは，回想法をはじめ，システマティック・レビューであまり効果が報告されていない技法は，効果がないわけではなく，未だ適切な効果検証が行われていない可能性があるということだ。その意味で，今後，心理的介入に関するさらなる開発や検証が望まれる。また，我が国では認知

症の人のアドボカシーに関する相談や介入がまだ十分とはいえない状況であるので、今後はこうした活動も重要になると思われる。

注）
注） 正式名称である。ただし一般的に「改訂長谷川式認知症スケール」と呼ばれることがある。

引用文献

Abraha, I., Rimland, J. M., Trotta, F. M., Dell'Aquila, G., Cruz-Jentoft, A., Petrovic, M., Gudmundsson, A., Soiza, R., O'Mahony, D., Guaita, A. and Cherubini, A. (2017). Systematic review of systematic reviews of non-pharmacological interventions to treat behavioural disturbances in older patients with dementia. *BMJ Open, 7(3)*, e012759.

Alzheimer's Disease International. (2015). World Alzheimer Report. Alzheimer's Disease International. https://www.alz.co.uk/research/WorldAlzheimerReport2015.pdf（2018年2月26日閲覧）

Brink, T. L., Yesavage, J. A., Lum, O. et al. (1982). Screening tests for geriatric depression. *Clinical Gerontologist, 1*, 37-43.

Cohen-Mansfield, J. (1991). Instruction Manual for The Cohen-Mansfield Agitation Inventory. https://www.pdx.edu/ioa/sites/www.pdx.edu.ioa/files/CMAI_Manual%20%281%29.pdf（2018年2月26日閲覧）

Cummings, J. L., Mega, M., Gray, K., Rosenberg-Thomson, S., Carusi, D.A., Gornbein, J. (1994). The Neuropsychiatric Inventory: Comprehensive assessment of psychopathology in dementia. *Neurology, 44(2)*, 2308-2314.

Folstein, M. F., Folstein, S. E., & McHugh, P. R. (1975). "Mini-mental state": A practical method for grading the cognitive state of patients for the clinician. *Journal of Psychiatric Research,* 12, 189-198.

Fujiwara Y., Suzuki H., Yasunaga M., et al. (2010). Brief screening tool for mild cognitive impairment in older Japanese: Validation of the Japanese version of the Montreal Cognitive Assessment. *Geriatrics & Gerontology International, 10*, 225-232.

博野信次・森悦朗・池尻義隆・今村徹・下村辰雄・橋本衛・山下光・池田学(1997). 日本語版 Neuropsychiatric Inventory―痴呆の精神症状評価法の有用性の検討―.

Brain and Nerve 脳と神経,*49(3)*, 266-271.

本間昭・新名理恵・石井徹郎（2002）．コーエン・マンスフィールドagitation評価票（Cohen-Mansfield Agitation Inventory: CMAI）日本語版の妥当性の検討．老年精神医学雑誌,*13(7)*, 831-835.

石川愛・大野裕史・山中克夫（2017）．介護現場における認知症の行動・心理症状に関する行動コンサルテーションの効果―予備的介入―　行動療法研究,*43(1)*, 27-38.

若年痴呆研究班（編）（2000）．若年期の脳機能障害介護マニュアル　ワールドプランニング．

笠原洋勇・加田博秀・柳川裕紀子（1995）．老年精神医学領域で用いられる測度　うつ状態を評価するための測度(1)．老年精神医学雑誌, 6, 757-766.

加藤伸司・下垣光・小野寺敦志・植田宏樹・老川賢三・池田一彦・小坂敦二・今井幸充・長谷川和夫（1991）．改訂長谷川式簡易知能評価スケール（HDS-R）の作成　老年精神医学雑誌,*2(11)*, 1339-1347.

Logsdon, G.R., Gibbons, L.E., McCurry, S.M., & Teri, L. (1999). Quality of life in Alzheimer's disease: Patient and caregiver reports. *Journal of Mental Health and Aging, 5,* 21-32.

松田修・中谷三保子（2009）．日本語版COGNISTAT検査　ワールドプランニング．

Matsui, T., Nakaaki, S., Murata, Y., Sato, J., Shinagawa, Y., Tatsumi, H., & Furukawa, T.A. (2006). Determinants of the quality of life in Alzheimer's disease patients as assessed by the Japanese version of the Quality of Life-Alzheimer's disease scale. *Dementia and Geriatric Cognitive Disorders, 21(3),* 182-191.

McDermott, O., Charlesworth, G., Hogervorst, E., Stoner, C., Moniz-Cook, E., Spector, A., Csipke, E. and Orrell, M. (2018). Psychosocial interventions for people with dementia: A synthesis of systematic reviews. *Aging & Mental Health,* 1-11. [Epub ahead of print]

村山憲男・井関栄三・杉山秀樹・山本由記子（2007）．ベンダーゲシュタルトテストによるレビー小体型認知症の簡易鑑別法の開発　老年精神医学雑誌,*18(7)*, 761-770.

Nasreddine ZS, Phillips NA, Bédirian V, Charbonneau S, et al. (2005). The Montreal Cognitive Assessment (MoCA): A Brief Screening Tool For Mild Cognitive Impairment. *Journal of the American Geriatric Society, 53(4),* 695-699.

日本老年医学会（2008）．改訂3版老年医学テキスト　メジカルレビュー社．

Noguchi, D., Kawano, Y. and Yamanaka, K. (2013). Care staff training in residential homes for managing behavioural and psychological symptoms of dementia based on differential reinforcement procedures of applied behaviour analysis: a process research. *Psychogeriatrics, 13(2)*, 108-117.

野口代・河野禎之・山中克夫 (2016a). 応用行動分析に基づくBPSDマネジメントの研修効果を維持するためのスタッフ・サポート・システム (SSS) の構築　高齢者のケアと行動科学, 21, 13-33.

野口代・河野禎之・山中克夫 (2016b). 支援決定モデルを用いたスタッフ・サポート・システム (SSS) の効果検証　──介入厳密性が高いにも関わらずBPSDが改善しない事例──　高齢者のケアと行動科学, 21, 34-49.

Northern California Neurobehavioral Group. (1995). *Neurobehavioral Cognitive Status Examination (COGNISTAT)*. California: The Northern California Neurobehavioral Group Inc.

丹羽篤 (2013a). Treatable dementiaとは　中島健二・天野直二・下濱俊・冨本秀和・三村將 (編). 認知症ハンドブック (pp.127-128) 医学書院.

丹羽篤 (2013b). Treatable dementiaを来す主な原因疾患の特徴的な身体・神経徴候　中島 健二・天野 直二・下濱 俊・冨本 秀和・三村將 (編) 認知症ハンドブック (pp.128-133) 医学書院.

Sheikh, J. I., Yesavage, J. A. (1986). Geriatric Depression Scale (GDS): Recent evidence and development of a shorter version. *Clinical Gerontologist, 5*, 165-173.

Spector, A., Thorgrimsen, L., Woods, B. et al. (2003). Efficacy of an evidence-based cognitive stimulation therapy programme for people with dementia; Randomised controlled trial. *The British Journal of Psychiatry, 183*, 248-254.

杉下守弘 (2012). MMSE-J 精神状態短時間検査　日本文化科学社.

鈴木宏幸・藤原佳典 (2010). Montreal Cognitive Assessment (MoCA) の日本語版作成とその有効性について　老年精神医学雑誌, 21(2), 198-202.

American Psychiatric Association (2013). *Diagnostic and Statistical Manual of Mental Disorders: DSM-5*. Virginia: American Psychiatric Association Publishing. (髙橋三郎・大野裕 (監訳) (2014). DSM-5精神疾患の分類と診断の手引　医学書院)

Teri, L., Huda, P., Gibbons, L., Young, H. and van Leynseele, J. (2005). STAR: a dementia-specific training program for staff in assisted living residences. *The Gerontologist, 45(5)*, 686-693.

Yamanaka K, Kawano Y, Noguchi D, Nakaaki S, et al. (2013). Effects of Cognitive

Stimulation Therapy Japanese version (CST-J) for people with dementia: a single-blind, controlled clinical trial. *Aging & Mental Health, 17(5)*, 579-586.

山中克夫・河野禎之・エイミー・スペクター他（2015）．認知症の人のための認知活性化療法マニュアル　エビデンスのある楽しい活動プログラム　中央法規．

参考文献

池田学（2010）．認知症―専門医が語る診断・治療・ケア―　中央公論社．

中島健二・天野直二・下濱俊・冨本秀和・三村將（2013）．認知症ハンドブック　医学書院．

日本神経学会（監修）「認知症疾患診療ガイドライン」作成委員会（編集）（2017）．認知症疾患診療ガイドライン2017　医学書院．

研究課題

1）心理アセスメントを実施する際には，ここで述べたこと以外にどのようなことが重要と思われるか，考えてみよう。
2）ここで採り上げたもの以外の心理的技法についてどのようなものがあるか調べてみよう。

13 | 対応が難しく，個別性の高い障害者に対する心理的介入法：応用行動分析

五味洋一

重度の知的障害や自閉スペクトラム症のある人の事例を通じて，応用行動分析学の視点から，適切な行動を生じやすくするための環境設定，適応的な行動の獲得，適切な行動を維持するための介入技法について述べる。

〈キーワード〉 応用行動分析学，分化強化，構造化，代替コミュニケーション，自立課題

---

1. 応用行動分析学に基づく心理的介入

（1） 応用行動分析学とは

応用行動分析学（Applied Behavior Analysis；以下，ABA とする）は，米国の心理学者である B. F. スキナーによって創始・発展してきた行動分析学（Behavior Analysis）から派生した心理学の一分野である。すでに第6章第3節でも見てきたように，ABA の特徴は，ある行動の原因を，行動をした人―すなわち「個体」―と行動が生じた状況や条件―すなわち「環境」―との関係から分析する点にある。何らかの理由により変容の必要性が生じた行動を「目標行動」として定義し，目標行動が生じた環境にもともと存在した刺激や条件を「先行事象」，目標行動が生起した後に生じた刺激や条件を「後続事象」として記述する。そして，これらの3つの要素を図式化することで，目標行動が生じている（あるいは生じていない）理由を，個人と環境条件との関係から検討するのである。

（2） 後続事象に対するアプローチ

三項随伴性の枠組みにより目標行動と環境条件を記述する際，ABA

の専門家が最も関心を寄せるのは，「この行動はどのような後続事象によって維持されているのか」ということである。たとえば，ある子どもがおもちゃ売り場に行くたびに大声で泣きながら駄々をこねる理由を考えてみよう。一般的な説明をするならば「躾がなっていないから」といった理由があげられるかもしれない。しかし，こうした説明は駄々をこねている状態に対して「躾がなっていない」という"ラベル"をつけているだけで，根拠のある解決策は提示していない点で，問題解決には不向きであると言わざるをえない。

　行動の原理に従えば，その行動が繰り返されているということは，駄々をこねる行動は，その後に生じている後続事象によって「強化」されていると考えられる。それは，「今日だけだからね」と言っておもちゃを買ってもらえることかもしれないし，「帰ったらプリンがあるから今日はがまんして」と言われ，帰宅後に得られるお菓子かもしれない。おもちゃやお菓子といったその人にとっての「好ましい物・こと」は「好子（reinfoercer）」と呼ばれ，行動の後に好子が出現すると，その行動は強化され起こりやすくなる。これは「好子出現による強化」と呼ばれる原理である。おもちゃ売り場で駄々をこねる行動が繰り返されているのであれば，おそらく一緒に買い物に行っている家族が，駄々をこねる行動をエスカレートさせていると気づかずに，こうした好子を提示してしまっていると考えられる。

　強化と弱化の法則は複雑に見えるが，**表13-1**のように整理すれば比較的理解がしやすいだろう。行動の結果としてどのような刺激や条件が出現もしくは消失したのかという観点に立つことにより，私たちは「わがままだから」というような単なるラベリングによる説明から脱却し，「帰宅後にプリンを食べられるという好子が出現するために駄々をこねる行動が強化されている」という観察可能な仮説に基づいた説明をすることができる。そして，このことは「駄々をこねたときには帰宅後にプリンをあげない」という後続事象の操作を行うことで，将来の駄々をこねる行動の生起頻度を減らせることを意味するのである。

　なお，実際に上記の例で示した介入（intervention）の効果を発揮さ

表13-1　後続事象の類型と具体例

後続事象		説明	具体的な例
好子	出現	「好子出現による強化」により行動は増加する	・服を畳む手伝いをしたらお母さんが喜んだため，次の日もまた手伝いをした【好子：母の笑顔】。 ・駄々をこねたらおもちゃを買ってもらえたので，次におもちゃ売り場に行ったときも駄々をこねた【好子：おもちゃ】。
	消失	「好子消失による弱化」により行動は減少する	・2年生になったらがんばっても褒めてもらえなくなったので，掃除を真面目にやらなくなった【好子：先生からの賞賛】。 ・約束の時間以上にゲームをしていたらゲーム禁止になったため，翌週から時間を守るようになった【好子：ゲームをやる時間】。
嫌子	出現	「嫌子出現による弱化」により行動は減少する	・ジョギングを始めたら，膝が痛くなってしまい，すぐに止めた【嫌子：膝の痛み】。 ・友だちをからかったら泣いてしまったので，その後はからかうのを止めた【嫌子：友だちの泣き顔】。
	消失	「嫌子消失による強化」により行動は増加する	・鍼灸に行ったら背中の痛みが楽になったので，頻繁に通うようになった【嫌子：背中の痛み】。 ・大声で喚いたら，嫌いな子が離れていったので，その子が近づくと喚くようになった【嫌子：嫌いな子】。

せるのは簡単ではない。なぜならば，もともと得られていた好子を得られないようにするという手続きは「消去（extinction）」と呼ばれる後続事象の操作にあたり，一時的に消去された行動の頻度や強度が増加することが知られているためである（これを「消去バースト（extinction burst）」という）。「おもちゃもプリンもダメ」と宣言したことにより，ますます激しく駄々をこねるわが子を見て，家族は結局おもちゃを買ってあげたり，プリンを約束してしまうかもしれない。消去の手続きを徹底して継続すればいずれは駄々をこねる行動は消失するものの，途中で匙を投げてしまえば，かえって問題行動をエスカレートさせてしまう原因となる。そのため，実際の対応を考える際は，先行事象へのアプローチと合わせて検討されることが望ましい。

（3）　先行事象へのアプローチ

　様々な行動に着目してその先行事象を探ろうとすると，非常に多くの刺激や条件があることに気がつくだろう。たとえば，先ほどのおもちゃ売り場の例を考えてみると，一緒にいる家族，おもちゃ売り場のディスプレイ，店にかかっている音楽，すれ違った子どもの持っていた購入済みのおもちゃの袋，家族からの「今日は買いません」という宣言などが，駄々をこねるきっかけとなる刺激や条件（弁別刺激；discriminative stimuli）として思い浮かぶ。家で見たおもちゃのチラシ，直近のおもちゃを買ってもらった時期，以前におもちゃ売り場に来たときの家族の言葉（「また今度ね」など），学校での友だちの自慢，家族の注目が弟に偏っているといった間接的な条件（動機づけ操作；motivating operation）まであげれば，まさに無数と言って良いだろう。

　どのような先行事象が，問題となっている行動を起きやすくしているのかは，家族などの身近な人へのインタビューやABC記録（第6章を参照）に基づいて判断する必要がある。問題となっている行動が生じている場面に頻繁に存在する刺激や条件は，その行動の生起に強く影響を与えている先行事象である可能性が高い。また，障害のある子どもや大人の行動を扱う場合，その人の認知発達の状況や障害特性に関する知識や情報を有していることが重要になる。たとえば，発達の遅れがあり感情のコントロールが十分にできない子どもであれば，おもちゃ売り場の前で問題行動を消去する手続きを採用するよりも，おもちゃ売り場に近づかないよう動線を組む（問題行動の先行事象となっている刺激を取り除く）ほうが良いかもしれない。

　なお，問題行動の先行事象となっている刺激や条件を取り除けば，その問題行動は起きにくくなるが，それは適切な行動が増えることとイコールではない。おもちゃ売り場を避ければ駄々をこねる行動は減るが，おもちゃを我慢したり，家族に適切にねだったりできるようになるわけではない。買ってもらうためのルールを決めて子どもに分かる形で提示するなど，適切な行動が起きやすくするための先行事象を取り入れるとともに，前項の後続事象へのアプローチや，次項の行動へのアプローチ

と組み合わせることが望ましい。

（4） 行動へのアプローチ

　発達に遅れや偏りのある障害児・者が，日常生活や学習場面で適切な行動をすることができないとき，そこには大きく3つの理由がある（Gresham, 2002）。1つ目は獲得欠如（acquisition deficit）と呼ばれる状態で，その場面でどのように行動すべきかがわからなかったり，適切な行動を行うスキルが未獲得である状況を指す。2つ目は遂行欠如（performance deficit）であり，適切な行動を行うスキル自体は身についているものの，置かれた環境条件の下ではその行動が生じない状況を指す。そして3つ目が流暢性の欠如（fluency deficit）であり，適切な行動を行うための練習が不足しているために，速やかに行動を始発できなかったり，持続させられなかったりする状況である。遂行欠如により適切な行動が生じない場合，ここまで述べてきたように，目標行動の先行事象や後続事象を分析し，その行動が生じやすい環境設定を行う必要がある。一方，適切な行動が生じない理由が獲得欠如や流暢性欠如にあった場合，その行動自体の獲得を促したり，流暢性を高めるための練習をしたりする必要がある。

　新たな行動の形成を行ううえで中核的な役割を果たすのが分化強化（differential reinforcement）という技法である。分化強化とは，ある行動が強化されるような後続事象を設定する一方，それ以外の行動は強化されないようにすることである。おもちゃ売り場で駄々をこねる行動に困っていた家族が，大声で喚いておもちゃを要求するのではなく，適切な方法でねだる行動を子どもに教えたいと考えたとしよう。家族は子どもに「上手なねだり方」を事前にレクチャーし，それを実際におもちゃ売り場の前で実践できたときに値段の上限を定めておもちゃを買ってあげることにした（好子出現による強化）。一方，それでも大声でおもちゃを要求してしまったときには，無言で子どもをおもちゃ売り場から遠ざけ，決して買うことはしないようにした（消去）。これは望ましい行動の頻度を増やし，望ましくない行動の頻度を減らすための分化強

化の適用例である。

　新しい行動の獲得を促すための指導技法には様々なものがあるが，代表的なものについては第2節および第3節で事例を通して紹介し，応用行動分析学に基づく心理的介入に関する理解を深めたい。

2. 事例①：機能的アセスメントに基づく支援

(1) 特別支援学級での"脱走"が問題となっていたコウスケ

　自閉スペクトラム症と中度の知的障害を有する小学校2年生のコウスケは，1日のうち多くの授業時間を特別支援学級で過ごしていた。問題となっていたのは，今年度に入ってから，授業中に席から立ち上がり教室内の関係のない教材で遊んでしまうことが頻繁になっていたことである。コウスケが離席をすると，担任は必ずコウスケをつかまえて席に戻すように心がけていた。この学級では，常に3～4人の児童が一緒に勉強しており，その子どもたちへの悪い見本になることを恐れたためである。しかし，最近はつかまえにきた担任に唾を吐きかけるなど，問題行動がエスカレートしてきた。担任はそうした行為がなぜダメなのかを丁寧に説明ししっかりと謝らせるようにしているが，なかなか行動が改善されず，担任の悩みは日に日に深くなっている。

(2) 機能的アセスメントに基づく問題の分析

　コウスケの"脱走"について相談を受けた外部支援者は，1週間，離席と唾吐きの頻度を記録するとともに，問題が起きた状況のABC記録を取るように依頼した。1週間後，それらの記録を担任へのインタビューで補完して整理したものが図13-1である。記録に基づいて問題を整理することに成功したため，次に離席や唾吐きがどのような後続事象によって強化されているのか，すなわち行動の「機能（function）」を推定するステップに進んだ。コウスケの離席や唾吐きという一連の行動が続いている状況を整理すると，それらの行動の後には高い確率で「先生が捕まえにくる」「叱られる」「丁寧に説教される」といった後続事象があることがわかった。では，これらの後続事象はコウスケにとっ

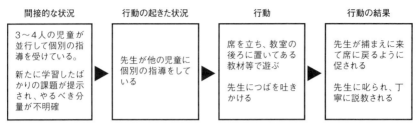

図13-1　コウスケの離席や唾吐きが生じる随伴性の整理

てどのように働き，離席等を強化しているのだろうか。

表13-2は，数々の先行研究で提案されている望ましくない行動の典型的な機能を示したものである（たとえば，O'Neill et al., 1997）。この類型を参考にコウスケの行動の機能を推定してみると，まず，コウスケが離席をするたびに担任は他の児童の指導を中断してコウスケを捕まえに行っていることから，担任は意図せずしてコウスケに「注目」を与えて離席を強化してしまっていると考えられた。また，捕まえにきた担任につばを吐きかけるコウスケに対し，担任は丁寧な指導をその場で行っていたが，そのことが課題からの「逃避」を許していたと考えられる。

表13-2　望ましくない行動を維持させる典型的な後続事象

感覚的な刺激の獲得（感覚）
・視覚：手を目の前でひらひらさせてそれを見入る。 ・聴覚：耳を指で塞ぎながらウーウーと唸り声をあげる。 ・触覚：ザラザラとした触感のする決まった服しか着ない。 ・嗅覚：灯油の容器のフタを開けて匂いを嗅ぐ。
注目の獲得（注目）
・叱責される：友だちを叩いて先生に叱られると，先生の注目を独占できる。 ・表情の変化：卑猥な発言を繰り返すと，そのたびに相手が嫌そうな顔をする。
ものや活動の要求（要求）
・物の要求：給食の時間に大声を出して暴れることで，おかわりができる。 ・機会の要求：友だちを押しのけることで，先にブランコで遊ぶことができる。
活動や刺激から逃れる（逃避）
・感覚刺激：自分の頭を何度も叩くと，騒がしい教室から離れて別室で休憩できる。 ・注目：苦手なクラスメイトと顔を合わせないように，休み時間はトイレに篭る。 ・課題：大声を出して喚くと先生に長時間叱られ，結果的に課題をやらずに済む。

つまり，ここでの仮説は，コウスケの離席および唾吐きは「担任からの注目獲得と課題からの逃避の機能を有している」ということになる。

(3) 望ましくない行動を減らすアプローチ

機能的アセスメントにより望ましくない行動の機能が推定できることから，その行動を維持している後続事象にアプローチし，望ましくない行動がこれ以上強化されないように環境を整えることを検討した。コウスケの場合，離席や唾吐きの機能が「注目」や「逃避」であると推定されたため，介入の基本方針は「望ましくない行動をしたあとの担任からの注目を最小限に留め，課題からの逃避をさせない」ということになる。実際のコウスケの離席が生じた際の対応の変更は図13-2に示すようなものであった。

行動上の問題に対してどれだけ入念なアセスメントをして介入計画を立てても，多くの場合は望ましくない行動がすぐに消失することはなく，介入実施中に望ましくない行動が生じてしまうことがある（志賀, 2000）。後続事象へのアプローチを計画しておくことは，望ましくない行動を生じにくくするためだけでなく，生じてしまったときにどのように対処するかという危機管理の観点からも重要である。

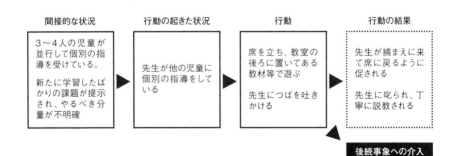

図13-2　望ましくない行動を減らすアプローチ

（4） 適切な行動を増やすためのアプローチ

　望ましくない行動を減らすための後続事象への介入を計画したら，次に重要になるのは「適切な行動が起きやすい状況」をどのように作り出すかということである。その場面で求められる適切な行動が増加すれば，結果的に不適切な行動は生じにくくなることから，これは予防的なアプローチとも呼ばれる。

　先行事象に注目すると，教室には複数の児童がおり，担任はそれぞれの児童のところに移動して順に個別指導をしていたことがわかる。つまり，コウスケにとっては担任の注目が得られない時間が必ず生じていることを意味する。加えて，与えられた課題は新たに学習したばかりのものであり，担任が他の児童に指導をしている状況で単独で取り組むには難易度が高い可能性が考えられた。そこで，図13-3に示すように先行事象となっていた学習環境を変更するとともに，適切な行動が強化されるような介入を導入した。

　先行事象への介入としては，①コウスケを含む授業を受けるすべての

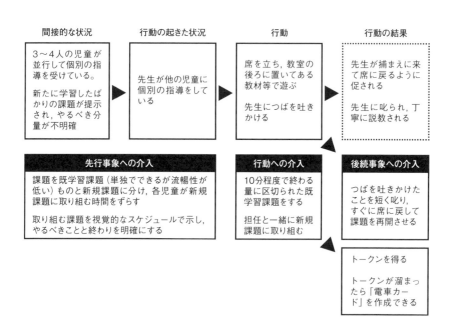

図13-3　適切な行動を増やすためのアプローチ

児童の課題を「既習課題（すでに学習済みだが定着や流暢性の向上が必要な課題）」と「新規課題」に分け，②担任の個別指導が必要な新規課題に取り組む時間を児童ごとにずらして設定した。また，③取り組むべき課題の順序がわかるようにスケジュールを視覚的に示すとともに（図13-4左），④既習課題は分量や終わりを明確にして，コウスケ自身が自立的に取り組めるようにした。これにより，援助の必要な新規課題では確実に担任による個別指導が確保され，担任が他の児童に新規課題の指導を行っている時間は，既習課題に単独で取り組むことのできる課題設定を作り出した。

　上記の課題設定の変更に加えて，既習課題についてはコウスケが集中を維持できる10分程度で一区切りとなるよう課題を分割し，課題への適切な取り組みが強化されるようにトークンエコノミー法（token economy）を導入した。トークンエコノミー法は分化強化により適切な行動を増加させるための代表的な技法であり，適切な行動に対してシールなどのトークンを提示し，トークンが一定数蓄積されたら，それに対してバックアップ強化子（backup reinforcer）を提示する方法である。コウスケの場合，プリントを1枚終えると専用のシートにシールを1枚貼ることができ（図13-4右），事前に定めた枚数が溜まったらバックアップ強化子として「はがきサイズのカードに大好きな電車の絵を描く時間」をもらえるシステムとした。

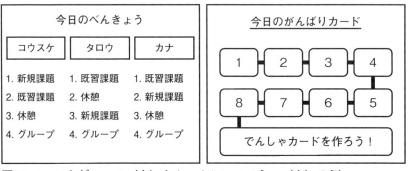

図13-4　スケジュール（左）とトークンエコノミー（右）の例

(5) 事例のまとめ

　機能的アセスメントは，問題の原因を探り，効果がある可能性の高い介入を選択するための強力なツールであるが，自動的に適切な介入方法を導き出す"魔法"ではない。仮説に基づいて適切な介入方法を選択するためには，様々な領域で開発された支援の技法の効用と限界を学ぶ必要がある。特に自閉スペクトラム症の人への支援においては，コウスケに適用したような，対象者が理解しやすいように情報を提示し，自立的に行動できるように物理的な環境や時間等を整える「構造化（structured teaching）」の手法を活用することは極めて重要である。また，問題が認知特性の偏りに起因する場合，認知機能の適切な評価の方法やそれを補償する方略についての知識も欠かせないだろう。

3. 事例②：自閉症のある子どものコミュニケーションスキルの形成

(1) 家庭での自傷が顕著なカナ

　カナは小学校1年生の女子である。3歳児乳幼児健診にて発達の遅れを指摘され，その後，医療機関にて知的障害を伴う自閉スペクトラム症の診断を受けている。今に至るまで発語はほとんど見られず，食事や着替え，排泄といった身の回りのことの大部分は，大人の手助けが必要な状況である。現在，家族が困っているのは，自分の頭を強く叩く行動が頻繁に見られることである。何もしていないときに急に始めることもあれば，遊びに誘ったら突然叩き始めることもあり，家族は原因がわからずに日々悩んでいる状況である。

(2) 機能的アセスメントに基づく問題の分析

　ABC記録や家族へのインタビューの結果を整理したものを図13-5に示す。収集した情報からわかったのは，カナの自傷は母親が夕食の準備をしている時間に起きやすく，自傷をすると母が準備の手を止めて駆け寄ってくることによって強化されている（「注目の獲得」の機能を有している）と推察された。また，遊びやおもちゃを提案したときにも自傷

図13-5 カナの自傷が生じる随伴性の整理

が起こることがあり，このときの自傷は，最初に提案された遊びやおもちゃとは違うものを出してもらえることによって強化されている（「物や活動の要求」の機能を有している）と推察された。加えて，こうした自傷が生じやすくなる背景には，母親がおもちゃをカナの手の届かない高さの棚に閉まって管理していることがあると考えられた。その理由を尋ねてみると，カナがおもちゃを散らかしたまま片付けず，散らかったおもちゃのなかから目当てのものが見つからないとパニックになるためとのことであった。

(3) カナへの介入計画

　カナの自傷への介入計画を図13-6に示す。機能的アセスメントによりカナの自傷が「物や活動の要求」の機能を有していると推定されたため，介入計画の中核は，自傷と同じ「物や活動の要求」の機能を有する，より適切な行動を形成して自傷をしなくても済むようにするというものであった。具体的には，図13-7に示すように，遊びやおもちゃを示す写真カードを作成し，カナの手が届く位置にマジックテープで貼り付ける形で設置した。カナは遊びたいおもちゃ等があるときには，そのおもちゃ等の写真カードを剥がして母親に手渡すことで，自傷をすることなく目当てのおもちゃを出してもらえるようになった。

　カナのように，音声言語によるコミュニケーションに制約がある場合，日常生活のなかで要求などを適切に周囲に伝えることができず，結果として自傷等の不適切な行動を通じて注目を求めたり物を要求したりするようになるケースが少なくない。そこで重要となるのが，音声言語以外の手段（例：サイン，身振り，絵などの視覚シンボル，音声出力を備え

間接的な状況	行動の起きた状況	行動	行動の結果
おもちゃはカナの手が届かないところに母が管理	母が夕飯の準備をしている 家族がおもちゃや遊びを提案	自分の頭を何度も叩く	母が駆け寄ってきて自傷を止める 違うおもちゃを出してもらえる

先行事象への介入	行動への介入	後続事象への介入
おもちゃを種類別に箱に入れ，箱単位で取り出せるようにする。 それぞれのおもちゃの写真を取り，印刷後にカードにして，カナの手の届くところに貼り出す	遊びたいおもちゃのカードを母のところに持っていく	すぐにそばに行き自傷を止める なだめるような言葉かけはしない
		持っていったカードと同じおもちゃを出してもらえる

図13-6　カナの自傷への介入計画

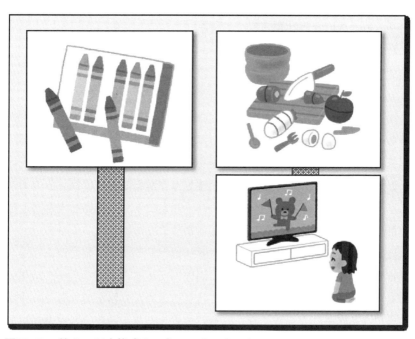

図13-7　絵カード交換式のコミュニケーションツール

た機器）で音声コミュニケーションを補ったり，代替したりする「拡大・代替コミュニケーション（Argumentative Alternative Communication; AAC）」の活用である。カナが用いたような絵カードによるAACの代表的なものが絵カード交換式コミュニケーションシステム（Picture Exchange Communication System; PECS）であり，利用する者の自立の促進や行動上の問題の低減に有効であると考えられている（Bondy & Frost, 2002）。

なお，カナの自傷は「注目の獲得」の機能も有していると推定されたため，理論上は消去手続き（例：自傷をしても母が止めに行かない）も有効であると考えられた。しかし，実際にこれを適用することには安全上の問題があったため，自傷が強化されてしまうことを承知のうえで，自傷が生じたときには危機介入としてそれを制止する方法を継続した。また，母親によるおもちゃの管理方法を変更してカナが自由におもちゃにアクセスできるようにするという選択肢もあったが，これも実現が難しい介入であった。なぜならば，おもちゃにカナが自由にアクセスできるようにすることは，家庭の秩序を崩し，かえって自傷を増やしてしまうと家族が考えていたためである。

このように機能的アセスメントから導き出した介入は，理論上は有効であっても安全や家族等の価値観やライフスタイルを考慮した場合に，導入することが難しいケースがある。このように，問題が生じている文脈で大切にされている事柄を考慮に入れ，それに適合するように介入計画を調整する考え方は「文脈適合性（contextual fit）」と呼ばれ（Crone & Horner, 2003），介入計画を立案する際に極めて重要になる視点である。

（4） 事例の総括

知的障害や自閉スペクトラム症のある人は，障害特性や知的能力の水準に合わない環境に置かれたとき，自傷や他傷などの深刻な行動上の問題に至るリスクが高いことが知られている（五味，2014）。こうした強度が高く，深刻な行動上の問題に対しては，消去手続き等の望ましくな

い行動を減らす手法が適用しにくく，危機管理を優先しなければならないケースも少なくない。そのため，問題が生じにくく適切な行動が生じやすいような予防的な環境づくりが第一に重要であり，安定して活動できる環境のなかで段階的に新たな適応的な行動を形成していくアプローチが求められる。

4. おわりに

　本章では，知的障害や自閉スペクトラム症のある児童への支援事例を取り上げながら，ABAの基本的な考え方，問題解決の中核となる機能的アセスメントの適用方法およびその結果に基づく介入計画の立案のプロセスについて詳述した。どのような行動であっても，それが生じるにはそれだけの理由があり，機能的アセスメントはその原因を観察と操作が可能な環境から見つけ出すという点で，実践的かつ有益な手法と言えよう。本章では紙面の関係から立案のプロセスに焦点を絞ったため，機能的アセスメントの基盤となっている観察・記録の活用や，介入後の効果評価のための行動観察については触れなかった。観察・記録から問題の分析，介入の立案と評価を実際に繰り返し，その理解と技術を高めていただきたい。

引用文献

Bondy, A. & Frost, L.（2002）A picture's worth: PECS and other visual communication strategies in autism. Writers House LLC and Woodbine House, Inc., Bathesda. 園山繁樹・竹内康二訳（2006）自閉症児と絵カードでコミュニケーション：PECSとAAC．二瓶社．

Crone, D. A. & Horner, R. H.（2003）Building positive behavior support systems in schools: Functional behavioral assessment. The Guilford Press. 野呂文行・大久保賢一・佐藤美幸・三田地真実訳（2013）スクールワイドPBS：学校全体で取り組むポジティブな行動支援．二瓶社．

五味洋一（2014）強度行動障害とは．強度行動障害支援者養成研修（基礎研修）プ

ログラム作成委員会編，強度行動障害支援者養成研修【基礎研修】受講者用テキスト，11-33．独立行政法人国立重度知的障害者総合施設のぞみの園．
Gresham, F. M.（2002）Teaching social skills to high-risk children and youth: Preventive and remedial strategies. In Shinn, M. R., Walker, H. M., & Stoner, G.（Eds.）, Interventions for academic and behavior problems II: Preventive and remedial approaches, 403-432. National Association of School Psychologists, Bethesda, MD.

参考文献

井上雅彦編著（2008）自閉症の子どものための ABA 基本プログラム：家庭で無理なく楽しくできる生活・学習課題46．学研．
佐々木正美（2004）自閉症児のための絵で見る構造化．学研．
志賀利一（2000）発達障害児者の問題行動：その理解と対応マニュアル．エンパワメント研究所．
ロバート・E. オニール，リチャード・W. アルビンほか（2017）子どもの視点でポジティブに考える問題行動解決支援ハンドブック．金剛出版．

研究課題

1）身近な行動を目標行動として選び，その観察記録をもとに機能的アセスメントを実施してみましょう。
2）機能的アセスメントの結果に基づいた介入計画を立案し，実行，評価してみましょう。

14 障害のある人の家族を支える：認知症高齢者の家族を例に

山中克夫

　本章では，障害のある人の家族を支える方法として，認知症高齢者の家族への相談支援，介入を取り上げる。具体的には，介護する家族をめぐる問題（介護による離職，虐待等）や認知症介護における心理的過程についてふまえたうえで，家族支援の全般的な進め方，認知症の症状の進行に応じた基本的な相談の進め方，家族への臨床心理の技法（アクセプタンス＆コミットメント・セラピー）を学ぶ。
〈キーワード〉　認知症，家族，相談支援，心理的介入，アクセプタンス＆コミットメント・セラピー

　我が国では，高齢者人口の上昇とともに，要介護高齢者の数も増加している。要介護高齢者では，認知症を伴うケースが多く，介護保険の一次判定時の認定調査結果において，認知症の日常生活自立度判定がⅡ（認知症があり，日常生活上で何らかの支障が生じている段階）以上であった人の割合は約6割にのぼる。その割合は要介護度があがるにつれ上昇し，要介護3では約8割，要介護5では約9割まで増加する（厚生労働省，2013）。次節では，まず介護によって生じる家族の問題全般をみていく。

1. 介護する家族をめぐる問題

（1）介護による離職，ダブルケアの実態

　総務省統計局（2013）の平成24年就業構造基本調査によれば，雇用者で介護をしている人は239万9千人であった。そのうち女性は137万2千人，男性は102万7千人であり，年齢別にみると男女ともに「55～59歳」が最も多くなっていた。そして，調査前の1年間（2011年10月～2012年9月）で，家族の介護等を理由に転職や離職をした人の数は10万1千

100人にのぼり，そのうち女性が8割を占めた。また，内閣府（2016）の調査によれば，約25万人（そのうち女性が約17万人，男性が約8万人）が，育児と介護のダブルケアをしていると推計されており，そのうち女性の約半数，男性のほぼすべてが有業者であった。加えて，ダブルケアを行う男性は半数以上が配偶者から「ほぼ毎日」手助けを得ているが，女性では4人に1人にとどまり，男性に比べ女性では，周囲からの手助けが得られていない実情が明らかにされた。さらに「業務量や労働時間を減らした」者は男性で約2割，女性で約4割存在し，そのうち離職して無職になった者は男性で2.6%，女性で17.5%であった。

（2） 虐待

図14-1は，養護者による高齢者虐待の相談・通報件数と虐待判断件数の推移を示している。平成27年度の厚生労働省（2017）の報告では，被虐待高齢者の総数のうち，虐待の種別では，「身体的虐待」が66.6%で最も多く，次いで「心理的虐待」が41.1%，「介護等放棄」が20.8%，「経済的虐待」が20.0%となっていた。性別でみると，被虐待高齢者のうち女性が76.8%と多くなっている。年齢は80～84歳が24.1%，次いで75～79歳が21.4%を占めた。

虐待のタイプと被虐待高齢者の特徴との関係をみると，要介護度が重度の場合には，「介護等放棄」が多くなり，被虐待高齢者の寝たきり度

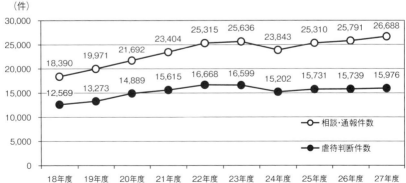

図14-1　養護者による高齢者虐待の相談・通報件数と虐待判断件数の推移
（厚生労働省，2017，p.2，図2）

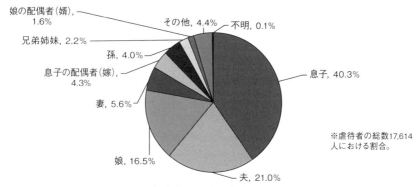

図14-2 被虐待者からみた虐待者の続柄（厚生労働省, 2017, p.14, 図23）

が高い場合には，「介護等放棄」に加え「経済的虐待」を受ける割合が高くなり，虐待の深刻度（生命，身体，生活への影響等の程度）が重いことが明らかにされている。また，被虐待高齢者に認知症がある場合には，「介護等放棄」を受ける割合が高い。一方，介護保険サービスを受けているケースでは，虐待の程度（深刻度）が低いことが明らかにされている。

図14-2は被虐待者からみた虐待者の続柄をあらわしたものである（厚生労働省，2017）。続柄で最も多いのは息子であり，これは全体の40.3%にあたる。次いで夫が21.0%，娘が16.5%となっており，夫と子どもで全体の8割近くを占めた。

市町村の任意・自由記載をもとに集計した虐待の発生要因をみると，「虐待者の介護疲れ・介護ストレス」が25.0%で最も多く，次いで「虐待者の障害・疾病」（23.1%），「被虐待者の認知症の症状」（16.1%）の順となっていた。

（3） 殺人事件

前節の厚生労働省（2017）の調査では，虐待等による死亡事例も報告されており，平成27年4月1日〜28年3月31日の間に発生し，市町村で把握できた事例は20件であった。しかし，この調査では具体的な動機や背景がほとんど明らかにされていない。一方，毎日新聞（2015）は，

2010年から2014年の5年間に首都圏1都3県（東京，神奈川，埼玉，千葉）と近畿2府4県（大阪，京都，兵庫，滋賀，奈良，和歌山）で起きた介護殺人のうち，裁判記録を確認できた，あるいは関係者を取材できた44件について，背景や動機の調査を行った。それによると，20件（45％）の加害者では，昼間だけではなく真夜中も介護を行っており，深刻な寝不足に陥っていた。また，44件中35件（80％）は「介護疲れ」を事件の主な要因と裁判所が認定し，他9件は貧困による「将来の悲観」などが背景にあると考えられた。こうした結果に関連し，法務省の報告によると，近年殺人（検挙事件）の動機・原因において，「介護・看病疲れ」が上位を占めるようになっている。たとえば，平成23年では，「介護・看病疲れ」が第3位で，全体の5.7％を占めている（法務総合研究所，2013）。また，高齢者の殺人に関して詳しい分析を行っている平成20年度版犯罪白書では，高齢親族殺人の事犯者の動機・原因について，女性が加害者の場合には，圧倒的に介護疲れが多いことが報告されている（法務省，2008）。

2. 認知症介護における心理的過程

　海外では，認知症の人の配偶者の体験に関する質的研究についてシステマティック・レビューが行われている（Pozzebon, Douglas, and Ames, 2016）。レビューでは，そのような体験は，認知症により相手の状態や相手との関係性が変化したことなどによる「パートナーの喪失」の体験を中核として，「変化の認識」「危機」「適応と調整」「受容と前進」という4つの過程がみられることが明らかにされている。しかし，我が国の認知症高齢者の家族における介護認識の変容に関するレビューを行った布元・竹本・長安・香川（2010）の報告では，時間的な経過とともにすべての家族の介護認識がよりよい方向へ変容していくという短絡的な理解はできず，介護の長期化に伴い，介護疲れや破綻を経験する可能性も示唆された。同様に，認知症高齢者の家族を対象に，家族の心理状態の移行について質的調査を行った鈴木（2006）は，「被介護者の受け入れ」という段階に至るまでには，怒りや抑うつ，不安などの「否

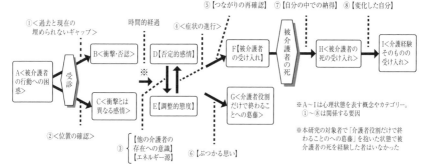

図14-3　家族の心理状態の移行（鈴木，2006，p.399，図2）

補足：鈴木（2006）の説明をもとに，介護者の心理状態の一つであるC〈衝撃とは異なる感情〉と，心理状態の移行に関係する要因の①～⑧について以下にまとめた。

C：認知症と診断されダメージを受けるのではなく，他の面に意識が向けられる

① 行動の変化を含む本人の人格変化により，以前とは全く違う人になっているような感覚。
② 本人が認知症になったこと自体には衝撃を受けず，責任や義務など，自分の立場や現在の状況をはっきりさせようとすることに意識が向けられる。
③ 他と比較し「私なんかまだ大変ではない」と気持ちを切り替えたり，同じような体験をしている人から安心感を得る「他の介護者の存在への意識」。ストレスの解消，周囲からの肯定的な評価や理解，生活の張り・支えなどの「エネルギー源」。
④ 本人の症状が進むことで，気持ちが乱れたり，介護状況の再構築を迫られる。
⑤ 本人の現在の様子だけではなく，認知症になる以前の本人の人生や本人との関わりに思いを巡らし，過去と現在，本人と家族自身とがつながっていく。
⑥ 本人の介護を引き受けることに対する抵抗と，介護を通して何かを得たい，プラスの面を見つけたいという気持ちがぶつかり合う。
⑦ 自分なりにやれるだけのことはやったという気持ちや，本人の死に際し本人や自分が置かれた状況に対する感謝の気持ちなど。
⑧ 介護体験を他者に役立てたいと思うこと，共感性が増すこと，あるいは偏見が減り視野が広がり介護を通じて社会的交流が広がること。

定的感情」と，割り切りやあきらめ，自分の気持ちを安定させようとすることなどの「調整的態度」を循環的に繰り返すと述べている。さらに，その繰り返しの過程が家族にとって最も精神的に負荷の高い状態であると強調した。**図14-3**は鈴木（2006）の認知症の人を介護する家族の心理状態の移行をモデル化したものである。

このような危機的，否定的な感情と，それを調整しようとし，葛藤を繰り返す日々のなかで，家族に介護疲れが生じた場合には，介護離職，虐待，殺人・心中といった悲惨な事態が起こりかねない。こうした事態に陥らないためには，早期の段階から家族を支援につなげるべきである。次節では，家族支援の進め方全般について述べる。

3．家族支援の全般的な進め方

家族支援の基本は，不足しているソーシャルサポートを構築することであると言える。実際，介護が必要になった，あるいは認知症の症状が始まった家族のことで悩んでいる人の多くは，地域にどういったサポートのリソースがあるかを知らないことが多い。混乱や疲れから，家族はこうした情報に気が回らないのである。そのため，地域包括支援センターのことさえもよく知らない家族も少なくない。まずはセンターの名前を知ってもらい，困ったら相談してもらうようにする。しかし，名前は知っていたとしても，きっかけがないとなかなか行く気にならなかったり，支援を受けることを躊躇したりする家族もいる。そうした家族にとって，医療機関の役割は大きい。高齢者であれば何かしら持病を持っており，本人の付添いとして，あるいは家族自身が定期的に医療機関に通い，医師を頼りにしている人は多いはずである。そのため，介護で困りごとがある場合には，医師から地域包括支援センターを紹介してもらうようにしておく。ちなみに地域包括支援センターは，介護保険サービスのようなフォーマルサービスのみならず，インフォーマルサービスも把握しており，よろず相談所としての機能を持っている。また，認知症の検査や診断を受けるならば，かかりつけ医から認知症疾患医療センターを紹介してもらうのがよいだろう。

認知症医療やケアに関わる心理の専門職は，認知症疾患医療センター，精神科，リハビリテーション病院などに勤務していることが多く，心理アセスメントや心理的介入を主な職務としている。そうした専門性も大切ではあるが，家族がどういったサービスや人とつながりを持っているのか，医療ソーシャルワーカーをはじめ他職種と連携し，把握しておくことも重要である。ジェノグラム（家族関係図）で家族のつながりを知ることはもちろん，近隣との付き合い，友人関係，所属する組織，利用しているサービスなど，幅広く把握し，どんなソーシャル・サポートが充足し，また逆に足りないのかを明らかにする。そのうえで，心理の専門家である自分自身や所属する機関の役割を明確にしていくことが重要である。

　ちなみに認知症疾患医療センターをはじめ各機関では，家族や本人のネットワーキングを目的とした講座や会合，認知症に関する地域の啓発を積極的に行っているところがある。心理の専門家も他職種と協働しながら，そうした活動に努めていくことが重要である。また，認知症施策推進総合戦略（新オレンジプラン）において，初期集中支援チームに関わる場合には，同様に他職種と協働し，家族の相談等により認知症が疑われる人や同居する家族の住まいを訪問し，必要な医療や介護の導入・調整や家族支援などの初期支援を行う。このように家族支援では，家族を支援につなげたり，支援のネットワーキングやネットワークの開発を行うことが重要となる。

4. 認知症の症状の進行に応じた基本的な相談支援の進め方

　表14-1はアルツハイマー型認知症を例に，認知症の進行の段階に応じてどのような相談支援を家族等に行っていくべきかをまとめたものである（山中，2004；一部改）。各段階の名前は，その時期にどのような認知症の特徴がみられるか，名前を読んだだけでわかるように工夫した。中央のカッコ内に記されている段階は，アルツハイマー型認知症の進行について，日常生活活動の点からみたFunctional Assessment of

表14-1　アルツハイマー型認知症の進行に基づく家族への相談支援のポイント

重症度	段階	特徴（FASTの段階）[注]	対処・ケア・サービス
境界	物忘れ発見期	普段みられなかった物忘れ・ミスが起こる（段階3）	仕事・役割を軽減させ，様子をみる 専門医療機関を受診・相談 物忘れの原因に合わせた対処や治療
初期	日常的物忘れ期	日常生活で物忘れが頻繁にみられる（段階4）	専門医療機関にまず相談 診断を受ける，「治療の無力感」に陥るのを防ぐ 要介護認定の手続き 介護保険制度のサービス利用開始 スムーズにサービスを導入させる工夫 本人の生活サイクルやリズムの調整 もの盗られ妄想，うつ状態への対応
中期	認知的混乱期	様々認知機能の低下により混乱が広がる（段階5～6前半）	要介護度の見直し（これ以降） 様々な種類のサービスをうまく活用 生活障害が進行しないように配慮（生活の継続化） 様々なBPSDの対処方法のヒントを知る 家族自身の精神衛生を大切にする
後期	活動減退期	徐々に言動が低下し，動きも緩慢になる（段階6後半～7前半）	言葉かけはわかりやすく，短い一言で 何をしたいのか，様子から判断する（行動パターンを読む） 注意をひく わかりやすくモデルを示し，行動を誘う 寄り添う介助・介護を心がける 本人が移乗しやすい住環境の工夫（特に転倒に気をつける）
終末期	身体介護期	移乗をはじめとする身体的に全介護の状態になる（段階7後半）	移乗等の身体介助の仕方の習得 介助しやすい住環境の整備 むせの注意と栄養の補給 褥創（ジョクソウ）の管理 感染症などの合併症の予防 本人の望む終末期ケアを家族で考える

（石束・山中，2004，p.33　表2-2　アルツハイマー型認知症の各段階の特徴と対処方法，負担　一部改）

注：FASTの段階で，段階3は境界，4は軽度，5は中等度，6はやや高度，7は高度を指す。

Staging（FAST；Reisberg, 1988）のステージをおよその目安として示したものである。

　この中で「物忘れ発見期」とは，重要な約束を忘れたり，初めての場所・場面でミスやトラブルが生じたりするなど，それまではなかったような物忘れやミスがみられるようになる段階である。その程度は正常老化とみなせないものの，認知症ほどは深刻ではない。そのことから正常と認知症の境界期（軽度認知障害：MCI）といってよい段階である。ただし，物忘れは軽度認知障害以外にも，うつなどの様々な原因によって生じる可能性があるため，鑑別が必要となる。また，責任のある立場である人ほど，こうしたミスやトラブルによる心理的なショックは大きい。しかし，これらは基本的には社会生活上のものであり，普段の日常生活には支障がみられない（ただし，発見されたときには，物忘れの影響が日常生活および，次の「日常的物忘れ期」に至っていることもある）。この段階の中心的な対応としては，専門医を紹介し，物忘れの原因（軽度認知障害，うつのほか，せん妄，視聴覚機能の低下，治療可能な認知症など）を明らかにしてもらい，それに合わせた対処や治療をしてもらう。

　次のアルツハイマー型認知症の初期の段階では，日常的に物忘れがみられるようになる。その意味で「日常的物忘れ期」といってよい。基本的な対応としては，この段階でも「物忘れ発見期」と同様にまず専門医を紹介する。そして診察によって物忘れの原因が認知症であることが明らかになった場合には，介護サービスをはじめ必要なサービスにつなげていく。典型的には，地域包括支援センターやケアマネジャー（介護支援専門員）を紹介し，介護保険制度のサービスを利用してもらう。その際，本人が物忘れなどについてある程度自覚がないと，サービスの利用を促しても，何のことかわからず，そんなものは必要ないといった態度を示すことがある。こうした本人の態度が，サービスを使えずに家族が介護を抱え込む原因となっていることが少なくない。そのため，本人にサービスに興味を持ってもらう工夫が必要となる。たとえば，デイサービスに誘う場合には，①高齢者にとって関心のある健康維持のための健

康教室のようなものだと思ってもらうこと，②様々な活動を通じた活躍の場があること，③おしゃべりを通じて同年配の知り合いができることを伝えるとよい。加えて，④本人にとって信頼できる人がいれば，そうしたキーパーソンからサービスを勧めてもらうのもよい。

　ところで，医師の診断後には，「治る見込みがないのだからどんな治療・介入を受けても無駄だ」という治療の無力感（セラピューティック・ニヒリズム；Cheston and Bender, 1999）に家族が陥らないように気をつけなければならない。診断時には，医師やコメディカル・スタッフはこの点を配慮し，たとえば，①認知症の初期では新しいことを覚えるのが苦手になり，トラブルもみられるが，それ以外の多くの面は比較的正常に近い状態が保たれていること，②介護保険制度等のサービスを利用すれば，そうした本人が持っている力を十分活かして，楽しく過ごしてもらうことができること，③一人で悩まず気軽に相談してもらうことを伝える。

　また，認知症の影響で，本人は新しいことを覚えられなくなり，今日は何をするのか，あるいは何をしようとしたのかがわからなくなり，日々の生活を実感できなくなっていることが多い。その一方で認知症の初期の段階では，習慣的に何度も繰り返される出来事であれば比較的記憶が定着しやすい。そのため，カレンダーや表などに，日課や毎週繰り返し行う予定を目立つように書き込み，本人が確認できるようにする。加えて，どの曜日や週にどんな活動があるか，日ごろから声かけを行ったり話題にしたりする。こうした記憶困難が強く関係している認知症の行動・心理症状（BPSD）として「もの盗られ妄想」や「うつ状態」がある。そのような BPSD がみられる場合には，家族にその対応のヒントについて説明する必要がある。「３．家族支援の全般的な進め方」で述べたように，医療場面では心理の専門家の重要な役割として，診断時の心理アセスメントがある。しかし上記に示した通り，相談支援的な役割も数多く存在する。

　一方，「認知的混乱期」は，様々な認知障害や BPSD が起こり，本人や周囲の家族に混乱が生じやすい時期である。まず家族には，こうした

ことで負担が増えた分，本人の介護保険の要介護度の見直しを勧める。要介護度が高くなれば利用限度額も上がり，様々なサービスを利用できるようになる。また，認知障害やBPSDによる日々のつまずきや周囲との衝突から，本人は社会参加のみならず家庭内の活動レパートリーも極端に減少しがちである。そうしたことで生活機能やQOLが低下しないように，可能な限りそれまでの生活を継続できるようにしていくことが重要となる。そのための原則は，それまでやり慣れたこと，得意なことをもとに本人の役割（出番）を作り，見守りやさりげない介助を行っていくことである。しかし，我々は社会や地域のなかで，日々時間に追われる生活を送っており，多くの家族介護者にとって，こうした原則に沿うことはなかなか難しい。見守る，さりげなく介助するというのは，気持ちに余裕がないとできないことである。もちろん，自己負担分は支払わなければならないが，そうした余裕をもつためにできる限り介護サービスを利用してもらう。

　また，様々なBPSDが生じるこの時期では，それらの対処方法を知ってもらうことが重要である。各BPSDに関する相談では専門家自身の経験やガイドブックを参考にしてもらうのもよいが，「認知症ちえのわnet」(http://chienowa-net.com/) をはじめ，BPSDの対応に関するHPを紹介し，利用してもらうのもよい。また，個別性が高いBPSDの問題には，第12章で紹介した応用行動分析によるコンサルテーションを紹介するのもよい。加えて，この時期では家族の精神的負担が最も高くなると考えられるので，そうした負担を軽減するためのパートナー（ソーシャルサポート）や介護を忘れられるようなイベントを持っているかどうかを確認する。パートナーとは，①介護スタッフ，②専門的に相談できる人，③愚痴や話のできる人，④他の家族・親族で介護を分担してくれる人などである。またイベントとは，①気分転換になるもの，②生きがいになるもの，③ショートステイなどの介護サービスによるものである。ここでは，それらのうちで不足しているものを補う手立てについて，家族と共に考案していくことが大切である。

　「活動減退期」は，さらに認知症が進んで活動の全体レベルが低下す

る時期である。この時期では，認知的混乱期でみられたような混乱は徐々に目立たなくなる。「身体介護期」はある意味，終末期とも考えられ，移乗をはじめとする全介助を要する時期である。これら2つの時期では，基本的には表14-1に示した対応，ケア，サービスを行う。

5. 家族へのアクセプタンス&コミットメント・セラピー

前節までの内容のほとんどは，言うなれば，認知症に関する問題を積極的に解決するための手立てを示したものである。しかし，実際にはなかなか状況が変わりづらいことも多いと思われる。認知的混乱期のような状態が長く続き，家族に介護疲れがたまれば，将来を悲観し最悪の事態が生じかねない。

そうした変わりづらい現実に対し有効な心理療法と考えられるのが，アクセプタンス&コミットメント・セラピー（Acceptance and Commitment Therapy：ACT〔アクト〕）である。ACTは，避けられないような痛みや苦しみを受け入れながら（Acceptance），自分にとって有意義な目的に向かって行動をしてもらうこと（Commitment）を目指した介入法である。図14-4は，ACTの基本的な治療構造を示している。治療

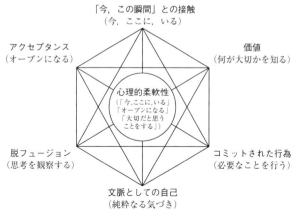

図14-4　ACTのヘキサフレックス
(Harris, 2009；武藤監訳, 2012, p.15　図1-1)
Copyright (2005), with permission from Elsevier through Japan UNI Agmcy, inc

は心理的柔軟性を中心とした6つの要素から構成されており，六角形で表されていることから，ヘキサフレックス（六角形のヘキサゴンと柔軟性のフレックスを合わせた造語）と呼ばれている。

　これらの要素のうち，まず「『今，この瞬間』との接触（今，ここに，いる）」とは，今起きているすべてのことに意識を向けることである。より具体的には，今自分が苦しいと感じていること，そのことであれこれ考えている状況そのものに意識を向けることと言ってよい。「脱フュージョン（思考を観察する）」とは，頭のなかでいろいろ考えている自分から離れ，第三者的に距離をおき，自分の心を観察してみることをいう。

　次に「アクセプタンス（オープンになる）」とは，苦しみを伴う感情や感覚に心を開き，苦しみのもとになっている事柄を受け入れていくことである。受け入れる感覚は，苦しいことを無理に解消・解決する，逆にそこから逃げ出そうとすることをやめ，ちょうどそれを膝の上や横においてみるようなものと言われている。人はほとんどの時間を，心のなかで何かを思い，考えて過ごしている。辛いことがあれば，どうしたらいいのだろうかといろいろと思い悩み，解決法を導き出そうとしたり，あるいはそこから逃げる方法を考えたりしている。その場合，自分は心のなかで考える主体（考える自分）として関わっている。しかしACTでは，自分が今，何を考えているのか，心や体で何を感じているのか，何をしているのか，すなわち自己の心の状態を観察すること（観察する自分）を重視する。こうした自己の気づきについて，ACTでは「純粋なる気づき（pure awareness）」と呼んでいる。

　こうして自己の状態に気づき，苦しみと戦うわけでもなく，ただ膝の上においてみると，気持ちが楽になり，心に余裕が生まれる。そのうえでACTでは，心の奥底で自分の人生をどうありたいと思っているのかを徐々に明らかにしていく。これは，これから行動していくための羅針盤（人生で自分が大切にしている価値）を探すようなことといってよく，ヘキサフレックスの「価値（何が大切かを知る）」を見出す作業に当たる。そして，見出された価値，すなわち自己の羅針盤に沿って行動して

みる。このことを，ACTでは「コミットされた行為（必要なことを行う）」と呼んでいる。

図14-4のACTのヘキサフレックスの中心にある「心理的柔軟性」とは，これらの6つの要素によって統合された，十分な気づきを持ち，今起こっていることを受け入れ，自分の価値に沿って行動することを指す。セラピストは，クライエントをこうした心理的に柔軟な状態に導いていく。

図14-5 各セッションにおける介入プロセスの要素
（武藤, 2015, p.15のFigure 3を一部改変）
注：黒塗枠はメイントピック，灰色枠はサブトピックを表す。
セッション1では主にインフォームド，聞き取りや調査，
セッション11と12では検査や振り返りを行った。

Gallagher-Thompson ら（2012）は，認知症の人の家族介護者の負担軽減等を目的とした非薬物的介入の効果について国際的なレビューを行っている。そこでは，心理療法において有効性が実証されているものは，認知・行動療法（cognitive／behavioral therapy：CBT）と ACT の 2 つのみであったことが報告されている。

　McCurry（2006）は，この ACT をもとに，認知症の人を介護する家族の心情に沿った介入プロトコル（D.A.N.C.E.）を提唱した。これは，①主張・議論しない（D；Don't argue!），②認知症という病気を受け容れる（A；Accept the disease），③自分自身もケアする（N；Nurture yourself），④新しい解決策を創出する（C；Create novel solutions），⑤瞬間を楽しむ（E；Enjoy the moment）の要素からなる。このうち，①②は ACT のアクセプタンス，③⑤はコミットメントの部分におおよそ相当すると思われる。武藤（2015）は「D.A.N.C.E.」の有用性に着目し，ベーシックな ACT の要素と「D.A.N.C.E.」を組み合わせた12回の短期プログラムを作成し，認知症の妻を介護する男性 1 名を対象に事例研究を行った。**図14-5** は，各セッションにおける介入プロセスの要素を示している。

　この「D.A.N.C.E.」は，「2．認知症介護における心理的過程」で述べた「受容と前進」に関係した心理療法とも考えられる。

6．まとめと今後の課題

　本章では，障害のある人の家族を支える方法の例として，認知症高齢者の家族に対する支援について述べた。そこでは，家族支援の全般的な進め方として，不足しているソーシャルサポートにつなげること，認知症ケアに関する相談支援を行うこと，そのうえで避けられないつらさを受け入れ，人生に価値を見出すための技法として ACT を紹介した。

　ところで地域では，近年，家族のサポートが得られにくい独居高齢者の数が急増している。地域包括支援では，そうした高齢者も含め，近隣地域での互助再生を目指し，生活支援体制整備が行われている。その意味で，今回採り上げたことは，今後，家族に限らず，認知症の人を支え

るすべての人に広げていく必要がある。

引用文献

Cheston, R. and Bender, M. (1999). *Understanding dementia: The man with the worried eyes*. London: Jessica Kingsley Publishers.

Reisberg, B. (1988). Functional assessment staging (FAST). *Psychopharmacology Bulletin, 24(4)*, 653-659.

Gallagher-Thompson, D., Tzuang, Y. M., Au, A., Brodaty, H., Charlesworth, G., Gupta, R., Lee, S. E., Losada, A., & Shyu, Y. (2012). International perspectives on nonpharmacological best practices for dementia family caregivers: A review. *Clinical Gerontologist, 35*, 316-355.

Harris, R. (2009). *ACT Made Simple: An easy-to-read primer on Acceptance and Commitment Therapy*. Oakland, CA: New Harbinger Publications. (武藤崇監訳, 2012. よくわかる ACT　明日からつかえる ACT 入門. 星和書店)

法務省 (2008). 平成20年版犯罪白書　第7編／第3章／第2節／4　殺人　http://hakusyo1.moj.go.jp/jp/55/nfm/n_55_2_7_3_2_4.html（2018年1月17日閲覧）

法務総合研究所 (2013). 無差別殺傷事犯に関する研究　法務総合研究所研究部報50　http://www.moj.go.jp/housouken/housouken03_00068.html（2018年1月17日閲覧）

厚生労働省 (2013). 第47回社会保障審議会介護保険部会資料2　認知症施策の推進について　http://www.mhlw.go.jp/file/05-Shingikai-12601000-Seisakutoukatsukan-Sanjikanshitsu_Shakaihoshoutantou/0000021004.pdf（2018年1月17日閲覧）

厚生労働省 (2017). 平成27年度 高齢者虐待の防止, 高齢者の養護者に対する支援等に関する法律に基づく対応状況等に関する調査結果概要　http://www.mhlw.go.jp/file/04-Houdouhappyou-12304500-Roukenkyoku-Ninchishougyakutaiboushitaisakusuishinshitsu/0000155596.pdf（2018年1月17日閲覧）

毎日新聞 (2015). 介護殺人—疲れ果て　不眠, 加害者の半数　毎日新聞調査—. 毎日新聞　12月7日朝刊.

McCurry, S. M. (2006). *When a family member has dementia: Steps to becoming a resilient caregiver*. West Port, CT: Praeger Publishers.

内閣府 (2016). 育児と介護のダブルケアの実態に関する調査　http://www.gender.go.jp/research/kenkyu/pdf/ikuji_point.pdf（2018年1月17日閲覧）

武藤崇（2015）．認知症高齢配偶者を介護する男性の介護負担感の軽減と生活の質の向上に対するアクセプタンス＆コミットメント・セラピー（ACT）―エビデンスに基づく心理学的実践―　心理臨床科学, *5(1)*, 3-33.

認知症ちえのわ net　http://chienowa-net.com/（2018年10月1日閲覧）

布元義人・竹本与志人・長安つた子・香川幸次郎（2010）．認知症高齢者における家族介護者の介護認識の変容に関する研究の動向　日本認知症ケア学会誌, *9(1)*, 103-111.

Pozzebon, M., Douglas, J., Ames, D. (2016). Spouses' experience of living with a partner diagnosed with a dementia: A synthesis of the qualitative research. *International Psychogeriatrics, 28(4)*, 537-556.

鈴木亮子（2006）．認知症患者の介護者の心理状態の意向と関係する要因について―心理的援助の視点からみた介護経験―　老年社会科学, *27(4)*, 391-406.

総務省統計局（2013）．平成24年就業構造基本調査　結果の概要　Ⅱ-2　就業を取り巻く状況　3　育児・介護と就業（2）介護と就業　http://www.stat.go.jp/data/shugyou/2012/pdf/kgaiyou.pdf（2018年1月17日閲覧）

山中克夫（2004）．対応と治療・サービスと組み合わせて認知症の進行段階をとらえる　石束嘉和・山中克夫（編）New 認知症高齢者の理解とケア（pp.32-34）学習研究社.

研究課題

1）家族支援の全般的な進め方，認知症の症状に応じた相談支援の進め方についてまとめてみよう。

2）ACTのヘキサフレックスについてまとめてみよう。認知症の人の家族介護者に対する心理的介入法には他にどのようなものがあるか調べてみよう。

15 まとめと今後の展望

大六一志

　本章では，14回目までの内容を活用し，仮想事例2名について，アセスメントやそれに基づく支援計画を考える。また，臨床心理学の最新のトピックのなかで，特に障害児・障害者の支援にも応用可能なものについて学ぶ。
〈キーワード〉　仮想事例，アセスメント，支援計画

1. 授業妨害行為の背景に読み書きの困難があった小3男子事例A

（1）　主訴および事前情報

　主訴は授業妨害。発言すべきではないところで担任に話しかけ，他児がそれに同調することによって授業崩壊状態になる。そのようなことが毎日数回起き，授業が進まず，複数の保護者から担任へ不満の声があがるようになった。そのため，担任から某相談室に相談があった。

　本児はクラスのリーダー的存在で，いつも遊びをリードしている。遊びはたいてい外遊びで，おにごっこやボールゲームの面白いルールを思いつき，遊びを盛り上げる。運動の苦手な子や大人しい子も遊びに誘い，ハンディをつける等して，一緒に遊べる工夫をする。当番はきちんとこなし，約束も守り，礼儀正しい。

　学業は平均よりやや下の成績であるが，学業で苦労しているという印象はない。体育と図工を得意としており，地域のサッカーチームに所属している。また，工作が得意であり，割り箸，竹ひご，輪ゴム等で動く動物や虫を器用に作る。ゲーム機で遊ぶよりは，体を動かすことや工作を好む。

　本児の生育歴に特記すべき事項はない。4人家族の長男で，父母およ

び弟がいる。両親は本児が授業妨害していることについて，やめるよう注意はしているが，一方で本児のふだんの様子から考えて，率先して授業を妨害するとは思えないと感じている。宿題は一応毎日やって提出しているが，工作を優先するなどして取りかかりは遅く，両親にうながされてやっと宿題をやっている。特に漢字ドリルを面倒がっている。

（2）アセスメント
①行動観察および機能的アセスメント

　主訴が行動問題であることから，まず担任との面接により機能的アセスメントを試みた。担任は20代の男性で，優しくて人がよくて気が弱そうな印象であった。

　面接では十分な情報を得られなかったことから，心理士が学校を訪問して授業を観察することにした。その結果，担任に話しかける口火を切るのは，本児が最も頻度が高かったが，本児以外が口火を切ることも多数見られた。他児が話しかける内容は野次的なものが多く，担任もしばしば聞き流していたが，本児は授業の内容と関係なくもない質問を口にすることが多く，その大半に担任は思わず反応していた。

　機能的アセスメントの結果，本児の発言行動の先行事象（発言のきっかけ）は，担任が板書を書き始めたとき，つまり，それをノートに写さなければならないときであることが明らかになった。板書が続く間は発言行動も続くことから，後続事象（本人が意図する結果）はノートを書くことの回避と推定された。音楽や図工のようにノートを書かない授業では，担任が説明している最中の発言行動はなかった。

②読み書き，および関連する音韻操作能力，視覚能力の検査

　機能的アセスメントの結果は，板書をノートに写すことを回避しようとしていることを示しており，また，宿題でも漢字ドリルを回避しようとしていることから，背景因として読み書きの困難が疑われた。

　改訂版標準読み書きスクリーニング検査（STRAW-R，宇野ら，2017）のうち，音読と書き取りの正確性検査の結果を図15-1に示した。音読では，単語はひらがな，カタカナ，漢字ともに満点（20点）になっ

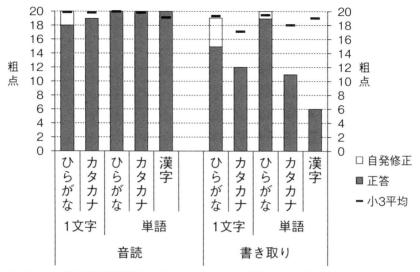

図15-1 改訂版標準読み書きスクリーニング検査（宇野ら，2017）のうち，音読と書き取りの正確性についての，事例A（小3）の結果

音読では，単語はひらがな，カタカナ，漢字ともに満点（20点）になっているが，1文字ではひらがな，カタカナともに誤読があった（ただしひらがなは自発修正）。一方，ひらがなの書き取りでは，単語は自発修正も含めると満点になっているのに対し，1文字では満点に届かなかった。カタカナは単語，1文字ともに半数弱が書けず，漢字は20問中6問しか書けなかった。

ているが，1文字ではひらがな，カタカナともに誤読があった（ただしひらがなは自発的に修正）。一方，ひらがなの書き取りでは，単語は自発的修正も含めると満点になっているのに対し，1文字では満点に届かなかった。カタカナは単語，1文字ともに半数弱が書けず，漢字は6問しか書けなかった。ひらがなに関して結果を要約すると，有意味である単語の方が，意味をなさない1文字よりも正しく読み書きできているという結果であった。

　同検査の音読の流暢性検査では，ひらがな単語，カタカナ単語，ひらがな非語，カタカナ非語，文章いずれも，音読速度は小学校3年生の平均より1SD遅い程度で許容範囲内であったが，誤読が平均より1.5 SD以上と非常に多かった。

ELC（Easy Literacy Check，加藤ら，2016）では，短文音読，および単語・非語音読課題で，音読速度は小学校3年生の標準域（平均±1SD）の範囲内であったが，誤読が標準域より多く，上記STRAW-Rと同様の結果であった。音韻操作課題では，単語逆唱と単語削除で正答数，所要時間ともに標準域内であったが，非語逆唱と非語削除で誤答が標準域より多く，所要時間も標準域より遅かった。このことは，音韻情報処理に障害があることを示唆している。

Rey複雑図形検査で模写能力，および視覚的短期記憶力を調べたところでは，特に問題は見られず，むしろ小学校3年生の平均よりもやや高い結果であった。

以上の結果，および次項の知能検査や語彙検査の結果を総合的に考えると，本児は発達性読み書き障害（読み書きの学習障害）と考えられた。

③**知能検査，および語彙検査**

読み書きの困難が知的発達の遅れによるものではないことを確認するために，WISC-Ⅳ知能検査を実施した。結果は図15-2の黒丸および実線のグラフに示した通りである。本児が低得点を示したワーキングメモリー指標は，85点であるので発達の遅れを示しているわけではないが，他の能力と比べると著しく落ち込んでいることがわかる。表15-1を参照すると，ワーキングメモリー指標の解釈は2つあるが，本児は指示の聞き漏らしや忘れ物はあまりなく，やろうとしていたことをど忘れするようなこともなく，複数の作業や処理を並行して行うことに特に困難は見られないことから，①の言語的ワーキングメモリーの問題はないと考えられ，読み書きの基礎過程である②音韻情報処理能力の弱さが知能検査の結果にも現れたものと考えられる。

WISC-Ⅳ知能検査の言語理解指標が比較的高得点であったことから，言語の問題はないと思われるが，念のため標準抽象語理解力検査（SCTAW）を実施した。その結果，本児の語彙力は小学校3年生の平均よりも若干高い結果であり，言語の問題はないことが確認された。

学校における学業成績は平均よりやや下ぐらいで，学業で苦労しているという印象はなかったが，WISC-Ⅳにおけるワーキングメモリー以

表15-1　WISC-Ⅳ，WAIS-Ⅳ知能検査における指標得点の主要な解釈

（松田・大六，2018，p.101を一部改変）

指標	解釈
言語理解	言語的知能（言語概念の理解，言語による推理・思考），習得知識
知覚推理	①視覚や空間の認知，視覚－運動協応 ②直観的推理能力
ワーキングメモリー	①ワーキングメモリー（主として言語的） ②音韻情報処理能力（読み書きの基礎過程）
処理速度	①単純な筆記作業を要領よく速やかに進める力 ②単調な筆記作業における集中力や動機づけの持続 ③筆記技能（視覚－運動協応，視覚ワーキングメモリーを含む）

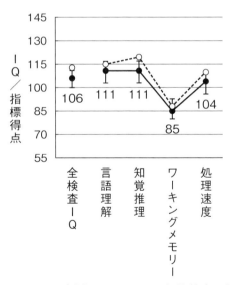

図15-2　事例AのWISC-Ⅳ知能検査の結果
●と実線のグラフが小3時。上下の突起は誤差の範囲（信頼区間という）を示す。
○と点線のグラフが中3時。いずれもワーキングメモリー指標のみ大きく落ち込んでいることがわかる。

外の3指標やIQ，SCTAWによる語彙力は，いずれも平均よりもやや高い結果を示していた。知能検査や語彙検査の結果から期待されるよりも低い学業成績になっており，読み書きの困難が学習を阻害している可能性が考えられた。

（3） 支援計画，および支援の実行
①授業妨害
　アセスメントの結果，授業妨害の原因は，板書をノートに書き写すことの回避と考えられた。そこで，その意図を本人に確認したうえで，機能的アセスメントの手順に従い，授業妨害以外で板書をノートに書き写す負担を軽減する方法を，本人や保護者，担任，学校とともに検討することにした（次項参照）。

　本人との面談の結果，読み書きが困難であるという自覚はなく，カタカナや漢字が苦手なのは自分の勉強不足のせいであると考えていた。そのため，ノートを書くことを回避するために授業妨害しているという自覚はなかったが，ノートを含め文字を書くことは好きではないということであった。

　本児に担任の印象を聞くと，話をよく聞いてくれる優しい子ども思いの先生であると高く評価していた。授業中担任に話しかけるのは，担任のために授業を盛り上げているつもりとのことであった。担任が授業妨害と感じていることを伝えると大変驚き，以後気をつけるとのことであった。

　面談日以降，授業中本児が担任に話しかける頻度は激減した。他児は依然として野次をとばしていたが，本児が注意したり野次をうまくまとめたりするようになったため，野次も減少傾向になり，1週間もたたぬうちに授業が崩壊することはなくなった。

②日本語の読み書き
　相談室における個別の支援として，五十音の熟達，読み誤りの癖の自覚，および漢字の学習法について指導した。

　五十音の熟達では，五十音の暗唱，およびひらがな，カタカナ五十音

の書字の流暢性改善を実施した（宇野ら，2017，pp.32-36）。熟達を目指すので家庭における毎日の練習が必要であり（第2章参照），相談室では経過の確認を行った。4か月ほどで暗唱，書字ともに正確かつ速やかになった。それに伴い，長文音読における単語の誤読や読み直し，文節の切り間違いは減少した。

次に，音読における読み誤りの癖を自覚させるため，自分にどのような癖があるかを言語化させた。その結果，長文になると行の読み飛ばしをするという発言があった。対策として定規等をあてて読むとよいことを伝えたが，結局本児はこれを面倒がって実行しなかった。

行の読み飛ばしは検査中には見られなかったことから，長文に特有の現象と考えられた。そのため学校に，誤読防止策としてテスト問題の行間を広くとることを依頼した。その結果，行の読み飛ばしの誤読はほとんど見られなくなった。

漢字学習については，漢字ドリルや漢字ノートに繰り返し書く宿題を免除してもらい，代わりに漢字九九シート（Gakken）を用いて唱えて覚える学習を宿題としてもらった。その結果，80点以上が合格の漢字の小テストに1回で合格できるようになった。

以上に伴い，学校のテストの得点は常に平均を上回るようになった。

③英語

中学に進学すると，英語でつまずいた。単語の綴りが覚えられないことから，学校の定期試験でも学力テストでも，リスニングしか得点できなかった。そこで，フォニックスの指導を2年間行い，家庭でも毎日復習してもらったところ，リスニング以外でも得点できるようになり，平均点よりやや下程度の得点はとれるようになった。

（4） 支援の評価
①授業妨害

授業妨害については，小3以降一度もそのようなことは起きなかった。小3時の本児のように読み書きの困難を放置すると，学習が阻害されるだけでなく，行動問題の温床となる可能性もあるということが，本事例

の教訓であろう。

②日本語の読み書き

　音読では，新出単語について若干の誤読があり，また，単語の読み直しも多少見られるものの，文節の区切り間違いは全くなくなった。中学の試験では行間を広くとる特別措置をしてもらい，高校入試においても同様の特別措置が認められた。

　中3時にWISC-IV知能検査を実施したところ，結果のパターンは小3時とほぼ同じであった（図15-2の白丸および点線）。ワーキングメモリー指標が依然低得点であることから，音韻情報処理の障害は残っていると考えられるが，本児はこの弱点を回避して文字を読むスキルを習得したと考えられる。

③英語

　先述の通り，英語の定期試験や学力テストは平均点よりやや下程度の得点はとれるようになっていたが，高等学校の入学試験は選択肢式で，スペルを綴らなくてもよい試験であったため，最高点で合格したとのことであった。これは大変喜ばしいことではあるが，同時に発達性読み書き障害においていかに読み書きが実力の発揮を阻害するかを強く認識させる事実であろう。

2. 立派な人間になることを断念した結果，就労に結びついた成人男子事例B

（1）　主訴および事前情報

　主訴は就労の困難。名門私立大学の文学部史学科に在籍していたが，4年生のとき就職活動と卒業論文を両立できず，どちらもうまくいかぬまま留年。翌年は卒業を優先することにして就職活動をしなかったが，結局卒業論文は全く書けずに留年。家から出られなくなり，結局そのまま退学の手続きをした。以後2年ほど家庭で引きこもっていたが，母親の説得により精神科に通院し，抗うつ薬の処方をうけ，また，趣味で歴史探訪の散歩を始めたところ，家から出られるようになり，就労継続支援B型事業所に通い始めた。事業所の仕事は事務作業も力仕事も無難

にこなし，能力の高さを示したが，同じ仕事を繰り返して慣れてきても作業が速くなることはなく，また，達成感を感じている様子は見られなかった。他の利用者がミスをすると，険しい目で睨みつけることがあり，人を寄せつけない雰囲気があった。

　事業所のスタッフに勧められて合同就職説明会に足を運び，街歩きマップの制作会社に興味を示して面接を受けたが，うまく受け答えできず不採用であった。それ以外には気に入った職場が見つからず，就職に至っていない。そのため，事業所と連携している地域の精神科クリニックでアセスメントを受けることになった。

　生育歴をみると，1歳半健診では初語が出ておらず，3歳児健診でもことばの遅れを指摘され，5歳児健診後の医療機関受診で自閉スペクトラム症（以下ASD）の診断を受けた。小学校入学後，ことばが急速に伸び，遅れは目立たなくなったが，とっさのときにはことばが出なかったり，雑談が苦手であったりした。また，勉強でも日常生活でも自分のやり方を押し通したがり，常にマイペースで，他児に遅れをとることも多く，しばしば先生や他児から責められた。そのため小学校6年のとき登校を渋るようになり，中学は3年間登校せず，自宅にてマイペースで自習していた。高校は通信制であったが，担当の男性教師と親しくなって毎日通うようになり，その教師の専門が日本史であったことから，歴史に興味をもつようになった。大学で文学部史学科を選んだのも，この教師の影響である。

　大学の勉強は一応楽しかったようであるが，レポート課題が出されると何を書いてよいか途方に暮れることが多く，内容が貧弱で低い成績評価をつけられたり，期日までに提出できなかったりした。学生相談室に相談し，自閉スペクトラム障害の学生に対する配慮として，レポート課題に書くべき内容を極力具体的に指定してもらうようにすることにより，何とか卒業単位を取り集めた。両親の勧めにより，社会性を身につけるためという名目によりコンビニエンスストアでアルバイトをしたが，仕事が遅く，また，客ともスタッフとも目を合わせず，客に対する印象が悪いと注意され，結局1週間ほどで辞めた。

家庭は両親と本事例の3人家族である。両親ともに高学歴であり，共働きである。5歳で診断を受けて以来，本事例のために専門機関を探し，不登校の際は学校と密に連絡をとり，また，ASDの子育てに関する講演会を聞きに行くなど，養育には熱心であった。しかし，本事例の特性に合った養育をするというよりは，どちらかというと一般的な養育にこだわっているように思われ，大学生のときにコンビニエンスストアのアルバイトを勧めたのもその現れと考えられる。

(2) アセスメント

①**AQ**（Autism-Spectrum Quotient，若林ら，2004）

　5歳ですでにASDの診断を受けていたが，現在の特性を確認するために，AQを実施した。33点以上がASDハイリスクであるところ，本事例は35点であり，特に注意の切り替えに関する項目は10点満点であった。

②**WAIS-Ⅳ知能検査**

　幼児期以来しばしば指摘された作業の遅さ，マイペースさがどのような能力特性に由来するかを確認するため，WAIS-Ⅳ知能検査を実施した。結果は図15-3の通りである。

　表15-1を参照すると，処理速度指標の解釈は3つあるが，本事例の集中力は強く，筆記が問題になったことも過去にないことから，①の単調な作業を要領よく進める力が弱いと考えられる。すなわち，処理速度指標の課題では，急ぐことよりも正確さを重視したようで，低い得点になった。他者のペースに配慮するよりも，自分のやり方を通すことを重視した結果と考えられる。

　それ以外の指標やIQはいずれも120を超えており，能力の高さがうかがえる。ただし，ASDの診断を受けていることから，言語理解指標が高得点であったとしても，言語にはASD特有の困難がある可能性が考えられる。すなわち，コミュニケーション場面で臨機応変の会話が苦手であったり，語の意味について一般の人とは異なる理解をしていたり，代名詞が何をさすか理解しにくかったり等である。また，ワーキングメ

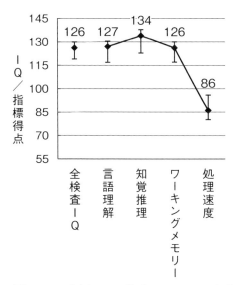

図15-3　事例B　26歳時のWAIS-Ⅳ知能検査の結果
全般的に高い知能をもっている一方，処理速度指標が大きく落ち込んでいる。プロット上下の突起は誤差の範囲を示す。

モリー指標が高得点であり，本人も手応えを感じたようで満足げな表情をしていたが，AQの結果を考慮に入れると，ワーキングメモリーの本来の機能である複数の作業・処理を並行して行うことや，不要な記憶を消去することは苦手である可能性が考えられる。

③多次元完全主義認知尺度（小堀・丹野，2004）
　知能検査時の様子や日常生活の様子を見ると，自分のやり方にこだわり，正確さを重視しているように思われたことから，完全主義の傾向を調べた。その結果，高目標設定，完全性追求，ミスへのとらわれの3尺度いずれも，20点満点中17点以上であり，平均より1.5 SD以上高かったことから，強い完全主義傾向をもつと考えられた。
　以上をまとめると，完全主義的傾向が作業のペースを鈍化させ，世の中に通用しない仕事ぶりになり，本人が期待したほどの好評価は得られず，自信を失っていくという悪循環になっているように思われた。

（3） 支援計画，および支援の実行

 アセスメント結果に基づき，フィードバック面接を行うことにした。すなわち，①完全主義を自覚してもらうこと，②完全主義を放棄する必要はないが，社会からの要請とのバランスをとる必要があること，③社会から求められるものは何であるかを知ること，の3つを伝えることにした。

 フィードバック直後にはあまり変化は見られなかったが，それから1か月後の面談で，「立派な人間になるのはやめた」という宣言があった。それは，完璧にこだわることと訣別する本人なりの表現であると思われた。本事例の考える"立派な人間"というのは，学歴が高く，ミスをせず，淡々と仕事をこなす人のようで，それは両親がモデルとなっていたようであった。

 社会から求められるものの学習には，GrandinとBaron（2005）を用いた。共感できる部分が多かったようで，すぐに読破した。人を寄せつけない雰囲気は和らぎ，他の利用者がミスをするとさりげなくフォローするようになり，本事例自身の作業効率も向上していった。

 1年後，ハローワークで歴史書の出版社の校閲および図表作成の仕事を見つけ，筆記試験，面接試験とも通過して無事採用された。

（4） 支援の評価

 結局本事例は，精神保健福祉手帳は取得していない。また，出版社への就職は，一般就労であった。現在のところ仕事はうまくいっているようであり，職場の人間関係も良好のようであるが，雑談のような臨機応変の会話は，以前ほどではないものの，依然として苦手のようである。また，自分のやり方を押し通す傾向は変わっていないようである。将来的に営業の仕事や管理職をやらざるを得なくなったときには，再び課題が生じるのかもしれない。

3. 障害児・障害者の心理学：今後の展望

（1） 公認心理師の誕生

　公認心理師誕生前の日本では，障害児・障害者の心理アセスメントに関して学校の教員と心理職との分業が明確でなく，また，心理職のほとんどいない地域も少なからず存在したことから，教員がWISC-IV等の心理検査を実施するというケースが多く見られた。つまり，教員の負担が増えていたのである。

　公認心理師は名称独占の資格であるので，公認心理師誕生以降も教員が心理検査を実施できなくなるわけではないが，教員の負担の重さを考えると，分業が進むことが望ましいであろう。

　ただしそのためには，公認心理師は，結果を受け取る者（本人，養育者，支援者）が支援計画を立てられるような結果報告をできるようになる必要があるだろう。

（2） 心理アセスメント

　障害児・障害者の心理アセスメント，特に発達障害，知的障害のアセスメントにおいては，知能検査が偏重される傾向があった。福祉のサービスも教育のサービス（特別支援教育）も，知能検査の結果を中心として決定される風潮があった。

　しかし，第4章でも述べたように，自閉スペクトラム症（以下 ASD）についてはWISC-IVでは十分特徴をとらえられないし，また，日本以外の先進国では知的障害をIQの数値で判定することを止めて社会適応スキルを重視するようになっている。さらに，読み書きの学習障害では，読み書きの検査や音韻検査を実施しないと特徴をとらえられない。

　今後は，主訴や予測される障害に基づき，適切な検査を選んでバッテリーを組んで実施し，福祉や教育のサービスの決定にも適切な数値が活用されるよう，改革していく必要があるだろう。

（3） テクノロジーによる補償

　障害に対する対応としては，本人のトレーニングと並んでテクノロジーによる補償も重要な位置を占める。特に最近普及がめざましいのは，iPad，iPhone などの携帯端末である。

　携帯端末があれば，字を書くことが困難でも，黒板は写真に撮ればよいし，音声入力で文章を書けてしまう。漢字の学習がしたければ漢字学習のアプリがあるし，計算の学習がしたければ計算練習のアプリもある。文章を読むのが苦手ならば，デジタル教科書で文章を聞くことができる。作文のアイディアが浮かばなかったら，マインドマップでブレインストーミングすることができる。さらに，心理アセスメントについても，携帯端末で実施する時代が到来しつつあるのである。

（4） 心理学的支援法

　第2章で触れたように，障害児・障害者に対する最近の支援では，本人の主体性や自覚が重視されるようになっている。そのため，マインドフルネスに注目した，いわゆる第3世代の認知行動療法が，障害児・障害者の支援においても応用されるようになるだろう。

①マインドフルネス

　第3世代の認知行動療法の1つであるマインドフルネスは，認知行動療法の枠組みに瞑想を取り入れたもので，「自分の体験に気づいて，反応を止めることによって，いつものパターンから抜けること」（熊野，2015）を基本戦略としている。がん，慢性疼痛などの痛みの軽減や，うつ病の再発防止などの分野で発展してきた。

　マインドフルネスは，ADHD における不注意症状，多動・衝動症状に効果があることが示されており（Zylowska et al., 2007），日本でも研究されるようになってきている。また，ASD の攻撃行動に対しても効果が示されている（Singh, Lancioni, Manikam et al., 2011; Singh, Lancioni, Singh et al., 2011）。

②ACT（Acceptance and Commitment Therapy）

　ACT もまた第3世代の認知行動療法であり，そのプロセスとしてマ

インドフルネスを内包している。ACT では，現実をありのままに受容し（アクセプタンス），言語と現実の不一致を認識し（脱フュージョン），今この瞬間に柔軟に注意を向け，自分を固定的な概念ではなく文脈としてとらえ，自分にとって価値のあるものを見出し，それにコミットしていく過程を促進する。

ACT には現実に即した価値観の転換を期待できることから，障害の受容への活用が期待できる。実際，2006年以降，ASD 児の保護者に対する ACT の研究が行われている（四宮・武藤，2016）。

引用文献

Grandin, T., & Baron, S. (2005). Unwritten rules of social relationships: decoding social mysteries through the unique perspectives of autism. Future Horizons. 門脇陽子訳（2009）．自閉症スペクトラム障害のある人が才能をいかすための人間関係10のルール．明石書店．

春原則子・金子真人著，宇野彰監修（2002）．標準抽象語理解力検査（SCTAW）．インテルナ出版．

加藤醇子・安藤壽子・原惠子・縄手雅彦（2016）．読み書き困難児のための音読・音韻処理能力簡易スクリーニング検査 ELC（Easy Literacy Check）．図書文化．

小堀修・丹野義彦（2004）．自己に関する完全主義の認知を多次元で測定する尺度．パーソナリティ研究，13，34-43．

熊野宏昭（2012）．新世代の認知行動療法．日本評論社．

松田修・大六一志（2018）．心理検査法Ⅰ：WISC-Ⅳ．上野一彦・室橋春充・花熊暁編．特別支援教育の理論と実践　第3版（pp.99-120）．金剛出版．

四宮愛香・武藤崇（2016）．自閉症スペクトラム障害児をもつ保護者に対するアクセプタンス＆コミットメント・セラピー（ACT）の動向と展望．心理臨床科学（同志社大学），6(1)，53-64．

Singh, N. N., Lancioni, G. E., Manikam, R., Winton, A. S. W., Singh, A. N. A., Singh, J., & Singh, A. D. A. (2011). A mindfulness-based strategy for self-management of aggressive behavior in adolescents with autism. Research in Autism Spectrum Disorders (5) 1153-1158.

Singh, N. N., Lancioni, G. E., Singh, A. D. A., Winton, A. S. W., Singh, A. N. A., & Singh, J. (2011). Adolescents with Asperger syndrome can use a mindfulness-based strategy to control their aggressive behavior. Research in Autism

Spectrum Disorders (5) 1103-1109.

宇野彰・春原則子・金子真人・Wydell, T. N.（2017）．改訂版標準読み書きスクリーニング検査（STRAW-R）：正確性と流暢性の評価．インテルナ出版．

若林明雄・東條吉邦・Baron-Cohen, S.・Wheelwright, S.（2004）．自閉症スペクトラム指数（AQ）日本語版の標準化：高機能臨床群と健常成人による検討．心理学研究, 75, 78-84.

Zylowska, L., Ackerman, D. L., Yang, M. H., Futrell, J. L., Horton, N. L., Hale, T. S., Pataki, C., & Smalley, S. L.（2007）. Mindfulness meditation training in adults and adolescents with ADHD: A feasibility study. Journal of Attention Disorders, 11, 737-746.

研究課題

1）事例Aに対して携帯端末を使って支援をするとすれば，どんなことが可能であるか考えてみよう。
2）事例Bのような成人の場合，福祉領域との連携も重要である。事例Bではどんな福祉サービスが利用可能であるか考えてみよう。
3）第3世代の認知行動療法の特徴を理解し，どのような障害に応用できそうか考えてみよう。

索引

●配列はアルファベット順，五十音順．＊は人名を示す．

●アルファベット

AAC 143, 215
A-ADHD 81
ABC 記録 98, 205
ABC 分析 196
Acceptance 229
Acceptance and Commitment Therapy (ACT) 229
ACT 228, 229, 230, 231, 232, 248
ADHD 33
ADHD-RS-IV 81
ADI (Alzheimer's Disease International) 184
ADI-R 81
ADOS-2 81
agitated behavior 49
agitation 49, 51
Alzheimer's disease (AD) 186
Alzheimer's Disease International 184
AQ 81, 244
ASD 33, 243, 247
Asperger, H ＊ 101
ATC 247
Awareness 136
BPSD 19, 47, 184, 187, 191, 193, 195, 196, 197, 227, 228
Brooker ＊ 45
CAADID 81
CAARS 81
CBT 230
CEM 122
CHC 理論 74, 76, 77
Clare ＊ 45, 48
CMAI 191
COGNISTAT 認知機能検査 188

cognitive /behavioral therapy (CBT) 232
Cognitive Stimulation Therapy (CST) 193
Cognitive-Energetic モデル (CEM) 122
Cohen-Mansfield 49, 51, 192
Cohen-Mansfield Agitation Inventory (CMAI) 192
Commitment 229
Conners3 81
CST 193, 195
Cummings ＊ 191
D.A.N.C.E 232
Default Mode Network (DMN) 123
dementia 184, 185, 186
Dementia with Lewy Bodies (DLB) 186
Dembo ＊ 42
discrepancy 138
DMN 123
DN-CAS 74, 75, 81, 139
DN-CAS-CAS 81
DQ（発達指数） 71
DSM 102
DSM-5 33, 185
Dual Pathway 122
EAP 15
ELC 238
Functional Assessment of Staging (FAST) 224
GDS 192
Geriatric Depression Scale (GDS) 192
HDS-R 80
ICD 101
ICF 11, 45
ICF モデル 40, 45, 46, 47, 67

ICIDHモデル　45, 46, 47
ICT　133, 143
IQ（知能指数）　71, 75, 240, 244, 247
James*　48, 49, 51
KABC-Ⅱ　74, 75, 77, 81, 139
Kanner, L.*　101
KIDS　77
Kitwood*　44, 45
LCSA　79
LDI-R　81
LDI-R-LD判断のための調査票　141
Major Neurocognitive Disorder　185
McCurry*　232
Mild Congnitive Impairment（MCI）　184
M-CHAT　81
Multi-infact dementia（MID）　186
Major Neurocogntive Disorder　185
MIM　139
Mini-Mental State Examination（MMSE）　188
M-CHAT　81
MMSE　80, 188
MoCA　188
Montreal Cognitive Assessment（MoCA）　188
Multilayer Instruction Model　139
Neuropsychiaric Inventory（NPI）　191
NICLD　135
NPI　191
PARS-TR　81
PASS理論　74, 77
PBS-R　81
PECS　215
pure awareness　230
PVT-R　79
QOL　17, 192, 195, 228
QoL-AD　192, 195

RBS-R　81
Response to Instructionモデル（RTI）　138
Response to Interventionモデル（RTI）　133, 138
RTI　138
SCQ　81
SCTAW（標準抽象語理解力検査）　79, 81, 239
SOC　40
SLTA　78, 167, 173
SCTAW　238
Staff Training in Assisted living Residences（STAR）　196
STARAW-R　238
Stokes*　48, 49
STRAW　140
STRAW-R　79, 81, 236
TEACCH　112
Teri*　196
treatable dementia　187
Vascular dementia（VaD）　186
VPTA　177
WAIS-Ⅲ　178, 244
WAIS-Ⅳ　74, 75, 77
wait-to-failモデル　138
WAVES　80, 81
WHO　11, 45
Wing, L*　101
WISC-Ⅳ　74, 75, 77, 139
WPPSI=Ⅲ　74, 75

●あ行
アカデミックスキル　133
亜急性期　181
アクセプタンス　230, 231, 232

索引

アクセプタンス&コミットメント・セラピー　218, 229, 248
アジテーション　51
足場　24, 31
アスペルガー（Asperger, H）＊　101
アセスメント　54, 56, 57, 61, 70, 184, 235, 237
アタッチメント　27
アミロイドβ蛋白（老人斑）　186
アルツハイマー型認知症（AD）　186, 224, 225, 226
αシヌクレイン　186
アレキシサイミア　106
安全基地　28
安定性　72
一次予防　17
遺伝　25
意図　59
一般知能因子 g　76
意味記憶　168
イヤーマフ　110
医療　9
医療ソーシャルワーカー　33, 224
インクルーシヴ　35
インターバル記録法　90
インフォーマル・サポート　17
ヴィゴツキー＊　25, 30
ウイング（Wing, L）＊　101
Vinelannd-II社会適応行動尺度　82
ウェクスラー（Wechsler, D）＊　74
ウェクスラー式知能検査　71
ウェクスラー知能検査　74
うつ状態　227
梅津＊　50
運動症群　111
ASA旭出式社会適応スキル検査　82
ABC記録　98

S・M社会適応能力検査　82
SLTA標準失語症検査　78
SP感覚プロファイル　81
エピソード記憶　168
演繹的観察　62
遠城寺式乳幼児分析発達検査　78
応用行動分析　113, 184, 195
応用行動分析学　96, 202
折れ線グラフ　94
音韻意識　26, 133, 136
音韻情報処理　238, 239, 242
音韻的符号化　137

●か　行
介護　9
介護殺人　221
介護支援専門員　21
介護ストレス　220
介護疲れ　221
介護等放棄　219, 220
介護による離職　218
介護福祉士　21
介護離職　223
外在化障害　125
改正発達障害者支援法　12
改訂長谷川式簡易知能評価スケール　188
改訂版標準読み書きスクリーニング検査（STARAW-R）　79, 140, 236, 237
改訂版標準読み書きスクリーニング検査（STRAW-R）　79, 140, 236
介入（intervention）　94, 203
介入計画　209
回復期　181
学習障害　34, 37, 81
学習障害に関する全国合同委員会（NJCLD）　135
学習障害児に対する指導について　135

学習履歴　87
拡大・代替コミュニケーション（AAC）　215
獲得欠如　206
学力検査　73
重なる波の理論　29
過剰な障害（excess disabiliry）　47
過重な負担　152
仮説検証的観察　62
家族　218
価値　230
価値の転換　42, 43
価値転換論　40
カットオフ値　71
カナー*　101
感覚過敏　101, 108
環境　25, 58
環境条件　87
環境調整　128
観察　57
観察者間一致率　89
観察法　61, 62
完全主義　245, 246
観念運動失行　167
観念失行　167
記憶検査　72
危機管理　209
基準関連妥当性　72
機能（faunction）　207
機能的アセスメント　86, 96, 207, 236
帰納的観察　62
虐待　219, 223
虐待者の介護疲れ　220
急性期　181
教育　9
教育的診断　138
教育のユニバーサルデザイン　143
強化　98, 203

強度　90
協調運動　109
共同注意　27, 104
局所症状　181
記録法　86, 90
工夫　32
グラフ化　86
ケアマネジャー（介護支援専門員）　21, 226
経済的虐待　219
継次処理　77
携帯端末　248
軽度認知障害（MCI）　184, 185, 226
結果の解釈　57
結果フィードバック　63
血管性認知症（VaD）　186, 187
原因　54, 55, 56, 64
限局性学習症　81, 118, 133
言語　26
言語機能訓練　173
言語検査　72, 78
言語聴覚士　14
検査　54, 57
検査バッテリー　70
検査法　61, 62
現実自己　42
健常者だけの世界　41
語彙　27
広域能力　76
公共職業安定所（ハローワーク）　15
好子（reinfoercer）　203
好子出現による強化　203
高次視知覚検査（VPTA）　177
高次脳機能　164
高次脳機能障害　162, 164
甲状腺機能低下症　187
構成概念妥当性　72
更生相談所　14

構造化　202, 212
構造化面接　62, 70
後続事象　97, 202, 236
行動観察　54, 86
行動観察法　86
行動コンサルテーション　197
行動修整　128
行動特性　72, 87
行動特性検査　62
行動問題　25, 236
校内委員会　36
公認心理師　247
広汎性発達障害　102
慢性硬膜下血腫　187
合理的な配慮　34
合理的配慮　13, 34, 35, 143, 147, 148
高齢・障害・求職者雇用支援機構　14
コーエン・マンスフィールドagitation評価票　192
コーチング　130, 158
国際アルツハイマー病協会（ADI）　184
国際障害分類（ICIDH）　45
国際生活機能分類（ICF）　11, 45
国際保健機関（WHO）　45
告知　67
5歳児健診　33
5歳児発達相談　33
互助　17
個人因子　87
子育て支援　13
こだわり　101, 107
個別の教育支援計画　33, 36, 37, 38
個別の指導計画　33, 36, 37
コミットされた行為　229, 231
コミットメント　232
コミュニケーション　27, 101
コミュニケーション症　111, 136

コミュニティー心理学　17, 18
雇用の分野における障害者と障害者でない者との均等な機会若しくは待遇の確保，又は障害者である労働者の有する能力の有効な発揮の支障となっている事情を改善するために事業主が講ずべき措置に関する指針　13
語用論　111
根拠資料　152

●さ　行
作業療法士　14
殺人・心中　223
三項関係　27
三項随伴性　86, 97, 196, 202
算数の障害　134
産物記録法　91
CHC理論　74, 77
支援技術　113
支援計画　235
視覚　239
視覚系大細胞（magnocellular）　137
視覚認知検査　72, 79
自覚　32, 59
自己観察　89
自己決定　157
自己肯定感　126
自己理解　157
資産価値　43
システマティック・レビュー　192, 193, 194, 195, 197, 221
肢節運動失行　167
視線　27
自然観察法　62
自然場面　89
持続時間　90
自尊感情　144

自尊心の低下　120
実験観察法　62
実行機能　118, 121
失語症　166
失語症者の集いの場　175
失語症の訓練　173
実用的言語コミュニケーション訓練　173
自動化　133, 137
児童相談所　14
児童福祉法改正　14
自閉症　102
自閉スペクトラム症（ASD）　33, 81, 103, 118, 243, 247
社会適応　34, 80, 82, 247
社会適応検査　57, 82
社会的（語用論的）コミュニケーション症　111
社会的障壁　151
社会の不利（ハンディキャップ）　45
社会福祉士　21
社会福祉主事　21
社会モデル　151
弱化　98
周囲の人々　58, 59
就学時健診　73
従業員支援プログラム（EAP）　15
就労　9
就労移行支援事業所　160
就労継続支援B型事業所　242
授業のユニバーサルデザイン　143
熟達　31, 32, 240
主訴　58, 63, 235
主体的　30
純粋なる気づき（pure awareness）　230
障害学生支援　147
障害学生支援室　154
障害者　151

障害者権利条約　35
障害者固有の世界　41
障害者雇用促進法　14, 15
障害者雇用率制度　149
障害者差別解消法　34
障害者差別禁止指針　13
障害者就業・生活支援センター　15, 159
障害者職業カウンセラー　14, 15
障害者総合支援法　15
障害者と健常者とが共有する世界　40, 41
障害者に対する差別の禁止に関する規定に定める事項に関し，事業主が適切に対処するための指針　13
障害者の権利に関する条約　35
障害者の雇用の促進等に関する法律（障害者雇用促進法）　14
障害者の雇用の促進等に関する法律の一部を改正する法律　13
障害者の日常生活及び社会生活を総合的に支援するための法律　15
障害受容　40, 42
障害という壁　41
小学生の読み書きスクリーニング検査（STRAW）　140
消去　204
消去バースト　204
症状　72
情緒　28
情動　122
常同運動症　111
常同行動　109
初期集中支援チーム　224
職業リハビリテーション　147
職業倫理　83
職場適応援助者（ジョブコーチ）　14
職場復帰（リワーク支援）　15
書字表出の障害　134

自立課題　202
自律神経症状　186
新オレンジプラン　18
人格　87
神経原線維変化　186
神経心理学的アセスメント　162, 164
神経心理症状　164
神経伝達物質　121
神経ネットワーク　162
神経ネットワーク理論　162
神経発達症群　33, 133
身体的虐待　219
人的環境　25
新版 K 式発達検査2001　78
深部感覚　109
信頼性　72
心理アセスメント　247
心理検査　70
心理社会的アプローチ　45
心理社会的介入　184
心理状態の介入　218
心理的移行　221, 222, 223
心理的虐待　219
心理的柔軟性　231
心理特性　70
遂行機能障害　169
遂行欠如　206
推理　238
スキナー（B・F）＊　202
スクリーニング　71, 73, 74
スクリーン・メトリック方式　188, 189
スケールジュール　211
スタミナ体験　51
スモールステップ　124
生育情報　60
性格　72
性格検査　70, 72, 80

生活支援体制整備　17
生活の質（QOL）　192
正規分布　71
制御変数　95
正常圧水頭症　187
精神保健福祉手帳　246
生物心理社会的アプローチ　40, 45, 47
世界保健機関（WHO）　11
設定場面　89
先行事象　97, 202, 236
先行子操作　196
潜時　90
全体インターバル記録法　91
前頭葉関連症状　169
全般性注意　169
早期支援　33
早期発見　24, 33
相互作用　25, 26, 30
相互障害　50
相互輔生　50
想像力　101
相談支援　218
ソーシャルサポート　228
測定誤差　72
ソシアル・スキル・トレーニング　114
素朴理論　28

●た　行
第 3 世代の認知行動療法　248
代謝性疾患　187
対人相互反応　101
代替コミュニケーション　202
大脳機能　162
大脳の機能局在　162
タイムサンプル記録法　91
他職種連携　9
脱フュージョン（思考を観察する）　231

妥当性　72
田中ビネー検査　74, 75
多発性梗塞性認知症（MID）　186
WISC-Ⅳ知能検査　238, 244
WAIS-Ⅳ知能検査　244
WAB 失語症検査　78
ダブルケア　218, 219
短期目標　36
地域障害者職業センター　159
地域包括支援事業　17
知的障害　33, 82, 247
知的能力障害群　33
知能　73
知能検査　72, 73, 74, 247
知能指数　71
痴呆症　185
チャレンジング行動（challenging behavior）　40, 47, 48, 49, 51, 184
注意　77
注意欠如多動性（ADHD）　33, 81, 86, 118
中核症状　184
中枢神経系　135
聴覚音声言語　166
長期目標　36
治療可能な認知症（treatable dementia）　187
治療の無力感（セラピューティック・ニヒリズム）　227
陳述記憶　168
通過症候群　181
通級　35
通常の学級　35
津守・稲毛式乳幼児精神発達診断　77
強み（ストレングス）　9, 22
ディスレクシア　134
ディスグラフィア　134
ディスクレパンシーモデル（discrepancy）　138
定性的な評価　140
定量的な評価　140
適応　72
適応行動尺度　127
テクノロジー　248
テスト・スタンダード　63
手立て　37
電子情報機器（ICT）　143
統覚型視覚失認　168
動機づけ　144
動機付け操作　205
同時処理　77
等質性　72
トークンエコノミー法　129, 211
特異的発達障害　133
読字の障害　134
特別試験教育コーディネータ　36
特別支援学級　82
特別支援教育　24, 35, 247

●な 行

内言　118, 124
内在化障害　125
内発的動機　30
内分泌疾患　187
内部一貫性　72
二次障害　120
二次予防　17
二重経路（Dual Pathway）モデル　122
日本版 WAIS-Ⅲ　172
乳幼児健診　13
認知　32
認知活性化療法（Cognitive Stimulation Therapy）（CST）　184, 193
認知行動的アプローチ　129
認知・行動療法（CBT）　232

認知症(dementia) 16, 18, 80, 184, 185, 186, 187, 190, 192, 218, 223, 226
認知症ケアパス 19
認知症高齢者等にやさしい地域づくりに向けて 18
認知症サポート医 19
認知症施策推進総合戦略(新オレンジプラン) 18, 224
認知症疾患医療センター 19, 224
認知症初期集中支援チーム 19
認知症ちえのわ net 228
認知症の行動・心理症状(BPSD) 47, 184, 227
認知症の中核症状 184
認知症フレンドリーコミュニティー 18
認知症疾患医療センター 223
認知神経心理学的アプローチ 167
認知的働きかけ(Cognitive Stimulation) 193
認知特性 87
願い 59
脳虚血 186
脳梗塞 186, 187
脳出血 186
脳腫瘍 187
能力 26, 72
能力検査 57, 62, 70

●は 行
パーキンソン症状 186
パーソン・センタード・ケア 16, 40, 44, 45, 49, 50, 194
パーソンフッド 44, 45
背景因 55, 56, 60
背側皮質視覚路 170
白内障 190
PASS 理論 74

パソコンテイク 156
バックアップ強化子 211
発達検査 72, 77
発達指数(DQ) 71, 78
発達障害 33, 68, 80, 247
発達障害者支援センター 15, 33
発達障害者支援法 15, 24, 33
発達性ディスレクシア 135
発達性読み書き障害 34, 238
発達段階 29, 87
発達年齢(DA) 78
発達の最近接領域 24, 30, 31
発動性の低下 169
ハローワーク 159
反響言語 104
半構造化面接 62
半側空間無視 170
ピア 51
ピアジェ* 25, 29
比較価値 42
非構造化面接 62
ビタミン欠乏症 187
左側空間無視 176
左大脳機能 162
非陳述記憶 168
人見知り 28
評価点 71
標準化 71, 72, 134
標準高次動作性検査 167
標準失語症検査(SLTA) 167, 173
標準抽象語理解力検査(SCTAW) 79, 238
標準偏差 71
標準失語症検査(SLTA) 78, 167, 173
評定尺度 127
頻度 87
フィードバック 66
フィードバックシート 66

フォニックス　241
不均一性　122
福祉　9
複線型の発達観　24
物質関連障害　126
物的環境　25
部分インターバル記録法　91
プランニング視知覚発達検査　77
フロスティング　79
分化強化　196, 202, 206
文化圏　26
文脈適合性　215
分離不安　28
ペアレント・トレーニング　118, 124, 130
平均　71
ベースライン　94
ヘキサフレックス　230, 231
偏差値　71
ベンダーゲシュタルトテスト　189
偏桃体　105
弁別刺激　205
方向性注意　169, 170
方向性注意障害　170
報酬系　118
報酬系機能　123
紡錘状回　105
法則設定的観察　62
方略　29
補償手段　59
補償を伴う選択的最適化（SOC）　40, 43
補助代替コミュニケーション　113
補助代替コミュニケーションツール（AAC）　143

●ま 行

マインドフルネス　248
慢性硬膜下血腫　187

右大脳機能　162
三澤*　40, 42, 49
3つの組の障害　101
メタ認知　32, 33
面接　54, 57, 66, 236
面接法　61, 62
目標行動　88, 202
文字言語　166
もの盗られ妄想　227
問題意識　59
問題行動　96

●や・ら・わ行

薬物療法　121, 128, 129
ユニバーサルデザイン　35
指さし　27
要介護認定　17
抑うつ　120
読みの多層指導モデル（MIM）　139
ラベリング　42
理学療法士　14
理想自己　42
リハビリテーション　162, 165
リハビリテーション・カウンセリング　40
流暢性　137
流暢性の欠如　206
療育手帳　14, 82
履歴効果　74
倫理　54
ルリア　77
Rey 複雑図形検査　80, 238
レーヴィン色彩マトリックス　171
レビー小体型認知症（DLB）　186, 189
レム睡眠行動障害　186
連携　37
連合型視覚失認　168
連続記録法　90

老研版失語症鑑別診断検査　78

ワーキングメモリー　238, 239

分担執筆者紹介

(執筆の章順)

五味　洋一（ごみ・よういち）　　・執筆章→ 6・13

1981年	神奈川県に生まれる
2012年	筑波大学大学院人間総合科学研究科障害科学専攻修了
現在	国立重度知的障害者総合施設のぞみの園研究部研究員，筑波大学ダイバーシティ・アクセシビリティ・キャリアセンター准教授を経て，群馬大学大学教育・学生支援機構学生支援センター准教授・博士（障害科学）・臨床発達心理士
専攻	臨床発達心理学，特別支援教育
主な著書	『よくわかる！大学における障害学生支援』（分担執筆）ジアース教育新社 『障害者心理学（シリーズ心理学と仕事15)』（分担執筆）北大路書房 『高齢知的障害者支援のスタンダードをめざして』（共編著）国立重度知的障害者総合施設のぞみの園 『強度行動障害支援者養成研修（基礎研修）受講者用テキスト』（共編著）国立重度知的障害者総合施設のぞみの園

高橋　知音（たかはし・ともね）

・執筆章→ 7・10

1966年	新潟県に生まれる
1989年	筑波大学第二学群人間学類卒業
1992年	筑波大学大学院修士課程教育研究科卒業
1999年	University of Georgia, Graduate School of Education 修了（Ph.D.）信州大学講師，助教授，准教授を経て
現在	信州大学学術研究院（教育学系）教授，公認心理師，臨床心理士，特別支援教育士 SV
専攻	教育心理学，臨床心理学
主な著書	『発達障害の大学生のためのキャンパスライフ Q&A』（共著）弘文堂 『発達障害のある大学生の支援』（編著）金子書房 『発達障害のある人の大学進学―どう選ぶか　どう支えるか―』（編著）金子書房 『ADHD コーチング―大学生活を成功に導く支援技法』（監訳）明石書店 『読み書き困難の支援につなげる　大学生の読字・書字アセスメント―読字・書字課題 RaWF と読み書き支援ニーズ尺度 RaWSN』（共著）金子書房

岡崎　慎治（おかざき・しんじ）　・執筆章→8・9

1973年　広島県に生まれる
2001年　筑波大学大学院博士課程心身障害学研究科修了
現在　　筑波大学准教授・博士（心身障害学）
専攻　　障害科学・知的・発達・行動障害学
主な著書　日本版 DN-CAS の解釈と事例（共編著）日本文化科学社

伊澤　幸洋（いざわ・ゆきひろ）　　・執筆章→11

1967年	鳥取県に生まれる
1990年	鳥取大学教育学部卒業
1999年	筑波大学大学院修士課程教育研究科カウンセリング専攻リハビリテーションコース修了
2009年	鳥取大学大学院医学研究科医学専攻博士課程修了
2011年	福山市立大学准教授を経て
現在	福山市立大学教授・博士（医学）・言語聴覚士
専攻	言語病理学　神経心理学
主な著書	『日本版 WAIS-III の解釈事例と臨床研究』（分担執筆）日本文化科学社 『心理学理論と心理的支援』（分担執筆）中央法規出版 『失語症 Q & A　検査結果のみかたとリハビリテーション』（分担執筆）新興医学出版

編著者紹介

大六　一志（だいろく・ひとし）

・執筆章→2・4・5・15

1962年	東京都に生まれる
1998年	東京大学大学院人文社会系研究科博士課程修了
	武蔵野女子大学人間関係学部助教授，筑波大学大学院人間総合科学研究科講師，筑波大学大学院人間総合科学研究科准教授，筑波大学人間系教授を経て
現在	NPO法人LD・Dyslexiaセンター顧問，放送大学　客員教授
専攻	教育心理学，臨床心理学，実験心理学
主な著書	『特別支援教育の理論と実践（第3版）Ⅰ概論・アセスメント』（分担執筆）金剛出版
	『これからの発達障害のアセスメント：支援の一歩となるために』（分担執筆）金子書房
	『最新心理学事典』（分担執筆）平凡社

山中　克夫（やまなか・かつお）　・執筆章→ 1・3・12・14

1967年	東京都に生まれる
1990年	筑波大学第二学群人間学類心理学主専攻卒業
1995年	筑波大学大学院博士課程心身障害学研究科心身障害学専攻修了
現在	筑波大学人間系准教授
専攻	高齢医療・福祉心理学，老年臨床心理学
主な著書	『日本版 WAIS-III の解釈事例と臨床研究』日本文化科学社 『認知症高齢者の心にふれるテクニックとエビデンス』紫峰図書 『New 認知症高齢者の理解とケア』学習研究社 『チャレンジング行動から認知症の人の世界を理解する』（訳書）星和書店 『認知症の人のための認知活性化療法マニュアル：エビデンスのある楽しい活動プログラム』中央法規出版

放送大学大学院教材　8950652-1-1911（ラジオ）

改訂新版　障害児・障害者心理学特論
　　　　　─福祉分野に関する理論と支援の展開─

発　行　　2019年3月20日　第1刷
　　　　　2023年8月20日　第3刷
編著者　　大六一志・山中克夫
発行所　　一般財団法人　放送大学教育振興会
　　　　　〒105-0001　東京都港区虎ノ門1-14-1　郵政福祉琴平ビル
　　　　　電話　03（3502）2750

市販用は放送大学大学院教材と同じ内容です。定価はカバーに表示してあります。
落丁本・乱丁本はお取り替えいたします。

Printed in Japan　ISBN978-4-595-14113-3　C1311